実録・天皇記

大宅壮一

JN166748

角川新書

はしがき
――私たちの家はすべてそれぞれ一つの小さな天皇家である――

大正の初期だから今を去る四十年も前のことである。当時地方の一中学生であった私は、国語の時間に『教育勅語』の中の一句「一旦緩急《かんきゅう》アレバ」について質問し、これは文法的には「アラバ」のまちがいではないかという意見をのべた。

これに対して国語の先生は、昔から「綸言《りんげん》汗の如し」といって、天皇の言葉は理屈も批判もぬきにして従うのが国民たるものの義務であることをじゅんじゅんと諭した。だが、私は納得できなかった。

その後、私の心の中で、天皇というものに対する疑惑の芽が急速にのびて行った。そしてついに私は、〝危険思想〟の故をもって学校を追われるところまで行った。今になって考えれば、この幼稚な自然発生的な疑惑が、私の生涯の方向を決定したといってもよい。そのため一時は思いつめて、天皇のいない国へ行きたいという念願を立て、「日本力行会」の手を通じてアメリカへの密航を計画したりした。それからまもなく、戦後商工大臣になった水谷《みずたに》長三郎《ちょうざぶろう》君とならんで賀川豊彦《かがわとよひこ》氏から洗礼をうけて、社会運動の下働きをしたのであるが、天皇制に対する私の疑惑は私の念頭から去らず、それについて先輩や友人たちとしばしば議論をした。

賀川氏は天皇制の支持者、というよりも天皇個人に対する熱心なファンで、天皇制のいい点について私を啓蒙《けいもう》してくれた。さもなければ私は、とっくにテロリストの仲間入りをしていたかもしれない。その後私の眼界が開けてくるにつれて、私の天皇観も幼稚な反抗心から脱却し、〝大人〟のそれに近づいて行った。しかし、天皇および天皇制に対する特別な関心だけは、今日までずっともちつづけてきた。そしてそれに対する史料を少しずつ蒐集《しゅうしゅう》している間に、私流の〝天皇観〟なるものがいつのまにか出来上がってしまった。

こんどの敗戦のお蔭《かげ》で、天皇は〝人間〟の仲間入りをした。もはやタブーではなくなった。これと同時に、これまでの天皇中心の歴史をすっかり裏返しにしたような書物が、堰《せき》をきったようにどっと出た。

そうかと思うと、一方ではその反動として、天皇の周囲にもう一度注連縄《しめなわ》を張りめぐらそうとする動きが看取《かんしゅ》される。この調子では、せっかく解放された天皇や皇族を、またもや神格《しんかく》の檻《おり》の中へ押しこめるようなことにならぬとも限らない。

そこでこの機会に、こういった面に関する自由な発言の機会がふたたび失われてしまうようなことにならぬ前に、私の天皇観をまとめて世に問う気になったのである。

＊

天皇を神格化する理由として、古くから万世一系《ばんせいいっけい》ということをいわれているが、よく考えてみると、これはまったくナンセンスである。この世に生きとし生けるもの、すべて万世一系ならざるはない。

日本の皇室が〝万国無比〟として誇ってきたのは、そのことにあるのではなくて、網の目のように入りくんだ〝血〟のジャングルの中で、公称二千六百余年、百二十四代、ほんとは途中でずいぶん水増しされているにしても、少なくとも千数百年にわたり、系図の径《みち》をたどることができるという点である。これは確かに一応驚異に値する人類史上の新記録であるといえよう。

だが、そういう古い系図が残っているというだけでは、大して意義はない。単に系図の点だけでいえば、出雲《いずも》の千家《せんげ》、紀伊《きい》の紀《き》家などのほうが、代々地方の神官として政権争奪戦から隔離されていただけに、より正確だともいわれている。ただし皇室の場合は、ときに実力の上で大きな消長があったとしても、とにもかくにも形式的には、この長い期間一国を代表する地位にあったというのは、他に類例のないことである。それはこの民族のかわらぬ忠誠心の結果であるというよりも、日本が島国で、大陸や半島における諸民族間の激しい闘争、興亡の影響をうけることが少なかったという、恵まれた地理的条件に基づいていることはいうまでもない。

いずれにしても、この〝血〟はもっとも聖なるものとして守られてきた。こんどの戦争で流された日本民族の血は果たして何万石に達するか、計算することは困難であるが、それもこの聖なる〝血〟を守るために、少なくともそういう名目で、流されたものであると見られないこともない。

歴代の天皇は、この〝血〟の保持者である。それはちょうどオリンピック競技に際し、かの〝聖火〟を運ぶ選手に似ている。途中で何人かわってリレーしてもいいが、絶対に消してはならぬのである。現に日本の皇室には、〝左生火《いけび》官人〟〝右生火官人〟という官職があった。これは、〝生火〟をつかさどる役で、太古から伝えられてきた火を守護し、即位の際にはその火で蘭奢待《らんじゃたい》という名香をたくことになっていた。

＊

オリンピックの場合は、特に優秀なるものが選ばれて〝聖火〟の担い手となるのであるが、天皇の場合はその聖なる〝血〟の担い手なるが故に神聖視され、神秘化され、神として崇《あが》められてきたのである。そればかりではない。この〝血〟は日本を支配する権力と結びついている。つまりこの〝血〟の担い手は同時に最高至大の権力の担い手である。いやむしろ、その〝血〟の担い手なるが故に最高至大の権力が与えられるのだといった方がいい。そしてそれが永い間にわたって絶対的ともいうべき民族的信仰として保持されてきたのである。

もっとも、かような〝血〟と権力の結びつきは何も日本の天皇の場合に限らない。広大な地域を征服し、横に厖大《ぼうだい》な権力の網をはることに成功した場合、こんどはその権力組織を縦にのばそうとする夢を抱くのが普通である。そのために秦《しん》の始皇《しこう》は不老不死の薬を求める痴《ち》愚《ぐ》を演じた。ソ連の独裁者スターリン元帥は、ソ連の科学者たちから、科学的な不老長生の方法として赤血球をいつまでも若く活発にするソーダ浴をすすめられて試みているそうだが、これさえやれば、百五十歳はおろかもっと長生きができると科学者は保証しているという。だが、いかなる権力をもってしても死という自然の法則にはとうてい勝てないことを悟ると、こんどは子孫を通じて自己とその権力組織を永遠化しようとするのは人情である。ここにおいて神聖な〝血〟のリレーが始まるのである。

日本の皇室の場合は、それが〝高天原《たかまがはら》〟から始まっている。「豊葦原瑞穂国《とよあしはらのみずほのくに》はわが子孫の君たるべき地なり。爾皇孫《なんじこうそん》行いて治めよ。宝祚《ほうそ》の弥栄《さかえま》さんこと天壌とともに窮まりなかるべし」という〝神勅〟は、このリレーのスタートを宣する号砲であるとともに、それが無限につづくという夢をのべたものだと思えばまちがいない。

*

だが、こういう夢を抱くのは、日本の皇室に限ったことではない。太閤秀吉《たいこうひでよし》の如きも、晩年におよんで身の衰えを意識するとともに、おろかしきまでにこの夢にすがりついた。しかるに、その死の床で〝血〟の番人の一人に選ばれた徳川家康《とくがわいえやす》によって、逆に豊臣《とよとみ》の〝血〟は一滴もあまさずに絶滅されたのである。

徹底した現実主義者である家康は、周到な配慮によってつくられた強大な組織の力でその〝血〟を永遠化しようとした。皇室の〝血〟のリレーは、そのスタートが古く、〝神代〟の霞《かすみ》の中に消えているだけに、神秘化され、宗教的な信仰にまで高められていて、それを守りつづけることは比較的容易であった。三河《みかわ》の一土豪から身を起こした徳川氏の場合はそうはいかない。だが、家康には驚嘆すべき組織力があった。親衛隊である〝旗本《はたもと》八万騎〟をはじめ関ケ原《せきがはら》役後における諸侯の配置、その後幕府から出た法令や政策は、すべてこの〝血〟を永遠に守りぬこうとする一つの目的から出ている。これを真似てその規模をより小さくしたのが諸大名であり、その思想は武家階級の末端にまでおよび、いずれも系譜を後生大事にしまいこんでいるのである。封建時代というものは、これら大小強弱無数の〝血〟のリレーがいっせいにスタートを開始したものと見てよい。だが成り上がりものは、その地位にふさわしい身分証明書すなわち古い立派な系図をもたない。そこでその時代の斜陽族から出た他家の系譜を買ったり、偽造したりしてその〝血〟を権威づけようとするのである。

徳川時代には系図屋というものがあって、よりどりで好きなものを手に入れることができた。浪人ものなどが新たに仕官する場合には、今の履歴書と同じように系図を提出する必要があった。しかし系図専門店へ行けば、源氏《げんじ》出とか平氏《へいし》出とかいう風に、幾通りもあって、仕官する大名にむくものを手に入れることができた。古めかしい時代のついた紙に、何十代にもわたる名前が書きつらねてあって、最後の二、三代を自分で書き加えればいいようになっていたのである。

乃木希典《のぎまれすけ》大将が、晩年学習院長に就任したとき、学内の掲示に、〝源朝臣希典《みなもとのあそんまれすけ》〟と書いた。「武将は源氏」というのが古くからの通念で、この〝神将〟にしてなおかつこういった虚栄心をもっていたということは、むしろほほえましい。

もっと愉快なのは、従一位大勲位《じゅいちいだいくんい》公爵伊藤博文《いとうひろぶみ》の場合である。博文の実父十蔵というのは、自作兼小作農で馬車曳《ばしゃひ》きなどもしていたが、食いつめて家屋敷を売り払い、今でいうとルンペンのような生活をつづけていた。その後伊藤という中間のところで下働きをしているうちに、同家に子供がなかったので、十蔵父子ぐるみ養子に迎えられ、伊藤姓を名乗るにいたったのである。

ところで、後年博文が維新の元勲《げんくん》として位《くらい》人臣をきわめて死んだ後に世に出た『伊藤博文伝』によると、博文の先祖はつぎのようになっている。これを編纂《へんさん》した金子堅太郎《かねこけんたろう》というのは、博文と共に明治の欽定《きんてい》憲法をつくって、伯爵にまでなった男だから、この系図も憲法同様に〝権威〟のあるものと見てよかろう。

孝霊《こうれい》天皇─┬─孝元《こうげん》天皇
　　　　　　└─伊予《いよの》皇子─┬─第一皇子（諸山祇大明神大宅菴原祖）
　　　　　　　　　　　　├─第二皇子（三宅児島祖）
　　　　　　　　　　　　└─第三皇子（小千皇子）

この孝霊天皇というのは人皇第七代で、在位七十六年、百二十八歳まで生きたことになっているし、つぎの孝元天皇は在位五十七年で、百十六歳で死んだというのだから、いずれも神話中の人物であることは明らかである。この天皇の弟の三番目の皇子から始まって、何十代にもわたる名前がつづき、ついに百姓十蔵にまで到達するのである。もしもこの系譜に間違いがないとすれば、博文も〝伊藤天皇〟を名乗りうる資格があるわけである。

ところで、この〝小千皇子〟というのは、伊予国《いよのくに》小千の郡にきて、〝土佐の鬼類〟を沢山とりこにしたことになっている。これが後に、〝越智〟姓を名乗ったというので、博文は明治元年兵庫県知事になったときに、〝越智宿禰《おちのすくね》〟と名乗り出た。これは余談だが、林房雄《はやしふさお》の小説に出てくる〝越智先生〟というのは、これにあやかったものではないかと思われる。林が、博文に大いに傾倒していることは、かれの代表作『青年』『壮年』に見られる通りである。

あやかるといえば、かくいう私自身も博文にあやかって、日本の皇室と若干つながりがあるといえないこともない。というのは、右の系譜を見ればわかるように、〝小千皇子〟の長兄は〝大宅菴原祖〟となっているが、これは私の祖先でないとも限らないからである。

＊

日本の敗戦後、「不敬罪」というものがなくなって、自ら〝天皇〟を名乗るものが続出した。〝熊沢《くまざわ》天皇〟のように、古い系譜をひっさげて、本家はこちらだとマッカーサー元帥に訴えて出たものさえある。〝血〟というものに重きをおきすぎるから、こういうことになる。

伊藤博文や〝熊沢天皇〟の場合にしても、その系譜は正しいかもしれない。少なくともそれがまちがっているという証拠をあげることは困難であり、またそんな必要もない。八千万国民一人々々がそれぞれの系譜を二十代、三十代にもわたってたどって行けば、たいていどこかで必ず皇室にぶつかるにちがいない。それは亀の甲型に描いた線をたどって行く遊びの場合と同じで、多年この小さな四つの島に封じこめられてきた日本の国民は、すべて縦横に網の目をなして、お互いにどこかでつながっているのである。それをことごとく描きこんだ〝血〟の分布図ができたとすれば、八千万同胞は文字通りに一家族であることが証明されるであろう。ただそれができないだけで、またできたとしても意義がないからやらないまでの話である。ただしそれが何等かの権力と結びついた場合にのみ必要になってくるのである。その点で世界記録をつくったのが日本の皇室である。それが果たして正しいか、あるいは価値のあるものかどうかということは別問題である。かりに、もしも伊藤博文が、もっと大きな野心を起こして天皇の地位をねらったとすれば、系図作製にあたり、明治から二千年以上も前に出発点をおかないで、皇室とのつながりをもっと近いところにもってきたかもしれない。問題は〝血〟ではなくて権力にあるのだから、博文の権力をにぎった時代がもう少し古ければ、あるいはそういう野心を起こしたかもしれない。また過去の皇室史のどこかで、そういうことが一度もなかったということを証明するのは困難である。現に弓削道鏡《ゆげのどうきよう》にしても、その伝記によれば、天智《てんじ》天皇の直孫で光仁《こうにん》天皇の弟となっているのもあれば、物部《もののべ》氏の一族で饒速日命《にぎはやひのみこと》から出ていることにもなっている。

要するに〝血〟というのは単なる信仰にすぎない。しかも多分に迷信的なものである。そしてその信仰は、権力の裏づけによってのみ高められるのである。これは何も日本の皇室の場合ばかりではない。

＊

新約聖書の第一頁『マタイ伝』第一章に〝アブラハムの子、ダビデの子、イエス・キリストの系図〟なるものが出ている。これによると、アブラハムからダビデまで十四代、ダビデからバビロンに移されるまで十四代、それからキリストまで十四代ということになっている。その父はヨセフといって大工だが、マリアという女と許嫁《いいなずけ》の関係にあったときに女が妊娠した。そういうことは今の世にもざらにあることで、ちっとも不思議ではないが、まだ一度も肉体的な交わりをしていなかったので、男は腹を立てて離縁しようとした。そのとき神の使いがヨセフの夢にあらわれて、女の腹に〝聖霊《せいれい》〟が宿ったことを知らせるのである。

ここで私が問題にしたいと思うのは、キリストと何の血のつながりもないヨセフの系図を長々とのせて、キリストを生んだマリアのことは全然記されていないことだ。やはり〝腹は借りもの〟とでもいうのであろうか。もしもかの女を孕《はら》ませたのが、〝聖霊〟でなくて別の男だとすれば、どういうことになるのであろうか。

こうなると、聖書がキリストの父方の系図について長々と書きたてたことは、まったくナンセンスである。このことは男性を中心とする系図のすべてについていえることである。もちろん日本の皇室もその例外ではありえない。百二十四代、二千六百余年を額面通りにうけとるとしても、その間に〝血〟の密輸がなかったと、どうして保証することができよう。何回かあったと考えるほうがむしろ常識ではあるまいか。

弓削道鏡と称徳《しようとく》天皇の間柄は、この女帝の子供が皇位をついだわけではないからどっちにしても皇室の〝血〟にはあまり関係がない。それよりもしばしば問題になるのは神功《じんぐう》皇后の場合である。あの時代に、仲哀《ちゆうあい》天皇の胤《たね》を宿した皇后が、新羅《しらぎ》征伐をおえて帰ってから応神《おうじん》天皇を生んだというのは常識では信じられない。なんでも胎児が外へとび出さないように、長さ一尺、まわり二尺近くもある石を二つも腹にまいて行ったということになっている。応神天皇が胎内にいた期間についても、『和漢年契』の二十八ヵ月説が最高で、新井《あらい》白石《はくせき》の十六ヵ月説があり、明治以後になって十三ヵ月説が一番妥当だということになっていた。それにしてもあやしいものだ。もっとも、この皇后の存在そのものを否定する歴史家もあるのだから、今さらこんなことをとりあげてみたところで始まらない。

その後も、皇位はいくたびか〝危機〟に面している。それが果たして単なる〝危機〟だけで終わったであろうか。

たとえば雄略《ゆうりやく》天皇の皇后に皇子がなく、天皇の死後侍妾《じしよう》の腹にできた皇子たちの間に相続争いがおこり、最後に白髪皇子《しらかみのおうじ》というのがたった一人残った。これが皇位をついで清寧《せいねい》天皇となったのだが、幼少時代から頭の毛が白かったというくらいだから、体質がひどく虚弱で、この天皇にもしものことがあった場合は、皇統が絶えるところであった。

その即位式にあたり、それに必要な品物を調達するために、久米《くめ》部小《べのこ》楯《たて》という男が明石の屯倉《みやけ》へ派遣された。この倉庫の主任は忍海部細目《おしうみべのほそめ》というのだが、その下に二人の奴《ぬ》僕《ぼく》が使われていた。二人は兄弟だった。細目が小楯歓迎の酒宴を催した際、主人は客にむかっていった。

「あすこで燭をもっている奴《やっこ》は、立居ふるまいからいって、どうもただものでない。何か由緒のあるものの子にちがいない」

そこで主人は、座興をそえるため、その兄弟に舞を舞えといった。はじめはなかなかうんといわなかったが、ついに立って舞いながらつぎのようにうたった。

〽八つの緒を調べたるごと、天《あめ》の下を治め給いし、いやほわけ天皇の御子《みこ》、市辺押歯王《いちべのおしはみこ》の、やっこみすえ。

これをきいて小楯は、驚きと喜びのあまり、床からころがりおちた。さっそくそこにいた人々を追い出し、かりの宮を急造させて、その中に二人の皇子を入れた。そしてすぐ大和へ急使を立ててこの旨を伝えた。

この兄弟は、五代も前の履中《りちゆう》天皇の皇子で他の皇子に殺された市辺押歯の子供だった。後にこの弟の方が皇位をついで顕宗《けんぞう》天皇と呼ばれた。久しく埋もれていた〝血〟と宗をあらわしたという意味である。少し冷静に考えると、この話には天一坊《てんいちぼう》くさいところがある。小楯が細目と組んで一芝居うったのかもしれない。

このあたり、骨肉間の争いが絶え間なくつづき、皇統はしばしば危機に瀕している。五代も六代も前の皇統をどこかから見つけてきてつがせようとしたことが何度もあったけれど、迎えの使者がきてもたいてい逃げかくれしてこれをうけなかった。うっかり皇位につくと命が危ないというので敬遠したのである。

武烈《ぶれつ》天皇が十八歳で亡くなったあとに継承者がなく、応神天皇の五世の孫というのを見つけてきて、嫌がるのを拝みたおしてやっと皇位につけた。まさに絶えなんとする皇統をついだ、というので継体《けいたい》天皇と諡《おくりな》されているが、そこまで行く途中でどういうことが起こっているか知れたものでない。そう考えるのが常識であろう。

＊

それにしても〝血〟のリレーという点からいうと、男系によるよりは女系による方が、比較にならぬほど確率の高いことは明らかである。皇室系譜を見ると、「生母不詳」というのが随処に出てくる。〝腹は借りもの〟という男系中心社会では、えてしてこういうことになるのであるが、〝借りもの〟である女の腹に、どのような〝血〟が密輸されているかわからない。日本の宮廷で、男女の別がやかましくなったのは中国風の宮廷制度が入ってきてからで、その前は日本流におおらかなものであった。むしろ母系制に基づく慣習が長く残っていたと見てよい。

遺伝体として精子と卵子といずれが優勢であるか、それとも同位であるか、ということは別問題としても、一方を無視することができないことはいうまでもない。したがって、〝腹は借りもの〟思想の非科学性については説明を要しないが、男系社会の〝血〟のリレーにおいては、これが無視されないまでも、ひどく軽視されていた。そのため美貌のオブラートに包んだ悪質の遺伝因子が潜入するチャンスも少なくなかったにちがいない。

＊

日本の皇室についてこれまでいろいろなことがいわれ、書かれてきた。戦後は言論の自由が保証され、日本史の科学的な研究が行われて、その成果はすでに続々と発表されている。従来の神話的日本史に代わる〝唯物史観的〟日本史で、権威のあるものも少なからず出ている。

だが、一般日本国民の頭には、まだまだ割りきれない面がたくさん残っている。今こそ国民の一人一人が真剣にこの問題と取りくんで、対決しなければならぬ時ではあるまいか。実は私自身その必要にせまられているのである。専門の歴史家でも何でもない私が、本書の執筆を思い立った動機と目的はそこにある。

富士登山をするのにいろんな登り口があるように、皇室と取りくむにもいろんな面がある。私は〝血〟の問題に一つの突破口を見出《みいだ》した。といって生物学者でない私は、主として社会的な面から切り開いてみたいと思うのである。

それに〝血〟の問題は、前にものべたように、日本の皇室だけの問題ではない。現在および今後の社会における私たちの家族や個人の生き方とも密接な関連がある。それらと直接間接にいろんなつながりをもつさまざまな問題がその中にふくまれている。ただ、日本の皇室の中にそれが集約的な形で表現されているにすぎない。その点でも皇室は日本の〝象徴〟である。

このジャングルをきりひらいて一つの径をつくるならば、それはきっと、私たちの日常生活にも通じているものが多々発見されるであろうという確信をもって、私はこの面倒な仕事にとりかかった。

そのために前々から目にふれるままにあつめた資料が、書物だけでも何百冊かたまった。そのほかにも、直接会って教示をうけた人々も少なくない。

＊

本書の内容は、私の解釈や意見には独断があるかもしれないが、使った資料にはすべて確かな出所がある。ただし学術書ではないので、一々典拠《てんきょ》を明らかにしたり、註《ちゅう》をつけたりするわずらわしさは、わざと避けた。

一口にいうと、縦の歴史を横にして、現代という俎《まないた》の上にのせて料理するというのが私のねらいである。これまでの天皇および天皇制のあり方を再現する上に役立ちそうなものをひろってきて、私流に構成し、演出したまでである。肩のこらぬ読み物として気楽に読んでもらうために、原文からの引用は最小限にとどめ、それも漢文調は原文を損わぬ程度に現代文に改めた。

もとより私は、本書によって、天皇制の肯定または否定の態度を読者におしつけようとは思わない。ただ、天皇制がなくなると日本が亡びると考えている人々も、また日本民族の今後の正しい発展のためには天皇制の打倒こそ最大の急務だと考えている人々も、一度本書にざっと目を通してからにしていただきたいと希望するだけである。

ついでに、天皇制の問題ばかりでなく、私たち個人の生き方、家族制度や私有財産の今後のあり方についても、私の〝血液史観〟が何等かの示唆を与えることができれば、私にとっては望外の喜びである。何となれば、私たちの〝家〟が、みんなそれぞれ一つの小さな〝天皇家〟だともいえるからである。

昭和二十七年十一月　　　　　　著者

実録・天皇記　目次

天皇に寄生する男子従業員　79

天皇株を買う人々　104

尊皇攘夷党の台頭　175

間引かれた御子様　190

天皇を利用する公家と武家　230

日本版〝王昭君〟　282

天皇コンツェルン完勝す　308

『実録・天皇記』の実録　草柳大蔵　340

危なかった〝血〟のリレー

侍妾、百二十人

皇室の一番大きな使命は、皇室そのものを存続させることである。その皇室の中核体をなしているのが天皇である。〝神代〟から伝わっている〝血〟を後世に伝える生きたバトンである。聖火である。この火はどんなことがあっても消されないように守りつづけねばならぬ。これが皇室の中のすべての組織、制度、施設の中に一貫している思想であることはいうまでもない。

そのためにもっとも大切なものは、〝血〟のにない手である天皇、ついでその〝血〟を次代に伝える器としての女である。男女間の〝愛情〟などというものは、〝血〟を伝えるという至上目的からみれば、まったく第二義的、付随的なものとなる。

将来科学が非常に発達して、受精はもちろんのこと、受精した胎児も特殊装置の中で哺育《ほいく》できるようになれば、〝血〟のリレーはもっと簡便に、しかも完璧《かんぺき》に近い形で行われるであろう。だが、今の段階ではどうしても女の肉体を借りねばならぬから、ムダが多く、探検旅行に出発する際の自動車タイヤのように、相当のスペアを必要とするのである。

中国には〝後宮三千《こうきゅう》〟という言葉がある。サルタン（回教徒の王）のハレムにも数百人の女を擁しているという例は珍しくなかったが、この場合は〝血〟を伝えるという実際的な目的を逸脱して、むしろ権力者個人の享楽の対象となっている。こうなれば、その数はその権力の増大とともに無限に増大することができる。

日本の歴代天皇の中にもそれに類するものがないではないが、そんなのは比較的少ない。これは中国その他いわゆる〝アジア的専制国家〟の君主の間にあっては、珍しい例外的な現象だといっていい。徳川将軍などの場合に比べても、享楽性のより少ないことが日本の皇室のすぐれた面の一つとなっている。

嘉永《かえい》六年（一八五三）大沢雅五郎という儒者が書いているところによると、中国のことではあるが、「古《いにしえ》は天子に三夫人、九嬪《ひん》、二十七世婦、八十一御妻相備り」とあるから、そこまで行かねばならぬのだが、当時の皇室（孝明《こうめい》天皇）においては、「今万乗《ばんじょう》の尊《みこと》を以《もっ》て御閨《ごけい》門《もん》の間、恐れながら匹夫《ひっぷ》に均《ひと》しき御姿にて実にもったいなき御事」と嘆いている。それでもこのときの天皇の身辺には、お手つきのあるなしは別として、十七人の女がいた。大沢の主張する中国流の慣習に従えば、〝三夫人〟以下〝八十一御妻〟にいたるまで、計百二十人は必要だということになる。

また安政《あんせい》四年（一八五七）朝廷すら、御付武家都築駿河守《つづきするがのかみ》に非公式に提出した「禁裏女房《きんりにょうぼう》一件」という書類によると、当時の禁裏女官の定員は、典侍《てんじ》五人、掌侍《しょうじ》四人、命婦《みょうぶ》、女蔵人《くろうど》六人とあるが、都合によって典侍は六人まで増員できることになっている。ただし典侍もあまり年齢をとると役に立たぬので、「掌侍の人も御寵伴《ごちょうばん》を蒙る《こうむ》」ということになる。年齢をとった高級女官が自発的にやめてくれればいいのだが、これは終身職だから、強いてやめさせるわけにも行かぬ。「申すまでもなく皇統連綿《れんめん》たることは実に国家第一と心得」ているが、現状ではなかなか思うように行かない。このように「皇胤《こういん》御手薄」であるというのは「この上もなく御大事」だから、この定員制を改めてほしいと、幕府に訴えているのである。

これだけ読んでいると、上野《うえの》の動物園長が、大切なライオンや象にいい仔《こ》ができないというので東京都に向って、収容動物の定員制打破と予算増額を要求しているような感じがしないでもない。

そこでこのような〝血〟の保存形態において、その確実性を保証するには、どうしても絶大な権力、莫大《ばくだい》な財力が必要だということになってくる。〝一天万乗〟といっても擬制的な支配者にすぎない当時の皇室にとっては、これはたいへん困難な仕事であった。

そこへ行くと、現実に日本の実権をにぎっていた徳川将軍家の方は、〝血〟の保存においても、絶対的な権力と実力を背景にして、〝大奥《おおおく》〟という膨大《ぼうだい》な組織をつくりあげた。その上にのっかる将軍も、〝血〟のリレーの担当者という本来の目的から逸脱して、享楽本位に堕してくるのも、これまた自然の成り行きである。

多産のレコードホールダー

その点で日本史上に新記録をつくったのは徳川十一代将軍家斉《いえなり》であろう。寛政《かんせい》元年（一七八九）十七歳のときから、文政《ぶんせい》十年（一八二七）までの三十九年間に、かれは二十一人の侍《じ》妾《しょう》を相手に五十四人の子供をつくっている。全然子供の生れなかったというのは七年で、二人の年が七、三人の年が五、一年に四人生れたことも一度ある。その内訳は男二十五人、女二十九人、別に流産したのが五人ばかり知られている。

家斉の次男でその後をついだ家慶《いえよし》も、これまた侍妾が多く、三十四人の子供をつくっている。だが、できた子供はほとんど凡庸か暗愚であった。第一家慶自身が、徳川将軍十五代の中でも一番質の悪い方であった。この場合にも質と量は併立しがたい。

さてこんどは皇室側からこの方の代表選手を出すとすれば、まず第一に第十二代の景行《けいこう》天皇をあげねばなるまい。公式記録に名前の出ている皇后二人、皇妃八人、そのほか一男一女を生んだものは一々数えきれないほどいた。子供の方は「旧事本紀《くじほんぎ》」によれば、総数八十一、男五十五、女二十六となっている。

何しろこの天皇は、「御身長一丈二寸、御脛《はぎ》四尺一寸」で、その「御雄姿、畏《おそ》れながら想見すべし」ということになる。それが二十一歳で皇太子になったのだが、先代の垂仁《すいにん》天皇が百三十九歳までも長生きしたものだから、位をついだのは八十四歳のときである。それでも約六十年在位して百四十三歳でなくなったという。

だが、こういう神話中の人物についてかれこれ書いてみたところで始まらない。西暦七八一年に即位した第五十代桓武《かんむ》天皇あたりになると、ずっと現実性をおびてくる。この天皇には皇后のほかに、夫人四人、女御《にょうご》四人、別に十六人の侍妾がいて、三十五人の子供が生れている。その中から平城《へいぜい》、嵯峨《さが》、淳和《じゅんな》の三天皇も出ている。こんな風に相続が、父から子へ縦にではなくて、兄から弟へ横すべりするのは、蒙古《もうこ》族やツングース族に見られる慣習で、日本の皇室にも時々それが出てくるのである。この三人の兄弟天皇の中で嵯峨天皇の如きは、父の記録をはるかに破って、最低二十八人の侍妾から、男女合せて五十人の子供をつくっている。

第五十五代文徳《もんとく》天皇も、夫人のほかに女御、侍妾など、最低十五人、子供は三十人。ついで第五十八代光孝《こうこう》天皇は四十五人の子供をつくっているが、侍妾の数は案外少ない、というよりも〝御母未詳〟となっているのが非常に多い。恐らくこの天皇は、堂上公卿《くぎょう》の娘たちよりは身分の低い女にたいへん興味をもたれたのであろう。

第六十代の醍醐《だいご》天皇は、皇后のほかに侍妾最低十五人、子供は三十八人。ずっとくだって西暦一二五九年に即位した第九十代の亀山《かめやま》天皇は、皇后、中宮《ちゅうぐう》、その他の侍妾をふくめて二十人、子供は三十六人。これまた〝御母未詳〟が非常に多い。

西暦一六一一年に即位した第百八代の後水尾《ごみずのお》天皇（家康・秀忠《ひでただ》時代）は、中宮以下六人の侍妾に三十三人の子供を生ませている。子供の数に比して侍妾の少ないのは、多産系の女がそろっていた、というよりも、皇室の経済力が薄弱で、そう大勢の侍妾をおくわけにゆかなかったのであろう。この三十三人の子供の中から、明正《めいしょう》、後光明《ごこうみょう》、後西《ごさい》、霊元《れいげん》の四天皇が順次皇位をついでいるが、第百十二代の霊元天皇は、中宮以下侍妾十五人で、三十二人の子供をつくっている。

そのほかにも二十人台の子供をつくった天皇はいくらもある。総じて皇室が隆々と栄えている時代には、侍妾の数が多く、したがって子供も大勢生れた。

皇室はナゼ死亡率が高いか

だが、必要以上に多くの〝血〟のスペアをつくると、どうしても、歩《ぶ》どまりが悪くなる。家斉の場合は、五十四人の子供の中で、四人は生後まもなく死亡し、結婚できる年齢にまで成人したのは二十八人、すなわち全体の約半数にすぎない。家慶の場合も、大部分早死にしている。家慶の御台所《みだいどころ》は、有栖川一品《ありすがわいっぽん》中務卿《なかつかさきょう》織仁《おりひと》親王の娘で、楽宮喬子《さざのみやたかこ》といった。九歳で、家慶との問に婚約が成立し、十五歳で挙式、二度流産をして三度目に第一子竹千代《たけちよ》を生んだが、半年足らずで死亡、つづいて第四子、第五子もすべて育たなかった。

この点は皇室側もあまり変りはない。第百二十代の仁孝《にんこう》天皇は、皇后を除いた五人の侍妾に十五人の子供を生ませたが、十二人までが三歳以下で死んでいる。その子の孝明《こうめい》天皇の場合は、女御以下十七人の女性を擁し、六人の子供をつくったが、そのうち五人まで早死にした。その経過をのべると、天皇は嘉永元年（一八四八）に十八歳で関白九条尚忠《くじょうひさただ》の女夙子《あさこ》（後の英照皇太后《えいしょうこうたいごう》）を女御に迎え、三年十一月皇女順子《よりこ》を生んだが三歳で死亡。翌十二月に新典侍坊城伸子《ぼうじょうのぶこ》の腹から皇子が生れたが翌日死亡。嘉永五年（一八五二）九月に典侍中山慶子《なかやまよしこ》の生んだ皇子祐宮《さちのみや》が無事成人して明治天皇となった。ついで安政五年（一八五八）六月夙子の生んだ皇女富貴宮《ふきのみや》は翌年死亡。翌六年三月右衛門掌侍堀川紀子《ほりかわもとこ》の生んだ皇女寿万宮《すまのみや》は三歳で死亡。文久《ぶんきゅう》元年（一八六一）十月同じ腹から生れた皇女理宮《ただのみや》は二歳で死亡した。結局、四人の腹から六人生れて五人までが三歳以下で死んでいる。

これで見てもわかるように、乳児死亡率は仁孝天皇においては八〇%、孝明天皇においては八三%という驚くべき高率を示している。辛うじてただ一人生き残った祐宮がもしも育たなかったならば、後に孝明天皇が急死した際、果してどういうことになったろうか。明治維新の大局には大して変化がなかったとしても、部分的に、あるいは時期の点で、相当の狂いが生じたにちがいない。

ところが、明治天皇自身の場合にも、同じような現象が見られるのである。明治天皇には皇后美子《はるこ》（昭憲《しょうけん》皇太后）のほかに五人の侍妾があり、その間に皇子、皇女あわせて十五人生れたが、そのうち十人までが夭折《ようせつ》している。

皇子　母は典侍葉室光子《はむろみつこ》。明治六年九月に生れて即日死亡。
皇女　母は権典侍橋本夏子《はしもとなつこ》。明治六年十一月に生れて即日死亡。
薫子《しげこ》内親王　母は典侍柳原愛子《やなぎわらなるこ》。明治八年一月に生れて翌年六月死亡。
敬仁《ゆきひと》親王　母は右に同じ。明治十年九月に生れて翌年七月死亡。
嘉仁《よしひと》親王　母は右に同じ。明治十二年誕生。これが後の大正天皇である。
韶子《あきこ》内親王　母は典侍千種任子《ちぐさことこ》、明治十四年八月に生れて三歳で死亡。
章子《ふみこ》内親王　母は右に同じ。明治十六年一月に生れて同年九月死亡。
静子《しずこ》内親王　母は典侍園祥子《そのさちこ》。明治十九年二月に生れて翌年四月死亡。
猷仁《みちひと》親王　母は右に同じ。明治二十年八月に生れて翌年十一月死亡。

昌子《まさこ》内親王　母は右に同じ。明治二十一年九月誕生。同四十一年竹田宮恒久王《たけだのみやつねひさ》に帰嫁。
房子《ふさこ》内親王　母は右に同じ。明治二十三年一月誕生。同四十二年四月　北白川宮成久王《きたしらかわのみやなるひさ》に帰嫁。
允子《のぶこ》内親王　母は右に同じ。明治二十四年八月誕生。同四十三年五月朝香宮鳩彦王《あさかのみややすひこ》に帰嫁。
輝仁《てるひと》親王　母は右に同じ。明治二十六年十一月に生れて、翌年八月死亡。
聡子《としこ》内親王　母は右に同じ。明治二十九年五月誕生。大正四年五月東久邇宮稔彦王《ひがしくにのみやなるひこ》に帰嫁。
多喜子《たきこ》内親王　母は右に同じ。明治三十年九月に生れて翌々年一月死亡。

結局、十五人の中で即日死亡が二、一年以内が三、二年以内四、三年以内が一、無事成人が五人ということになる。死亡率は六七％で、仁孝、孝明の両天皇に比べれば成績はいい方であるが、亡くなった十人はすべて三年以上生きられなかったということが問題である。

皇室の早婚

これにはいろんな原因がある。まず考えられるのは早婚である。権力に比例して婚期の早くなるのが原則で、明治天皇が数え年十六歳で即位し、十七歳で皇后を迎えているが、こんなのはむしろおそい方である。また昭憲皇太后は明治天皇よりも二つ年上であるが、一夫多妻制のもとにおいては、後継者をすこしでも早く、確実に用意するために、第一夫人はすこし年長のものを求めることが多い。

封建時代の支配階級においては、普通十五歳の元服期《げんぷくき》は、同時に結婚期もしくは婚約期で、皇室とか将軍家とかにおいては、それがさらに早められるのが普通である。後にのべるように、かれらは数え年十一、二歳で結婚または婚約している。身心ともに十分に成長していない親から、完全な子供を期待することができないことはいうまでもない。

つぎに、採光、通風のあまりよくない宮殿内の生活ということも考えられる。また天皇の胤《たね》を宿すというのはたいへんなことで、当人はもちろん、周囲があまりにも大事をとり、騒ぎすぎるということも、かえって逆効果を生むことになる。

江戸城大奥の妊娠競争

江戸《えど》城の大奥の女たちにとっては、まず将軍の〝お手がつく〟ことが幸運をつかむ最初の大きなチャンスで、そのためにあらゆる工夫をこらし、権謀術数を弄《ろう》したものである。これがいわば第一予選である。

この予選が通って、首尾よくお手がついたならば、つぎのねらいは妊娠である。十二代将軍家慶の中臈《ちゅうろう》にお袖というのがいて、その叔母《おば》と共に将軍の寵愛をうけていたところ、この叔母姪《めい》の間に猛烈な妊娠競争が起った。そしてついに若い方のお袖に凱歌《がいか》があがって、見ごとにお胤を宿した。

おさまらぬのは叔母の方である。何とかしてお袖の腹の子供をないものにしたいものだと機会をねらっているうちに、お袖が叔母に対して姪にあるまじき口のきき方をしたというのをいいがかりにして、お袖を縁から庭につき落した。そのためにお袖は流産し、それがもとで死んでしまった。その死の枕もとで、お袖の母親は口惜《くや》し涙にむせんで、「この恨み、死んでも忘れるでないよ」と娘にかき口説《くど》いた。そのせいか、その後叔母は、鏡を見ても手洗盥《たらい》に向っても、必ずそこにお袖の姿があらわれてくるので、いつも水をかきまわして、静まらないうちに大急ぎで顔を洗ったという。

この伝説は、大奥の女中たちの嫉妬《しっと》反目《はんもく》がいかに激しいものであったかを物語っている。

皇胤をめぐる暗闘

これに似た話が明治の宮廷内でも伝えられている。昭憲皇太后は、ついに一人の子供をもうけることができなかったのであるが、一度妊娠して流産したことがある。廊下を歩いているときに、女官に裳《もすそ》を踏まれてころんだのが原因とされているが、それは計画的になされたのだ、ともいわれている。果して事実かどうかわからぬが、皇胤《こういん》をめぐる暗闘がこの時代にもなおつづけられていたことを物語る一つの挿話と見るべきであろう。

さて、お手がつき、お胤を宿し、無事に生れたとしても、その子供が男であるか女であるかによって、たいへんな開きができる。それはちょうど宝籤《たからくじ》の一等当選で百万円当ったのと、一番ちがいで一万円の前後賞しかもらえなかったのと同じようなものである。皇室の場合でも〝皇子〟を生まなければ〝局《つぼね》〟という名称は与えられない。

男の子が二人以上生れると、もちろん相続争いが起る。自分の腹を痛めたものが、将軍家なり皇位なりを継ぐにおよんで、はじめてこの〝血のトーナメント〟の優勝者たりうるのである。この素晴らしい栄誉、というよりも大穴をあてる幸運に浴するのは何十人、何百人といる大奥や宮廷の女の中で、ほんの一人か二人である。

何はさておいてまずお手がつき、お胤を宿すということが先決問題である。またせっかくお胤を宿しても流産したり、早世させたりしたのではもとのモクアミである。

皇子と睡眠薬

そこで妊婦をはじめ、その周囲のものは極度に神経質になる。流産を恐れすぎる結果、か

える。って運動不足となり、非科学的な食餌《しょくじ》の選択は逆に偏食に傾き、栄養失調に陥ることにな

また生れた赤ん坊に対しても、とりまきが多く、それらがよってたかって世話を焼きすぎて、悪い結果を招くのである。皇子もしくは皇女一人に対して、以前は女官一、出仕二、雑仕五または六、合わせて八、九人のものが専門に奉仕することになっていた。こんな風に、箸《はし》の上げ下げまで傍から面倒を見られては、どんな子供でも神経質になり、腺病質《せんびょうしつ》にならざるをえない。

日常生活は古くからの習慣と規則ずくめで、規定の時刻がくると、眠くても眠くなくても寝室に入り、眠りにつくまで女官が傍についている。これを「おねんねをお上げする」といっているが、寝つきの悪いときは睡眠薬をのませる。そしてよく眠ったのを見とどけて、女官は外に待っているものに、

「御格子《みこうし》になりました」

と報告する。これで女官は、寝かしつけるという大役から解放されたことになる。

銃声で気絶した明治天皇

こうなると、天皇の子供を大切に育てるために規則があるのではなく、規則の枠の中に子

供がおしこめられるのである。明治天皇の如きも、孝明天皇の子供のうちでは唯一の生き残りで、後には一代の英主とうたわれたのであるが、幼少のころはあまり丈夫な方でなく、成人が危ぶまれた。千種有任《ちぐさありとう》から岩倉具視《いわくらともみ》あての手紙によると、

「新帝には毎夜々々御枕へ何か来り、御責め申し候につき、御悩み申すことにて、昨日申し上げ候通り御祈禱《ごきとう》仰せつけられ候とか、実説の由に候」

といっている。何かわけのわからぬことで夜な夜なうなされたらしい。

そして即位の前々年の蛤御門《はまぐりごもん》の変に際しては、銃声をきいてびっくりして、気絶してしまった。

「親王（明治天皇）南殿において御逆上、中御門《なかみかど》等の近臣、水をとり走《は》せ参じて進上、御正気」とちゃんと「忠能《ただやす》卿記」にも出ている。その翌年徳川慶喜《よしのぶ》が大政奉還を申し出たが、朝廷は会議を開いて、これを受けとるのを躊躇《ちゅうちょ》した。というのは、そうなるときっと戦争が起り、天皇がまた卒倒してはたいへんだと考えたからである。

十五歳で見合いをさせられる

大正天皇となると、幼少時代からすでに普通ではなかったようである。この天皇が九歳の頃に傅育《ふいく》の任にあたっていた佐々木高行《ささきたかゆき》（枢密顧問官）の「明治天皇と臣高行」には、

「殿下には衆人の中にて御体裁は今日のところにては十分御調いに相成り居り候えども、御修学に御後れ相成り居り候」

と出ている。近頃どうにか人前に出せるようになったものの、まだまだ頭のはたらきがおくれているから、学習院に入れるよりは、別にはなして教育した方がいいというのである。明治二十六年、皇太子が十五歳になったとき、前例にしたがって、東宮妃を決定することになった。すると維新の元勲たちや宮中の要職にあった連中がそれぞれの候補者を押し立てて猛烈に競《せ》りあった。そして結局目ぼしいところをあつめて見合いめいたことを行ったのであるが、御本人方は「何の感じもない」うちにすぎてしまったということである。むしろそれが当然で、十五歳の虚弱な少年に見合いをさせるなどということは、今なら人道問題だといわれるだろう。

大正天皇のこういった体質については、その後いろんなデマがとび、日本の皇室には悪性の遺伝があるかの如くいわれてもいたが、むしろそれはかかる非人間的組織の産物というべきで、いずれもその犠牲者と見る方が正しいかもしれない。

いずれにしても、皇室の乳幼児死亡率は恐ろしく高い。やっと育つことは育ったにしても虚弱者が多い。これは何とかしなければならぬというので、周囲の人たちはずいぶん頭を悩まし、その対策を講じたことはいうまでもない。

重労働

前にのべた徳川家慶の場合は、いくらつくってもつぎつぎに早世する、はなはだ歩《ぶ》どまりが悪いというので、沢山な侍妾のうちに思いきってからだの丈夫な女を加えることにした。腹だけ借りるという建前を徹底させて、顔かたちはどうでもいいということになったのである。おつゆ（後に秋月院と呼ばれた）という女などはその方の代表で、「丈の低い、狆《ちん》がクシャミをしたような顔」をしていたという。

どうしてそういうことになったかというと、この女は家慶の生母「お楽の方」（香琳院《こうりんいん》）の姪で、おつゆの伯母《おば》にあたるおさだというのが、すでに家慶の中臈《ちゅうろう》になって、初之丞、達姫などを産んでいた。つまり、この女は多産系に属することが証明されていたので、わざわざ召し出されたのである。

これでみてもわかるように、将軍や天皇が多くの侍妾をもつということは、単なる逸楽のためではない。それはかれらに課せられた一つの制度である。その中にあって、なるべく早く後継者をつくるということは、かれらの義務であり、ノルマであったのだ。したがって、虚弱な肉体をもった天皇や将軍にとっては、それがたえがたい重労働に感じられた場合も少なくなかったであろう。

明治天皇、竹馬にのる

孝明天皇の六人の子供の中で明治天皇だけが生き残ったことは前にのべたが、これもお産の前に生母中山慶子《よしこ》が疫痢《えきり》にかかって危うく流産するところであった。それでも無事に成長したのは、慶子が妊娠ときまるとまもなく、かの女の実家にかえり、そこでお産をして、皇子は五歳になるまで宮中に引きとられなかったからである。当時「中山家では、神の御裔《ぎょえい》の御胤を御擁護し奉ることとて、一門無上の栄誉となし、恐れ畏《かしこ》み、別に一室を清浄潔斎《けっさい》して、慶子の居室となし、忠能卿《ただやす》（慶子の父）は御世話掛りの人々とともに常に侍《はべ》りけり」ということになっているが、そもそも中山家というのは、花山院《かざんのいん》の流れをくみ、前大納言の肩書はもっていても、収入はわずか二百石にすぎなかった。おまけに子供が十六人もあり、そのうち七人はなくなったが、生活は楽でなかった。しかし慶子の母は肥前平戸《ひぜんひらど》藩主松浦《まつら》家の娘で、なかなかのしっかりものであった。

明治天皇はこういった環境の中で、どっちかというと中産階級的なしつけをうけて、幼年時代を過したのである。皇子が二歳のときに、忠能は特別の一室をつくってあげたいと思ったが、そんな余裕はなかった。当時は朝廷もひどく困っていて、それどころでなかった。そこで松浦家に泣きついて、やっと形ばかりの〝御座所〟をつくることができたのである。それでも体質が非常に弱かったので、小さいときから竹馬にのせたり、はだしで庭を走らせたり、相当思いきった訓練をうけた。ときにはたれも気がつかぬうちに築地《ついじ》の外へ出て遊んでいるのを見て、道行く人は「あれが二の宮さまだよ」といったものだという。とにかく、宮中におけるよりは、はるかに人間的な環境と訓育のお蔭《かげ》で、明治天皇は無事に成人して、後には〝豪毅英邁《ごうきえいまい》〟をうたわれるところまで行ったのである。

しかるに、こんどはその明治天皇の子供が、またつぎつぎに死んだ。明治二十一年十一月十二日、その前年に生れた第四皇子が亡くなったときは、全宮廷は哀愁に包まれた。至急何とか対策を講じなければならぬという気持が、天皇をはじめその周囲の人々全体の間に湧きおこった。

当時侍従の中でも特に忠誠をもって知られた藤波言忠《ふじなみことただ》は、この際断乎《だんこ》としてこれまでの旧式養育法を改めるべきことを提案した。「只今《ただいま》のむきにては、来年この頃はまたまた御葬式の御供仕《つかまつ》るべし」とまで極言した。かくて、どちらかというと保守的な傾向の強かった明治天皇も、ついにこれを容《い》れて、時の宮内大臣土方久元《ひじかたひさもと》に対し、今後生れる皇子皇女の養育法について考案すべしというご沙汰《さた》があった。

皇室の里子制度

そこで藤波のほかに、宮内次官吉井友美《よしいともざね》、皇后宮大夫香川敬三《かがわけいぞう》、侍医伊東方成《いとうほうせい》、同岩佐純《いわさじゅん》、海軍軍医実吉安純《さねよしやすずみ》などがあつまって協議した。その結果、皇太子の養育は東宮大夫に一任、他の皇子皇女はこれまでのように女官にまかせないで、適当な人物の家庭にあずけて養育を一任することになった。つまり〝里子制〟の採用である。

その頃宮中に出仕していた侍医は、たいてい漢方医で、コンデンスミルクなどは決して用いさせなかった。ケダモノの乳などはもってのほかだというのである。

〝里子〟は古くから京都の公卿たちの間で行われていた。子供が生れて二、三か月たつと、ちょうど同じ頃に子供を生んだ農家にあずけて養育を託したのである。その方が家で育てるよりもかえって安あがりで、結果がよかった。農家の方でも、それで幾分生活のたしになり、主婦のアルバイトとして歓迎した。しつけが十分でなかったり、〝悪い言葉〟を覚えたりするという難点もあるが、たくましい肉体と旺盛《おうせい》な生活力を植えつけられてくれば、その難点をつぐなってあまりがある。

そこで明治二十一年九月に生れた常宮昌子《つねのみやまさこ》内親王（後の竹田宮恒久王妃）は、枢密顧問官佐々木高行夫妻に託された。佐々木は「女官の指図は一切受けぬ」という条件付で引きうけた。その結果は非常によかったので、つづいて生れたものにもこの方法がとられることになり、これを境として皇室の乳幼児死亡率は、熱がとれたように急激に下降した。

以上のべたところによって、日本の皇室においては、いかに〝血〟のリレーが重んじられたか、そのためいかにバカバカしい努力と浪費がなされてきたか、しかもそれがどのような悪結果をもたらしたか、ということがだいたい明らかになったことと思う。里子、すなわち庶民階級への委託によって、〝神の御裔の御胤〟が辛うじて断絶をまぬがれたというのは実に皮肉である。

この一点からいっても、この〝血〟のリレーが、いかに不合理で、いかに非人間的な方法で行われてきたかが了解されるであろう。だが、かつての日本人は、何人もこの事実に言及する自由をもたなかった。いや、しかし明治も初年においては、これに対してかなり大胆率直な発言がなされていたのである。

批判された蓄妾制度

「曙《あけぼの》新聞」（明治七年改題創刊）に、当時の進歩的なジャーナリスト久津見《くつみ》息忠《やすただ》（蕨村《けっそん》）の「妾」と題する論文が出ている。その頃はちょうど民法改正がやかましく論じられていたときで、妾の存在とその名称が問題になったのである。ところが、妾を問題にする以上は、どうしても皇室の一夫多妻制を見逃すことができない。

そこで久津見は、蓄妾《ちくしょう》制度の不合理、非文明的なことを各国の例を引いて痛論し、「法文の中から醜悪なる〝妾〟の字を断然削除すべし」と主張した。これに対して反対論もでた。

「妾を聘《へい》するは子孫を絶さざらんがためのみ。そもそも皇統連綿たるは御皇孫の絶えざるが故なり。御皇孫絶えざるは、妃嬪《ひひん》の御皇子の誕生あるによる。人民といえどもまた然《しか》り。一妻のよく子孫を嗣続《しぞく》するに足るものなくんば、すなわち妾によるべし。いま妾をすてては、勢い至尊《しそん》をして妃嬪を絶たせたもうに至らざるをえず。果して然らば人民にその子孫を絶たしめんとし、皇室には御皇統を危くし奉り、わが国臣民の本分たる万世一系《ばんせいいっけい》の皇統を奉戴《ほうたい》するの理義に背きたる議なれば、われわれ臣民の本分として論議すべからざる次第なり」

この中で「人民といえどもまた然り」といっているように、この時代にはまだ一夫多妻がひろく公然と行われていた。これは〝文明の制度たる一夫一婦〟に反することが明らかであるにもかかわらず、その存続を合理化する根拠を〝皇統連綿〟に求めていたのである。

久津見はこれにさらに猛反撃を加え、「賤妾《せんしょう》をもって子孫をえんとする。子孫の蕃殖《はんしょく》のみを欲して子孫の幸福を計らざるは禽獣《きんじゅう》と何ぞ選ばん」とまで極論している。この時代にはまだこの程度の言論の自由があったのである。

天皇家はナゼ一夫多妻か

その後明治二十六年になって、皇太子（大正天皇）の学習院小学科修了にあたり、今後〝天皇学〟をどんな風に教えるかということが問題になった。それについて、当時のドイツ公使青木周蔵《あおきしゅうぞう》は、これまでの漢籍教育を改めねばならぬ一例として、「左伝《さでん》には天子諸后妃等十二人そなわるとあるが、これが先入となりては今日の世界の状態ではよろしからず」といった。

すると、そのころの代表的な国粋主義者で、東宮御用掛りをつとめ、皇族教育研究のためドイツに四年も留学したという湯本武比古《ゆもとたけひこ》は、「耶蘇《やそ》教国にも、創世記等を見れば、今日尊信《そんしん》する神たちも多妻をもちたることあり」と反駁《はんばく》した。

このように「創世記」や「古事記」の神話をそのまま生きた人間に適用しようとする思想が、日本の皇室、日本的絶対主義をつくりあげたのである。その被害者は全日本国民であるのみならず、むしろ天皇こそ最大の被害者であると私はいいたい。

天皇製造〝局〟の女子従業員

女王蜂とエリザベス女王

蜜蜂《みつばち》の社会は、一種の母系制社会である。一匹の女王蜂を中心に、何万という働蜂や雄蜂が同じ〝血〟でつながって、同一の目的で一致協力している。その点で蜜蜂の社会は、かつての日本の民族理想、国家理念をもっとも純粋な形で実現したものだともいえよう。古代の大和《やまと》民族は、幾分それに似た母系制社会を形づくっていたのかもしれない。

だが、人間の眼で蜜蜂の社会をよく観察すると、そこでは甚だしい自然のデフォルメ（歪《わい》曲《きょく》）の行われていることがわかる。働蜂というのは雌蜂でいて生殖力を剝奪《はくだつ》され、肉体的に畸《き》形《けい》化され、奴隷化されたものである。

種《しゅ》を保存する能力は、一つのコンミュニティ（生活協同体）ともいうべき一群の中で、ただ一匹の女王蜂だけがもっていて、その仕事を独占的に担当しているのである。もしもその女王蜂が後継者のできて来ない前に、不意の事故か何かで死ぬようなことが起れば、その一群は全滅のほかはない。文字通りに〝一君万民〟の組織である。

ところが、さらによく観察すると、この女王蜂なるものは、〝血〟でなくて〝育ち〟であることがわかる。蜜蜂の巣は労働者のアパートのように、全然同じ形、同じ大きさの独房が整然とならんでいて、そこで幼虫が育てられるのであるが、その中に特別に大きなのがある。これを〝王台〟といって、たまたまその中に産みつけられた卵が孵化《ふか》すると女王蜂になるのである。文字通りに〝玉のうてな〟すなわち〝王のうてな〟である。その中で孵化した幼虫は、食餌《しょくじ》その他の点で全然別格の待遇をうけるのだ。ところが、他の小さな房に産みつけられた卵でも、〝王台〟にうつせば、すべて成長して王になりうるのである。

女王蜂は、まるでイギリスのエリザベス女王のように、何万という蜂群の中にいても、一見してそれとわかるような素晴らしい体格をもっている。エリザベス女王は、イギリスの領土をやたら拡張して英帝国の基礎をつくったが、女王蜂はその一群の種の保存を一手で引きうけて、連日数百の卵を産みつづけるのである。この女王蜂ならびにその産んだ幼虫の生活を維持するために、四六時中盲目的に、奴隷的に働くべく運命づけられているのが何万という働蜂である。

性的予備軍

ところで、女王蜂の受精作用は、その生涯においてただ一回行われるだけである。しかもそれは何千メートルという上空で行われ、それがすむとすぐかの女は巣に帰って、その後は決して巣の外に出ない。何千という雄蜂の中で、これと交尾する幸運に浴するのはわずかに一匹であり、それもただ一回きりの交尾で生命を失ってしまうのである。残りの雄はすべて性的予備軍である。当選率の驚くべく低く、したがって浪費性の非常に高い、実に憐《あわ》れむべき予備軍である。これが蜜蜂の社会において男性に課せられた宿命である。

この組織をすっかり裏返しにしたのが、皇室や将軍家における〝局《つぼね》〟である。それは一口にいうと、〝血〟のリレーの中継所である。天皇や将軍のために、その後継者を再生産する工場である。ここでも天皇や将軍は〝血〟ではなくて〝育ち〟であることがわかる。しかもこの場合、かれらは肉体的にも精神的にも、他の人間から本質的に区別すべき何物をももってはいないのである。むしろ他のものよりも劣っていることが多いということと、リレーされるのが男性の〝血〟であるという点で、蜜蜂とちがっているにすぎない。したがってここでは、蜜蜂の場合とは逆に、ただ一人の男性のために、膨大な女性の予備軍を必要とする。それには甚だしい浪費の伴うことは、蜜蜂の場合とほとんど変りがない。この目的にかなうように創案され、工夫されてできたのが〝局〟組織である。

そもそも〝局〟というのは、「カギル」ともよみ、宮廷内の一区画、今の言葉でいうとアパートメントである。後には〝局〟といえば独立の一室を与えられてそこに住む女を意味し、さらにこういった女の組織全体を意味するようになったのである。日本の役所などで「局」とか「局長」とかいう名称が今も用いられているのは、その名残りである。

皇室と将軍家の大奥

武家が勢力をえるとともに、かれらもこの便利な組織をとり入れた。そのもっとも大規模なものは、江戸城内の大奥につくられたもので、四棟の大きな長屋をつらね、これを十いくつの部屋に区分し、各部屋に一人または数人の女を住まわせた。これを〝長局《ながつぼね》〟と呼んだが、ちょうど蜜蜂の巣と同じである。ちがうところは、一匹の女王蜂のためでなくて、一人の将軍のためにこの膨大な施設がつくられていることである。

この〝局〟の中に住む女たちの種類、身分、呼び名、役割、数などは、時代とともに変ってきているし、宮中と将軍家ではかなりちがっている。だが、その原型は奈良朝から平安朝にかけて宮廷政治全盛時代に一応完成したもので、後代の権力者はその権力に応じて、それを全体として、あるいは部分的に模倣し、それぞれの〝血〟のリレーに都合のいい組織をつくりあげたのである。

江戸時代の皇室は、実力からいうと十万石程度の〝三等大名〟にすぎなかった。その代りに治めるべき領地もなければ、参勤交代その他の義務もなく、もっぱら〝血〟の保存に専念しておればよかったのである。日本国を統治する権力体を永続化するための〝血〟ではなくて、〝血〟そのものを永続化することだけが目的の組織になってしまったのである。そのために、足利《あしかが》末期から戦国時代にかけて、すっかり廃《すた》れていた〝局〟組織をある程度平安朝の原型に近い形に復旧し、これを維持して行くことができるようになったのだ、ともいえる。もちろんそれは主として形の上だけのことで、内容はいたって貧しいものであった。

女官の階級

明治維新の変革によって皇室が家力を回復するとともに、〝局〟組織も画期的に強化されたことはいうまでもない。それと同時に皇居が江戸城に移された。このときの江戸城は、弘《こう》化《か》元年の火事で本丸が焼けて、西丸だけしか残っていなかった。それでも皇室がその中に住めば、これまでも御所風の上に、この建物にまつわる風俗や慣習が加味されて、ここに皇・幕折衷的な〝局〟組織が出来上った。それが明治から大正にかけて宮廷生活を支配したものである。その中で働く婦人従業員を総称して〝女官《じょかん》〟といった。その種類と定員はつぎの通りである。

典侍《てんじ》（一人）
権典侍《ごんのてんじ》（四人か五人）
掌侍《しょうじ》（一人）
権掌侍《ごんのしょうじ》（四人か五人）
命婦《みょうぶ》（二人）
権命婦《ごんのみょうぶ》（四人か五人）
女嬬《にょうじゅ》
権女嬬
　御膳掛《ごぜんがかり》（十人から十二人）
　御道具掛（十人）
　呉服掛（十人）
雑仕《ぞうし》（四人）

資格は典侍が勅任官で、男子の侍従に相当する。権典侍以下権命婦までが奏任官で、女嬬と権女嬬は判任官、雑仕は雇員である。

このほかに、徳川時代の宮中には大典侍というのがいた。これは女官全体の総取締りで、位は従五位、たいてい相当の老人であった。

典侍になるには、身分がきまっていて、掌侍から典侍に昇格するということはできなかった。

ワイロ常習の長橋局

掌侍の筆頭である勾当掌侍《こうとうの》は長橋に詰所を与えられていつもそこにいたので、〝長橋局《ながはしのつぼね》〟ともいって、身分はそう高くないがたいへんな権力をもっていた。内にあっては大典侍にたれも頭が上らないけれど、外に対しては、〝長橋局〟が一番にらみがきいて恐れられた。宮中から諸方へ出る使はすべてこれを通じねばならないし、諸方からくる献上物もみな一応ここを通るのである。〝口向《くちむき》〟といって、宮中の出入口はこの局の手ににぎられていたわけだ。したがって、これを一年勤めれば千両の所得があるというので、〝千両長橋〟という言葉があったくらいである。他人の妻を盗んでも〝七両二分〟ですむ時代のことだから、今の金にすれば莫大《ばくだい》な額である。それに当時は〝汚職〟などということを今のようにやかましくいわなかった。女嬬たちにしても、それぞれ職務に応じて食物や衣服から薪炭類にいたるまで、〝お残り〟と称してどしどし自宅に運んだ。

まだこのほかにも、いろいろちがった名で呼ばれているものが沢山いるが、宮廷生活の実体をつかむためには、最小限これだけの職名を頭に入れておく必要がある。普通〝女官〟という場合はこれらの女たちをいうのであるが、別に針女《しんめ》といって、その下に使われる女がいる。いわば各女官専属の女中で、典侍、掌侍は一人で五、六名、命婦は三、四名、女嬬は一名使っている。これらはたいてい地方の素封家《そほうか》の娘で、行儀見習を兼ねてある期間働き、御所につとめたということを嫁入り道具の一つにもしようというのである。

宮廷の赤線地帯

ところで、この全組織を見て、たれもが気のつくことは、江戸城の〝大奥〟がこれとあまり変らないことは説明を要しないとして、かつての吉原《よしわら》や島原《しまばら》の遊廓《ゆうかく》組織がこれと非常によく似ているということである。もともと遊廓の方でこれを真似したのか、性を主たる対象とする組織をつくれば期せずしてこの形になるのか、どっちかであろう。いくぶんちがうところがあるとすれば、重点を〝血〟の保存におくか、それとも性の満足におくか、ということに基づいている。それよりも遊廓とは、平民でも金さえ出せば天皇や将軍になったような豪《ごう》奢《しゃ》な気分を一日、一時間いくらで分売する制度だといった方が正しい。いずれにしても両者は多くの共通点を具《そな》えている。

まず第一に、宮廷も遊廓も、建物、風俗、習慣、伝統その他の点で、一般社会から独立、というよりも完全に隔離されている。有形、無形の厳重なカーテンで隔てられている点で、いずれも一種の〝赤線地帯〟であることに変りはない。

遊廓にあっては、それが主として風教上や取締り上の便宜からきていることはいうまでもないが、宮廷や大奥の場合は、〝血〟の密輸を完全に遮断するという実際的な目的のほかに、権力者の特権から生れた驚くべき浪費形態を一般大衆の眼に直接ふれさせたくないという政策的意図から出たものであろう。

遊廓は一定の隔壁内に放たれた金魚や緋鯉《ひごい》を金力《きんりょく》の餌で自由に釣ることのできる、いわば釣堀であるが、宮廷や大奥は、ただ一人の男性の〝血〟の保存のために、沢山な女性が外界から、性的にはもちろん、私生活の上でも完全にシャット・アウトされているのだから、この方がよほど非人道的な組織だともいえる。

こういうふうに、他から遮断され、密封された世界には、必ず一般社会とはちがった別箇の習慣や言葉が発生するものである。元来〝廓《くるわ》〟とか〝丸《まる》〟とかいうのは、都市や城の周囲にめぐらされた壁塁《へきるい》のことであるが、その点で宮廷も遊廓も変りはない。

一説によると、クルワはクツワの転じたもので、仁・義・礼・智・忠・孝・悌《てい》・信の八徳を忘れるから亡八《ぼうはち》（クツワ）というとか、廓の中には道が縦横に通じて轡《くつわ》の形をなしているからだとか、いろいろいわれているが、これらはこじつけで、要するに門をもうけてきびしく取締るところから、城廓を連想させたものにちがいない。この建物の構造からくる類似性は、火事その他の非常事態の発生したときに、いずれも人的被害の甚大な点ではっきりと証明される。「お城の火と吉原の火とは充分の火掛りできぬものぞ」というのが、古くからのいい慣《なら》わしとなっていた。いわば沢山な人間を入れた檻《おり》のようなもので、地震や出火に際しても脱出がむずかしく、生命の損失が甚だしいのは当然である。

ひとたびこの門をくぐってその中で生活を営むにいたったものは、これまでの生活や係累とは縁をきって別人になるという建前《たてまえ》になっている。娼妓《しょうぎ》たちには必ず〝源氏名《げんじな》〟が与えられるのもそのためであろう。もっとも、かの女たちは商品として売り出されるのだから、商品にふさわしい名が営業政策上必要なのだということも考えられる。

女官の源氏名

ところで、宮中の女官たちにも、やはり〝源氏名〟があった。大正時代までは典侍から命婦まで、吉原なら〝太夫《たゆう》〟に相当する奏任以上の女官には、「高尾《たかお》」とか「夕霧《ゆうぎり》」とかに匹敵する名前がつけられていた。例えば、大正天皇を生んだ柳原愛子は「早蕨典侍《さわらびのすけ》」、明治天皇の子供を二人（いずれも早世した）生んだ千種任子は「花松典侍《はなまつのすけ》」、竹田、北白川、朝香、東久邇の妃四人を生んだ園祥子は「小菊典侍《こぎくのすけ》」といった調子である。掌侍も同様に、「初花掌侍《はつはなの》」「糸桜掌侍《いとざくらの》」というふうに呼ばれた。ところが命婦になると、「榊命婦《さかきの》」「桜命婦《さくらの》」「蕗命婦《ふきの》」などといって、主として植物名が選ばれる。これらの名前は、吉原の太夫などに比べると、いくぶん上品ではあるが、相互間に一脈相通ずるものが感じられないこともない。

この源氏名をはじめたのは昭憲《しようけん》皇太后だと、「維新前の宮廷生活」の中で下橋敬長《しもはしゆきおさ》がのべている。後にこの風習は一般華族の間でも行われ、女中たちに「楓《かえで》」とか「早苗《さなえ》」とかいう源氏名をつけるのが流行した。

宮廷〝ありんす〟言葉

つぎにことばであるが、吉原に〝廓ことば〟があったように、宮中にも宮中特有のことばがある。特殊社会には必ず特殊な言語が発生するものであるが、それは外界との分離を意識させるためにも必要なのである。そしてその特殊なことばがまた逆に、この特殊社会の特殊性をますます助長することにもなるのだ。

こうした特殊社会に見られる共通の現象として、その社会を支配する実質的な権力は、少しでもその社会に入ったものの手に帰することは、遊廓、牢獄《ろうごく》、軍隊、すべて同じである。その勢力をにぎっているものは、新入者にそれを承認させて、絶対服従を強いるために、いろんなトレーニングを行うものである。それにはまずその社会特有のことばを教えこむのが普通で、新入者も、一日も早くそれを覚えこもうとして必死の努力をする。そしてなんらかの機会に、普通社会の人間と接触した場合、その特殊なことばを使うことによって、みずからを区別し、一種の特権意識に似たものを味わうことができるようになっているのである。

この宮廷用語の種類および発生については、いずれまた別な機会にくわしくのべるとして、今はただ宮中にも〝ありんす言葉〟があるということだけを記憶にとどめておいてもらいたい。

そのほか生活様式や風俗習慣の点でも、宮中と吉原は相通ずるところが多い。上級女官は、それぞれ身分に応じて完全に隔離された一室もしくは数室を占有し、沢山な召使を侍《はべ》らせて、ほしいままな生活を営むことを許されているが、それは〝太夫〟の場合も同じである。いずれも大きな権力もしくは金力に寄生するもので、それ自身が甚だしい浪費の対象になっている代りに、その延長として、かの女たちの私生活における浪費もある程度認められるわけだ。

性的倒錯性

そればかりではない。かの女たちは、自分自身の性を不当に抑圧することを強いられているか、あるいは重労働に近い性の濫費を強いられているか、どっちにしても人間性を無視したあつかいをうけている。その反対給付として、衣服や食物などの面で、普通の家庭婦人に許されないようなことが許されてはいるが、健全な性生活も、子供を生んで母性本能をみたすチャンスも剝奪されている点で、女官も娼妓と同じである。したがって、かの女たちの日常生活は一見豪奢ではあるが、きわめてはかなく、味気ないものである。勢いかの女たちの生活の中では、性的倒錯その他きわめて不自然な、擬態的な形によってある程度性の満足を求めるということになりやすい。

遊廓の中に同性愛はつきものであるが、宮中や大奥の中でもその例は決して珍しくない。しかしさすがに監視の眼が行きとどいていて、公然たる形においてはもちろん、秘《ひそ》かにでも実際にそれを行うことは許されないし、見つかれば直ちに処分される。その点で女官は、娼妓のように雇主にとって投資の対象にはなっているわけでないから、簡単に追放される。

そのかわり擬態的な同性愛は、実害の伴わぬかぎり、公然と認められている。むしろそれが制度のようになっているともいえる。例えば、女官たちの召使は針女と呼ばれているが、かの女たちはその女主人を〝旦那《だんな》さん〟と呼ぶのである。

女官たちの日常生活は、昔の吉原の〝太夫〟の場合と実によく似ている。〝お局〟という私室をもっているが、これは吉原の〝本部屋〟に相当する。毎朝床をはなれると、生活はまず念入りな化粧から始まる点も同じである。

忠実な女奴隷である針女は、夏冬を問わず毎朝六時には必ず床を出る。〝旦那さん〟が起きてくる前にしなければならぬ仕事は、まず第一に主人のために化粧道具を飾りつけることである。といっても、そう簡単なものではない。中央正面に鏡立を立てて、それに鏡をかけ、その右側に畳をひろげて、各種の櫛《くし》類を、用いる順序によってならべておく。左側には白粉《おしろい》、刷毛《はけ》、黛《まゆずみ》、臙脂《えんじ》の類をならべ、その傍に盥《たらい》、湯の手桶《ておけ》、水の手桶をおく。それから鏡の前に白羽二重の大座蒲団《おおざぶとん》をしいて、〝旦那さん〟が起きてくるのを待ちうけるのである。

女官気質

やがて〝旦那さん〟は〝おひな〟（起床）になると、まず〝よそよそ〟（便所）に行き、用意された湯で上半身を洗い寝衣のままで鏡の前の座蒲団にどっかと坐《すわ》る。女奴隷はまず髪を梳《す》き上げる。つぎに嗽《うがい》がすむと、顔から頸筋《くびすじ》まで洗い、その日に用いる衣服に応じて下げ髪とか束髪とかに結う。それから本式の化粧にかかるのだが、これにタップリ一時間はかかる。もちろん物凄《ものすご》い厚化粧で、素顔とはうって変った〝美人〟に化けることも、〝太夫〟そっくりである。七十歳をすぎた白髪の老女でも、白粉をぬり、口紅をつけるのだから、全く化けものであるが、これまた〝御用〟の一つになっているのだ。〝美しい〟ものはすべて善、〝みにくい〟ものはすべて悪というのがこの世界の美学であり、道徳なのである。しかもその美醜の概念が作為《さくい》に基づいていることは、吉原の場合とあまり変らない。つまり上手に〝化ける〟ことが美なのである。

その後で食事が始まる。食膳にはお菜が十色前後もつく。小さな器にほんのチョッピリずつではあるが、数だけはそろっている。特に焼物と鰹節《かつおぶし》は縁起もので欠くわけにはいかない。

食事がすむと、もう一度口をすすぎ、さらに鏡の前に坐って顔をなおし、それからいよいよお召替えとなる。これがたいへんで、衣類をかけるもの、足袋《たび》をはかせるもの、紐《ひも》類をもって控えるもの、全員総がかりである。それはハレムの女奴隷を想わせる。

こういった女官たちも、天皇、皇后、皇太后の前へ出ると、ちょうどこれと同じことを、いやそれ以上のことを行っているのである。つまり女官たちの私生活は、皇后のスタンダードを十六ミリか八ミリに縮写したようなものだと思えばまちがいない。浪費やぜいたくはいつでも必ず上から下へひろがって行くものである。

大奥における同性愛

性的倒錯のもう一つの例として〝児《ちご》〟をあげることができる。足利時代から戦国時代にかけて、武将たちがつねに美少年を身辺においたことは、かくれもない事実であるが、宮中や江戸城の大奥ではそれが制度化していた。

三代将軍家光《いえみつ》は、若い頃はもっぱら美少年を愛して、女には眼もくれなかった。側近の人々は、今のうちに何とかしないとたいへんなことになると思った。わけても乳母の春日局《かすがのつぼね》は、ひどくそれを気に病んだあげく、素敵な美少女の尼さんを見つけて家光にすすめた。家光もすっかり気に入って、やっと女の方に転向したが、困ったことにこの女は堂上《とうしょう》家の娘で、万一これに妊娠でもされると、公卿《くぎょう》の中に徳川家の外戚《がいせき》ができることになる。そこで局はこの女に命じてずっと避妊薬を服用させた。

その後局が上野へ参詣《さんけい》しての帰途、この公卿の娘にそっくりの女を見つけ、これを自分の手もとへ呼んでよく訓練したうえで家光にすすめた。これがまた大いに気に入って、その腹から四代将軍家綱《いえつな》が生れた。

男の子が生れたときいて家光は、嬉《うれ》しさのあまり自分で産室へとんできて、「でかした、でかした」といった。妊婦も感激してその場に平伏したが、そのまま人事不省に陥り、それがもとでとうとう死んでしまったという話もある。

余談にわたったが、宮中にも古くから〝児〟がいた。髪を〝唐輪《ちごわ》〟に結い、少女のように化粧して、夏冬ともに美しい縫取《ぬいとり》のした振袖《ふりそで》姿で出仕していた。かれらは天皇の身辺に奉仕するといっても、特別の寵愛《ちょうあい》をうけていたとは限らないが、天皇以外の男性からシャット・アウトされていた女官たちにとっては、これらの美少年が、擬態的な性的興味の対象になっていたことは争えない。

これとは別に、宮中には〝部屋子《へやご》〟というのがいた。これは女官見習の少女で、小学校を終るか終らぬかの年配で宮廷に入り、古参女官の手もとでしつけをされ、成人して女官になるのである。たいていは恵まれない環境に育ったもので、貧しい公卿華族の娘が多かった。

ていのいい捨て子である。

人為的に中性化されて、母性愛を発揮するチャンスをもたない女官たちは、これに母親のような愛情をそそぐものもあれば、同性愛の対象にするものもある。部屋子たちは将来一人前の女官となるのに必要な生花、習字、音楽その他諸芸一般を仕込まれることはいうまでもない。はじめはなめるように可愛がっていた老女たちも、部屋子が成人して〝女〟になってくると、しかも非常に美しい場合は、これに嫉妬《しっと》を感じ、まま子いじめの形をとる場合も珍しくない。とにかくどちらも異常な環境におかれ、多かれ少なかれアブノーマルな心理状態になっているものが多いだけに、両者の関係ははたで見るほど美しいものではありえない。

この部屋子については、迷信ともいたずらともつかぬ風習があった。例えばこれらの少女に初潮があると、その後にくる最初の月夜に、盆のように大きな饅頭《まんじゅう》をつくる。そしてそのまんなかに紅で丸い印をつけ、そこに穴をあけて、そこから月をのぞかせるのである。恐らく月経と月と血を結びつけた思いつきから始まったものであろうが、何にも知らぬ少女にそういうことをやらせて喜ぶところに、女官たちの充《み》たされぬ性の欲望が、こういった形をとってあらわれたものと見るべきであろう。

江戸城の大奥では、こんな風に少女を引きとって養うことが、古参の女中たちによってもっと計画的になされていた。大奥の古くからの慣習として、性的な面では妻妾《さいしょう》ともに三十歳で一応停年ということになっていた。三十歳をすぎると、どんなに容色や肉体が衰えなくても、〝お褥《しとね》お断り〟せねばならぬことになっていた。たとえ将軍の方で引続き勤務することを所望しても、寝所に行くことは遠慮するのである。少しでも未練たらしい様子を見せたり、こっそり御意にしたがったりしようものなら、さんざんな悪評をうけねばならなかった。一人の女が長く寵愛を独占することを防ぎ、回転を早くするために、こういう不文律ができたのであることはいうまでもない。

政権を賭けた大奥寵愛ダービー

そこで有力な古参の女中は、その権力を保持するために、若くて美しい少女を見つけてきて、自分の手もとで後継者を養成する。後にこれが将軍の目にとまり、寵愛をうけて世子（将軍の子）でも生もうものなら、部屋主は、晴れのダービーで優勝した馬の持主と同じ立場におかれるわけだ。

これに似たことが吉原でも行われていた。〝禿《かむろ》〟というのがそれだ。はじめのうちは〝太夫〟の身辺の雑用を弁じ、成人すると、姉女郎の負担で披露を行って見世《みせ》に出るのであるが、これまた宮中の部屋子とよく似ている。

こんな風に、宮中や大奥の習慣に、遊廓と相通ずる点が多いというのは、決して偶然ではない。これらの組織そのものに共通する点が多いからである。端的にいうと、目的はちがうが、性的奴隷の収容所である点において変りはない。これは何も日本ばかりではなく、サルタンのハレムなどにも多かれ少なかれ相通ずるものである。

女官が遊女とちがうところは、身分上の規定がやかましいことである。江戸城大奥の女中たちの場合でも、身分は相当問題にはなったが、さすがに宮中では、より多く〝血〟を重んずるだけに、〝腹は借りもの〟といっても、たれの腹でもいいというわけではなかった。

元来天皇の後宮を意味するものとしては、皇后、中宮《ちゅうぐう》、妃、夫人、嬪《ひん》、女御《にょうご》、更衣《こうい》などたくさんあるが、典侍や掌侍などは、もとは後宮に仕える女官の官名だったのである。それが後に君寵《くんちょう》をこうむって皇后の代役をもつとめることになったのであるが、それでも、官職としての身分は重んじられ、公卿や堂上の娘でなければこの地位にはつけなかった。そこでたいてい父兄の官名を名乗って、〝中納言内侍《ちゅうなごんのないし》〟、〝弁 宰相 典侍《べんのさいしょうのすけ》〟、〝少将掌侍〟などといったものだ。だいたい女官になるのは、公家の中でも中以下で、上位の家から出ることはほとんどない。今でも娘が働きに出るのは中流以下の家庭に多いのと同じである。

だが、皇室の〝血〟のリレーに一役演じたものは、身分のはっきりした公卿・堂上人の娘とか、女官とかに限られているわけではない。地方の豪族、神官、僧侶《そうりょ》その他名もなき平民の娘で、皇子皇女を生んだ例は無数にある。

しかし後には、まず女官として出仕させるという形をとったので、選択の範囲がある程度限定された。しかしそのため優生学的にはかえって悪い結果を生み、〝皇胤御手薄《こういんおてうす》〟になったから、もっとこのプールを人民の中にひろげよという説も起ったのである。

肉体テスト

江戸城大奥の女中の職制は、だいたい宮中に似ているが、名称その他の点でちがっている面も多い。その主なるものをあげると、

上臈《じょうろう》　女中としては最高の地位にあるもので、公卿の娘でないとなれないことになっていた。「姉小路局《あねのこうじのつぼね》」とか「飛鳥井局《あすかいのつぼね》」とかいうのがこれである。

お年寄《としより》　大奥で最大の実権をにぎっているもので、表向きの老中にあたる。いずれも年齢と関係のない役名である。〝大年寄〟というと〝大老〟に匹敵する。「滝山《たきやま》」とか「瀬山《せやま》」とかいうのがこれだ。その下に〝中年寄〟〝若年寄〟などというのがいた。

お中臈《ちゆうろう》　いわゆる〝腰元〟で、とくに将軍の寝所に出仕するものを〝将軍家お附《つき》中臈〟といった。〝お中臈〟以外のものでも、将軍に目をかけられるとこれになるのである。

これらは宮中の典侍、掌侍にあたる。また来客接待役の〝お客会釈《きやくあしらい》〟とか、将軍の私邸である大奥への出入口をあずかる〝お錠口〟とかいうのは職名である。これらの下に種々雑多

な娘子軍《じょうしぐん》がいて、大奥を形成しているのであるが、一番問題になるのは〝お中﨟〟である。〝お中﨟〟の身分は、一応旗本に限るということになっていた。だが、万事融通のきく江戸時代のことで、旗本の娘でなくても、旗本の養女として差出せばいいわけである。

どんなに幸運が待ちうけているといっても、自ら進んでこれを希望する娘が、この時代でもそんなにあるものではない。女をオトリにして幸運にありつこうとするものが、どこかから美人を見つけてきて、大奥の女中の然《しか》るべきものに頼みこみ、その女の〝世話親〟になってもらう。〝世話親〟がその旨願い出ると、〝お年寄会議〟を開いて、侍妾たるに値するかどうかを選考し、よかろうということになると、その女を湯殿に入れて身体検査を行う。これを無事にパスすると、〝御用掛〟から将軍家へ願い出る。もちろんこれまで漕《こ》ぎつけるには、要所々々に相当の金をバラまかなければならないことはいうまでもない。

あらまし報告をきいて将軍家の方でも気が動けば、〝お庭お目見え〟ということになる。定められた日に、女は世話親につれられて庭にあらわれ、行ったり来たりする、将軍は設けの座から眺めていて、お気に召したら、さっそく「召し出せ」ということになる。すると、御用掛から〝お宛行書《あてがいがき》〟といって給与などを書いた辞令がわたされ、それと引きかえに、〝誓詞〟を入れる。その内容は、「第一条　御前様大切に御奉公出精致し候事」から始まって、

第×条　奥むきのことは親兄弟なりとも一切他言致すまじく候
第×条　御奉公は生涯相勤め申すべく候事
第×条　諸傍輩《ほうばい》のかげごとを申し、あるいは人の中をさき候ようなる儀は仕《つかまつ》るまじき事
第×条　好色がましき儀は申すに及ばず、宿下りの時分も物見遊所へまいるまじき事
附　御威光をかり、私のおごりいたすまじき事

といったようなことが、十数か条も書かれている。これを御祐筆《ごゆうひつ》が読んできかせた上で血判させるのである。

大奥女中の給与

一般に女中たちが大奥で出世するには、〝一引、二運、三器量〟といわれていた。つまり有力な手づるをつかむことが第一で、これがないと運も器量もほどこす余地がないというのである。封建社会の縮図ともいうべき大奥の性格がこの言葉の中によくあらわれている。

ところで、女中たちの給与はどうかというと、お年寄で「五十石、十人扶持《ぶち》、御合力金八十両、一か月薪《まき》十三束、炭八俵、盆暮服拝領」。これが最高で、お中﨟になるとグッと下って、「十三石、四人扶持、御合力金四十両、薪六束、菜銀二両」となっている。〝御合力金〟というのは、現金による特別手当で、〝扶持〟は召使を雇う費用と見ればよい。薪炭などの

現物給与は、局で自炊する建前になっているからである。このほかに地位と権力に応じてさまざまな役得のあることは改めていうまでもない。

鈴を鳴らす夜の将軍

元来将軍の侍妾には、公式にきめられた少数のもののほかに、〝お控え〟と称する予備がある。これはそのときの将軍の欲望、体力、趣味などに応じて、大幅に増減される。これらと別に、〝御随意〟といって、一目見て気に入ったものに対し、臨時にご用を仰せつけることもある。

そういった場合、直接相手を口説いたりはしない。またその場で簡単に目的を達したりするのも慎しまねばならぬことになっている。そんなことは滅多にないが、万一女から肘鉄砲《ひじ》を食ったりしては、将軍の面目まるつぶれになるからだ。

それではどういう手つづきをふむかというに、ただ相手の女の名前をきくだけである。すると後でその女が〝お召し出し〟になるわけだ。したがって、そういった目的のある場合以外に、将軍は女の名前をきいてはならぬことになっていた。

江戸城は、将軍が政務をとる〝表向《おもてむき》〟と、将軍の私邸である〝大奥〟と、その中間のたまり、である〝中奥《なかおく》〟と三つの部分にわかれているが、将軍の〝大奥入り〟ということは、特別の意味をもっているのである。ところが、将軍といえども、そう毎夜大奥泊りをするわけには行かなくなっていた。

家康以来代々の将軍の忌日には、精進するという建前から、将軍の大奥入りは遠慮しなければならなかった。それも四代、五代あたりまではよかったが、十四代の家茂《いえもち》になると、厳密にいうと、月のうち十三日は忌日にあたる。実際はダブっている日もあるから、それほどでもあるまいが、少なくも十日間は遠慮しなければならない。この方式で行けば、百代を越した天皇家の場合は、いくらダブっているといっても、一日から三十日までほとんど忌日の連続になる。もっとも、将軍の権力をもってすれば、精進日をごまかすことくらいはわけなくできたであろうが、世間に想像されるほど将軍もご乱行はできなかったようだ。

ところで、将軍が今夜は大奥入りということになると、さっそく中奥から使を出して大奥にその旨を通じ、相手の女を指名する。御用掛りは万端の手筈《てはず》をする。やがて将軍は小姓をつれてやってくる。大奥との境の〝お錠口〟までくると、お小姓が紐を引く。それには鈴がついている。今の呼鈴だ。

神聖なる閨の祭典

そこでこの関所を預っている女中が、杉戸をあけて、「お帰り遊ばせ」という。ここからは男子禁制で、お小姓はささげてきた太刀を女中にわたして引きかえす。

その前に指名をうけた女は、入浴して身を清め、お年寄に身体あらためをうける。からだが汚れていたり、寸鉄をもおびていてはならぬからだ。それがすんでいよいよ寝所に伺候するわけである。中国では、女を裸のまま袋に入れて、皇帝の寝所まで宦官《かんがん》がかつぎこんだという。

この場合、女の髪は洗い髪のまま束《つか》ねておくことになっている。髷《まげ》の中に髪飾りの形で兇器《きょうき》またはそれに類するものをかくしていてはたいへんだからである。

このご用をつとめる女のほかに、〝お添伏《そえぶ》し〟と称する中﨟が、将軍の寝床のすぐ傍につくことになっている。これはコーチと監視を兼ねたものである。女がまだ若くて不慣れな場合はこれを指導するとともに、万一将軍の身に危険がせまった場合は、いつでも飛び出せるような姿勢で、夜っぴて待機しているのである。

さて、寝所で女が先にきて待っていると、お鈴番が鈴をふる。この前ぶれとともに将軍が入ってくる。するとまず茶菓子が出て、二人はしばらく話をする。酒は決して出さないことになっている。将軍にとっても大切な〝お勤《つと》め〟とみなされているからだ。

ところで、この女が中﨟だとすると、〝お添伏し〟の中﨟とは別に、もう一人お年寄がつく。中﨟たちはいずれも同じ総白無垢《そうしろむく》の服装をしている。そこでお年寄は、女たちの髪をもう一度よくあらためる。異状のないことがわかると、将軍は二人の女とともに寝所に入る。

さて将軍たちはどういう風に寝るのかというと、将軍をまんなかにはさんで、その晩ご用をつとめる中﨟は、右に将軍の方にむいて寝る。お添伏しの方は、将軍の左の方に少しはなれて、将軍に背をむけて寝る。

床の上にはお枕刀、枕もとには煙草盆をおく。こういった世話はすべてお年寄が采配《さいはい》をふり、それがすむとつぎの間に下る。お年寄はいったん下ったら、もう一度寝所に入ることができない。何か急な用事でも起った場合は、鈴を鳴らしてから入ることになっている。

将軍のお相手をする女は、将軍の方でどんなに話しかけてきても、床の中では絶対に口をきいてはならぬことになっている。完全なパントマイムである。将軍の情事は単なる逸楽ではなく、神聖な〝血〟のリレーに必要な大切な行事だから、重要な競技に臨んだ選手と同じように、みだりに口をきくべきでないという建前からである。いや、それよりも、いわゆる〝カーテン・レクチュア〟からくる弊害を未然に防止するためであろう。

一説によると、かつて五代将軍綱吉《つなよし》の時代に、柳沢吉保《やなぎさわよしやす》が自分の関係している女を将軍にたてまつり、その寵をえさせて、閨中《けいちゅう》の私語によって百万石のお墨付をせしめようとたくらんだ。それはうまうまと成功したが、実現にいたる直前に将軍が亡くなった。そのため柳沢はお墨付がとりあげられただけで、罰せられずにすんだという。

きぬぎぬの報告

さて翌《あ》くる朝になると、お添伏しの中﨟はお年寄のところへ行って、前夜の状況をつぶさに報告しなければならぬことになっている。その結果、将軍のご用をつとめた女に、少しでも面白くないことがあれば、その女はさっそく呼びつけられて、きついお叱りをうけねばならぬ。もっとも、こういうことが実際どの程度まで励行されたかは疑問である。しかしすべては将軍家を維持する上に欠くべからざる過程であり、女はそのために必要な道具だという基本概念から出発していることは明らかである。

こういった大奥の慣習は、大部分三代将軍家光の乳母春日局《かすがのつぼね》が創始したものだといわれている。この時代にはまだ徳川家の基礎が不安定で、豊臣の残党も相当残っていて、たれがどこでどういう陰謀をたくらんでいるかもしれぬから、かくまで周到に気を配らねばならなかったのであろう。また徳川幕府が末期に近づいて、世の中が物騒になってくると、ふたたび同じような警戒が必要になってきたのである。

これに似たことが吉原などでも行われていた。花魁《おいらん》が客と寝ているつぎの間で遣手《やりて》の女が寝たのである。しかしこの場合は、大奥とちがって花魁が客としめし合せて逃亡したり、心中したりするのを防ぐのが主たる目的であった。

以上皇室と直接関係のない将軍家の性生活についてかなりくわしく書いたのは、皇室のこういった面に関して、信用できる資料を見つけることが困難、というよりは事実上不可能だからである。徳川家の場合は、明治維新によってその権力をくつがえされた後にも、かつて大奥に仕えたものが相当生き残っていて、当時の思い出を書いたり、話したりした資料も相当残っている。一方皇室は明治政府によって完全にタブー化された。特にこういった面にふれることは絶対に不可能で、それをあえてした場合は、生命の危険を覚悟しなければならなかった。

だが、実際の内容は、皇室も将軍家も大して違いはなかったのではないかと思われる。事実江戸城大奥の諸制度は、宮廷をそのまま模倣した点が多い。女官組織もいくらか名前がちがっている程度である。

その後、政権が皇室に〝奉還〟され、天皇がその一統を従えて、新たに接収された江戸城に乗りこんだ。その際人間も制度も大部分京都のものをそのまま移したのであるが、接収された江戸城には、すでに手垢《てあか》のようについている慣習があり、それを建物とともにうけついだ点も少なくない。また江戸城の下級職員で新しい主人にうけつがれたものもいた。

徹底的なヌード試験

かくて、明治以後の宮廷生活には、江戸城の制度や慣習をうけついだ部分が少なからず見《み》出《いだ》される。というよりも、こういった権力の集中的表現としての〝血〟のリレー組織は、期せずして一つの類型に到達するのだと見た方が正しいかもしれない。

ある点からいうと、むしろ宮中においてはそれがもっと徹底的に行われていた。例えば明治、大正時代になって、〝針女〟のような最下級に属する下働きの女中を新たに採用する場合にしても、その審査は厳重をきわめたものだった。

どこかで欠員ができると、現に宮中ではたらいている縁故関係を通じて、履歴書が提出される。御所で奉公すれば嫁入りするのに箔《はく》がつくとか、退《さが》るときは嫁入り道具は何から何まででそろえてもらえるとかいうので、当時は希望者が非常に多かった。

履歴書は、普通世間で見られるような簡単なものではなく、平民、士族の別はもちろん、職業、財産なども、何の商売をして、不動産がいくらあって月収がいくらだとか、兄弟は何人で、一族にどういう偉い人物が出ているか、ということまで書きこむようになっていた。一族のたれかが料理屋その他の水商売をやっていてもいけないし、前科者や〝赤い〟思想の持ち主などがいたのでは問題外である。

書類審査が通ると、試験日が通知される。当日父兄もしくは親戚同伴で参内すると、本人だけがお局に案内されて、そこで個人審査をうける。
試験官である年とった女中は、本人と膝《ひざ》をまじえて、まず肉親関係からはじまり、根掘り葉掘り訊《き》きただす。面をつきあわせて訊くのは、本人の言語、動作を綿密に観察するとともに、体臭、口臭、髪の臭いなどを嗅《か》ぎわけるためである。
それがすむと、試験はいよいよ最後の段階に入る。つまり湯殿に案内されて、老女といっしょに入浴させられる。もちろん肉体検査が目的だ。腋臭《わきが》、あざ、傷痕《きずあと》の有無が確かめられる。これでは全く〝女郎の品定め〟である。
また江戸城の大奥では、毎年節分の夜に〝新参舞〟なるものが行われたという。その夜、新参の女中たちはすべて素っ裸にされ、いろんな色の湯巻をまとい、ザルなどを頭にかむり、古参女中たちの指揮に従って一列に並ばせられ、御膳所に入って行く。
そこには一間四方もある大きな三方《さんぽう》があり、その上に御幣《ごへい》、すりこぎ、杓子《しゃくし》などがつみかさねてある。その中からどれか一つを裸の女たちが手にとって、肩にかついでずらりとならぶ。すると、一方にひかえていた古参の女たちが、桶の底、盥の縁などをたたきながら、声を合せて、
〽ハレ、新参舞を見いさいナ、新参舞を見いさいナ
と歌い出す。これをきっかけに、古参の女たちが妙なかっこうで腰をひねって踊り出す。

ここにいたって新参の女たちもついに観念して、恥ずかしさも忘れて、この裸踊りの群れに合流し、御膳所のまんなかにある大囲炉裡《いろり》のぐるりを三度まわって引き下るのである。

このストリップ・ショウの目的は、新参の女たちの肉体をつぶさに観察することにある。いや、それはむしろ口実で、待合のお座敷で中年の客が舞妓《まいこ》たちに〝浅い川〟を踊らせるのと、同じ興味から出たものと見るべきであろう。

だが、こういったことは、宮中や大奥の、どっちかというと無邪気な面である。この非人間的な組織の中には、もっと陰惨で残虐な陰謀や悪徳の巣ともいうべき面が存在したことを忘れてはならない。それについてはまた改めて詳説しよう。

天皇に寄生する男子従業員

天皇を叱った明治の元勲

明治の新政府ができてまもなく、十六歳の少年天皇が、わがままをして〝元勲《げんくん》〟たちのいうことをきかないと、西郷隆盛《さいごうたかもり》は、「そんなことではまた昔の身分にかえしますぞ」といって叱りつけた。すると天皇はたちまちおとなしくなったという話が伝えられている。

真偽は保証できないが、こういった挿話の中に、維新前の皇室の実力というものがよくあらわれている。しかし宮廷の組織や制度は、少なくとも形の上では、さすがに古い歴史と伝統の上に立っているだけに、将軍家に劣らぬものがあった。前に宮廷に奉仕する女たちのことを書いたが、こんどは男子従業員について書くことにしよう。

日本の宮廷制度は、お隣の中国の全盛時代である唐《とう》や隋《ずい》のそれを模倣してつくられたものであることは、改めていうまでもない。しかし、もともと当時の中国と日本との間には、国力の点でたいへんな開きがあった。両国の実力の上からいえば、制度の上の開きはもっと大きくてもよかったであろう。

それればかりではない。日本の皇室は長く亡びずにつづいたといっても、対内的な面で実力の消長が激しかった。単なる名目上の存在にすぎなかった時代も相当長かった。だが、その間にも〝古川《ふるかわ》に水絶えず〟で、どうにか形だけでももちこたえて、明治の大ブームに到達したのである。

維新前の〝天皇藩〟禄高

維新前の皇室の経済力はどの程度であったかというに、宝永《ほうえい》三年（一七〇六綱吉時代）に出た「国史眼」によると、朝廷の全収入は「禁裏《きんり》御料三万九千七百三十石、仙洞院宮《せんとういんのみや》（法皇）御料一万五千三百二十五石、親王、公卿《くぎょう》合せて四万四千百九十七石、門跡《もんぜき》院家（皇族公卿の出家したもの）一万九千四百七十六石、女中方三千三百六十五石、尼御所四千二百二石、諸役人二千三百六十二石、その他姫宮の合力米、公卿の蔵米等、畿内《きない》および近江丹波《おうみたんば》諸国において合計十二万二千百五十余石」とある。

さらに下って天保《てんぽう》十年（一八三九）に出た「天保雑記」の記するところによれば、天皇、法皇、中宮、女御など天皇一家の総収入は、四万五千二百五十四石、銀千四百五十八貫、金二千三百両と概算されるが、これらすべてを石高に換算すれば、およそ十二、三万石ということになる。大名でいえば讃州高松《さんしゅうたかまつ》の松平家《まつだいら》が十二万石で、これに近い。

かように〝天皇藩〟は、〝三等藩〟というところであるが、普通の大名のように領土というものはない。幕府の方で取り立てた米をとどけてくれるのだから、不作、豊作にかかわらず一定量だけは確実に入ってくる。それに領内を治めたり、参勤交代をしたり、江戸に邸宅をかまえたり、幕府から公役を申しつけられたりする心配はない。純粋の手どりで、無税の株の配当みたいなものだ。もちろん徳川家とは比較にならぬ額だが、当時の皇室も、勤皇の志士たちが大袈裟《おおげさ》に宣伝して歩いたほど貧しいものでなかったことは明らかである。

つぎに、天皇をめぐる人的組織の方はどうなっていたかというと、御所や伊勢大廟《いせたいびょう》が曲りなりにも昔の形をとどめていたと同じように、大化《たいか》の改新で定められた職制が一応残されていた。すなわち太政大臣《だいじょう》、左大臣、右大臣、大納言、中納言、少納言、参議の類から、藤原《ふじわら》氏全盛時代の名残りともいうべき摂政、関白制度までが、名目だけでも皇室に苔《こけ》のようにまつわりついて、その一部は明治新政まで持越された。また公卿は一兵をもたなくとも、官名だけは大将、中将となりえたのである。

結局これらの官職名は、宮中における序列を示す以外に大して意味はなかった。まず天皇が南面して席につくと、あとはすべて西向きで、その順序は摂政（関白）、准三宮《じゅさんぐう》、太政大臣、左大臣、右大臣、そのつぎに親王、前《さきの》関白、前太政大臣、前左大臣、前右大臣、内大臣、前内大臣、准大臣、権《ごん》大納言、前権大納言、権中納言、前権中納言、参議、前参議というふうにずっとつづくのである。この中で准大臣までは〝公〟といって、それ以下は〝卿〟と呼ばれていた。またこの時代には〝正〟と〝権〟の区別なく、すべて〝権〟ということになっていた。つまり本物でなくてイミテーションの方で統一されていたわけだ。

そもそも〝公家《くげ》〟というのは、〝武家〟に対する言葉で、摂家《せつけ》以下平堂上《ひらどうじょう》家までをふくんでいる。〝堂上〟というのは、公家と同じ意味にも用いられるが、狭い意味では摂家、清華《せいが》家《け》、大臣家を除いた公家のことで、これを〝平堂上〟と呼んでいた。それから四位五位の堂上と六位の蔵人《くろうど》を引っくるめて、〝殿上人《てんじょうびと》〟といい、位が三位《さんみ》以上、官は参議以上のものは〝公卿《くぎょう》〟と呼ばれた。

皇室をとりまく公卿の総数は、天保末期で百三十七家あった。独立の〝村〟にもならぬ小さな部落であるが、これがかつての日本を統治していた官僚群の残骸《ざんがい》で、天皇が実権を失ってからも、これに寄生的にまつわりついてきたのである。

徒食する公卿一族

この中で中心勢力をつくっているのは〝摂家〟である。天皇制のもとにおける臣下最高の地位である。摂政関白の地位を独占してきたもので、近衛《このえ》、九条《くじょう》、二条《にじょう》、一条《いちじょう》、鷹司《たかつかさ》の五家にわかれ、すべて藤原家から出たことになっているが、ほんとは大部分皇族の分身である。例えば近衛家第十九代の信尋《のぶひろ》、一条家第十四代の昭良《あきよし》は、いずれも後陽成《ごようぜい》天皇の皇子である。一条家ではこの皇子の血統は中絶したが、近衛家はそのままつづいているから、文麿《ふみまろ》は王孫《おうそん》ということになる。また鷹司家第二十代の輔平《すけひら》は東山《ひがしやま》天皇の孫であるが、この血統も後に絶えて藤原氏に復帰した。一条家も九条家も、系図をたどって行くと皇室につきあたる。平安朝以後において皇室の血をまじえた形跡のないのは二条家くらいのものである。上級公卿の中で二条家は徳川家との関係がとくに深かったのもこの点に基づいている。

つぎに〝清華家〟であるが、これは久我《こが》、三条《さんじょう》、西園寺《さいおんじ》、徳大寺《とくだいじ》、花山院、大炊御門《おおいみかど》、菊亭《きくてい》、広幡《ひろはた》、醍醐《だいご》の九家になっている。これらも相互の〝血〟が網の目のように交錯し、どこかで皇室につながっている。狭い場末のマーケットを歩いていると同じところへ何度も出てくるようなものだ。

飛騨《ひだ》や四国の山奥に行くと、平家の落人《おちうど》と称する部落がある。外界から遮断され、同族結婚をくりかえしてきたといわれているが、公卿社会もこれに似ている。その中の有力なものは、一つ一つがベビー・サイズの皇室だと思えばまちがいない。

ところで、これらの公卿たちは、ふだんいったい何をしていたのかというに、政治から隔離されているから、積極的な実務というものは、天皇以下ほとんどないわけだ。何かあるとすれば、祭祀《さいし》その他宮廷内の年中行事、およびそれに付帯する手つづきや準備のようなものが、仕事といえば仕事である。いや、最大の仕事は、一口にいうと天皇の〝血〟を保存することにあるといっていい。他はすべてそれにくっついている装飾的な部分にすぎない。

比較的忙しいのは関白である。これは総理というよりは総務といったようなもので、毎日巳《み》の刻《こく》（午前十時）に参内して、八《や》ツ時《どき》（午後三時）に退庁することになっている。ままごとのようなものでも、とにかく御所の〝政治〟をあずかっているので、苦労も多い代りに役得も多い。たいてい五年か十年で交代するが、鷹司政通《まさみち》のように三十六年間関白で通したのもいる。関白がやめてその息子がまた関白になると太閤《たいこう》と呼ばれる。

これに反して、大臣、納言、参議などは内々《ないない》、外様《とざま》二つの番があって、番にあたって出勤する人々のほか毎月一日、十五日に参内して顔を見せるだけである。そのほかは何か公事《くじ》でもあって召される以外、別にこれといってすることがない。

位倒れの実態

ところで、これら公卿たちの収入はどうかというに、まず最高の摂家の場合はつぎの通りである。

九条家　　三千四十三石

近衛家　二千八百六十石
一条家　二千四十四石
二条家　千七百八石
鷹司家　千五百石

ただしこれらは皇室の場合とちがって、現地でとるのだから、その年の出来、不出来によってちがってくる。平均実収はこの三分の一からせいぜい三分の二程度だったらしい。したがって生活は苦しい。そこで有力な大名などへ子女を縁づけて、そこから〝お手伝《てつだい》〟というものをもらうのである。例えば一条家の場合についていえば、毎年紀州《きしゅう》、肥後《ひご》、備州《びしゅう》からそれぞれ千石ずつ、水戸《みと》から五百石ないし三百石、そのほか一橋《ひとつばし》、越前《えちぜん》、伊予西条《いよさいじょう》などからも〝お手伝〟があって、これらを合計すると、表高《おもてだか》よりはずっと多かった。

別に摂家ともなると、氏《うじ》の長者（これは関白がなる）としての禄《ろく》が年に正味五百石、それから関白に就任すれば役料《やくりょう》として正米《しょうまい》五百石がつく。家禄以外にこれだけつけば大したものである。

近衛家は、表高は三千石足らずでも実収は一万石以上あったたし、反対に一条家は表高二千石あまりだが、手どりは八百石しかなかったという。どうして近衛家の実収がこんなに多いかというと、同家の領地は、伊丹《いたみ》とか宇治《うじ》とかにあり、いずれも酒の醸造や製茶の本場で、生産力がすでに前期資本主義の段階に近づいていたから、相変らず水田農業のみに依存している土地と比べれば、同じ搾取するにしても、対象がまるでちがっていた。天皇家でも、困ると始終近衛家に「御無心《むしん》申し上げ」ていたのである。安政元年（一八五四）に皇居が炎上したときなども、孝明天皇は近衛関白邸に避難し、そこで何か月間も居候をした。その際伊丹からもってきた酒を差出すと、天皇は一口なめてびっくりして、「これ何ぞ味の殊《こと》に佳《か》なるや」と叫んだ。これは精白米で醸造した剣菱《けんびし》であり、そのころ御所に納められる酒とはちがっていたので、それを飲みなれていた天皇には、本場の銘酒が驚異だったのであろう。

清華家となるとグッと落ちて、最高の菊亭が千三百石、大臣家で五百石程度にすぎない。大部分は百石ないし二百石というところで、新家《しんや》になると、三十石三人扶持《ぶち》などというのもある。一人扶持というのが日に五合で、三人で年に五石四斗だから、これでは苦しいのが当り前である。

その代り公卿は位が高い。有力な公卿の家には、諸大夫《しょだいぶ》といって、旧華族の家令《かれい》に似たものがいた。これらがだいたい従五位下で、普通の大名と同格である。江戸時代には従三位以上でないと昇殿《しょうでん》はできなかったが、大名でそんなのは滅多にいない。将軍家茂《いえもち》でさえも、はじめて上京したときは、内大臣の待遇しか与えられなかった。老中でも、十万石以下では、せいぜい〝従四位下〞侍従程度だから、宮中における席次は非常に低い。

公卿の官職はたいてい名のみで、毎日参内するのは関白くらいであることは前にのべたが、その下にいる議奏《ぎそう》、武家伝奏《ぶけでんそう》、職事《しきじ》などが、これまた日勤で実務をとっていた。

議奏は、天皇のいったことを関白に伝えるとともに、下の職事から申し出たことも関白に伝える役目で、定員五名。朝廷のことは大小にかかわらずすべてここを通過することになっていた。

武家伝奏は、朝廷と武家（徳川家）と、双方の意見のとりつぎ役で、いわばクサビである。定員は二名。

職事の定員は五人で、宮中の実務を担当していた。そのうち二人が〝蔵人頭《くろうどのかみ》〟、残りは〝五位蔵人《ごいのくろうど》〟といった。〝蔵人頭〟の一人は〝頭中将《とうのちゅうじょう》〟といって、いわば総支配人格である。

下からたたきあげてきてこの地位についたものはなく、家柄できまっていた。いきなりこの地位にすえられたものは、部下のためにいじめ殺されるといわれたものだ。宮廷内の面倒な手つづきや前例について、わからぬことがあっても、「あなたが頭だから万事お指図下さい」といった調子で、絶対に教えない。そこで始終部下にご馳走《ちそう》したりして、ごきげんをとらないと、この地位はつとまらなかった。

お手盛り官位

この辺でかれらの官位を進める手つづきについてのべることにしよう。当時の進級は、今の官庁のように上からの辞令によってきまるのではなくて、下から申請の形をとるのである。それには〝小折紙〟というのを用いる。いわば官位申請書で、どんな高い地位のものでもこれを出さないと官位はいつまでたっても進まないのである。これは普通檀紙《だんし》を横に二つ折りにし、左の端を五分ほど折り、さらに縦に三つにたたみ、中央に「申権中納言」とか「申従五位下」とかいうふうに、本人が希望している官位を書き、左へ「参議藤原某」とか「正六位下　源《みなもとの》　某」とか、現在の官位姓名を書いて提出するのである。

摂家の場合は、これを出しさえすれば、即日ほとんど無条件で通るが、清華家以下ではそうはいかない。そこでまずこれが職事へ回される。

これを審査する勅問日《ちよくもんび》というのが、毎月一回か二回ある。この日職事は、勅使の資格で、これらの小折紙をもって、関白を除いた他の摂家を一軒々々まわる。たいていどこでも諸大夫が主人に代って吟味し、「すべて天気に任す」といったような返事とともにそれを返す。もし同じ地位に対する競争者が他にもあって、その方に肩をもつ場合は、その旨関白へ伝えてくれと告げる。今でいう〝持ちまわり閣議〟である。

この予選で落ちるものは落ち、摂家一同異議のないものをひとまとめにして、関白は議奏、職事を従えて御前に伺候《しこう》する。天皇と関白が向いあって対座すると、議奏が小折紙をひろげて関白にわたす。関白は扇のかなめでそれに点をつける。その後で天皇が拇指《ぼし》の爪で点をつける。これでご裁可《さいか》になったわけで、すぐ宣下《せんげ》となる。今の役所のようにハンコを十も二十もとってから官報に出すというような面倒なことはしなくてもよかった。

宣下すなわち辞令は職事が口頭で通達する。それをうけたものは、その日のうちに摂家以下にお礼まわりをすませ、翌日御所へお礼に行くことになっている。お礼まわりは夜になることが多いから、うける方でも十二時頃まで潜《くぐ》り戸をあけて待っている。

位階は各自の家例によって小折紙を出すのだから、落第することはないが、官の方は欠員一人に対して方々から申し込みがあるのが普通で、どうしても競争が激しい。そこでいろいろと運動の余地があるわけだ。

公家の内職コンクール

ところで、関白になるのは摂家、〝三公《さんこう》〟（太政大臣、左大臣、右大臣）になるのは摂家と清華家および大臣家に限られているが、その家に生まれれば誰でもなれるわけではなく、やはり競争と選択の余地が残されている。しかし、中には特殊な官職を世襲して、決して他へゆずらぬというのもある。たとえば、白川《しらかわ》家の〝神祇伯《じんぎはく》〟というのがそれだ。これは仕事の上でその家伝来の〝奥義《おうぎ》〟なるものをもっているというのがその口実である。

白川家は神祇伯として代々諸国の神社を一手で統轄してきた。後に卜部《うらべ》家に属する吉田《よしだ》家が神祇大副《たいふ》で管領《かんれい》になって以来、これにそのお株を奪われて、神社の神階《しんかい》とか神官の官位とかいうのは、吉田家の執奏《しっそう》によって宣下されることになった。すると吉田家では、この権利を濫用して、無位無官の神官を〝国司《こくし》〟にしたり、特別の装束《しょうぞく》を許したり、勝手なことをして莫大《ばくだい》な収入をえていた。もっともこういう官名は、官と関係がないので、世間ではこれを〝吉田官〟といった。この場合は少し遠慮して、音は同じでも字を変え、〝山城守《やましろのかみ》〟というところを〝山城頭《かみ》〟と書いたりした。一種のイミテーションである。

また土御門《つちみかど》家は、代々陰陽頭《おんみようのかみ》として諸国の易者を支配していたが、同家にも同じようなことが起っている。奈良に住んでいた幸徳井《こうとくい》家は、陰陽寮の助《すけ》で、身分は諸大夫だが、代々暦道《れきどう》を司《つかさど》り、儀式を行う日どりや刻限は、すべて同家できめて書付を出すことになっていたから、土御門家の支配をうけずに威張っていた。

そのほか中臣《なかとみ》家は代々祭主をつとめ、菅《かん》家は六軒にわかれて、いずれも文章を司った。これらの家に生れたものは、元服前に北野《きたの》天満宮《てんまんぐう》に参籠《さんろう》して論文を書き、それを神前に献じてはじめて文章得業生《もんじょうとくぎょうせい》となり、その後何年かたって文章博士となる。宣命《せんみょう》詔勅《しょうちょく》の類を書く〝大内記《だいないき》〟という官は、この中から任ぜられることになっているが、これは相当収入になるところから、六家の間で三年交代のもちまわりということになっていた。

　直接それによって朝廷に仕えているわけではないが、一芸一能の秘伝を代々伝えて、それぞれの世界で家元と仰がれていた公卿も少なくない。冷泉《れいぜい》家の和歌、綾小路《あやのこうじ》家の雅楽、園《その》家の生花、竹屋《たけや》家の挿花《そうか》、山科《やましな》家の衣紋《えもん》、飛鳥井《あすかい》家の蹴鞠《けまり》などがそれだ。清華の花山院家は書道の家元だが、同家では門下の優秀なものを選んで「筆道四十三箇条」なるものを皆伝《かいでん》して〝書博士〟とする。そして同家が代替りになると、こんどは〝書博士〟の方から新当主にこれを伝授し、双方助けあって秘伝が絶えぬように計ったものだ。

西園寺家の琵琶《びわ》もこの中へ加えることができる。元老西園寺公望《きんもち》が生涯正妻をめとらなかったのは、琵琶の宗家として弁天《べんてん》さまの嫉妬《しっと》を恐れ、同家の当主は代々正妻をもたぬことになっていたからだなどといわれるのも、そこからきている。

　官職でも芸能でもなくて特殊な権利を独占して代々伝えている家もあった。そのいちじるしい例は久我家で、同家は盲人に対して特別の権利をもっていた。按摩《あんま》をはじめ、琵琶法師や琴三絃《さんげん》の師匠などは、同家へ願い出てその許可をえないと〝検校《けんぎょう》〟と名のれないし、網代《あじろ》輿《こし》に乗ったり、袋杖《ふくろづえ》を用いたりするにも同家の許可を必要とした。按摩の名にはよく〝市《いち》〟の字がついているが、これを名乗るにも同家の許可が要《い》ったのである。もちろん、これらの許可をえるにはいずれも相当の金を出さねばならなかった。今では想像もできないようなバカバカしい特権である。
五条《ごじょう》家は野見宿禰《のみのすくね》の子孫だというので、相撲を支配していた。しかしそれは京相撲だけで、その支配権は関東にまでは及ばなかった。

腐っても鯛は鯛

公家の大部分はこういった方法で収入の不足を補っていた。つまり政権が武家の手に移ってからは、今の言葉でいうと〝暗い谷間〟の中で生きぬくためには、それもやむをえなかったともいえよう。しかし、かれらはいかなる場合にも虚勢をはることだけは忘れない。それが年賀などによくあらわれ、双方百も承知で虚礼《きょれい》比べをやるのだから、第三者が見ると全く滑稽《こっけい》きわまるものである。

堂上家の大部分は前にのべた五つの摂家に従属しているが、これを〝門流《もんりゅう》〟といった。そして門流から摂家のことを〝御所さん〟と呼んだ。元旦《がんたん》に門流が摂家へ年賀に行くには太刀一ふりと馬一匹を持参することになっていた。もちろんこれは玩具《がんぐ》のような木太刀《きだち》で、馬の方も実物の代りに、白銀一枚（四十三匁《もんめ》）を包んでもって行くのである。しかし目録にはちゃんと「御太刀一腰《こし》、御馬一匹、以上」と書いてある。太刀をわたすときには、本物同様にあつかって、刃を自分の方にむけてわたす。馬は奥へもって入るわけには行かぬというので、

「銀一枚御馬代」と奉書紙に書いたものを玄関の式台においてくるのである。

これに対する返礼として、摂家の方では、もらった元の木太刀に、白銀二枚を添えて与えるのである。結局門流は年賀に行って、差引銀一枚の祝儀にありついたことになるのだが、それにはこういうナンセンスに等しい手つづきを必要としたのである。

同じようなことが、天皇対摂家、親王家、大臣家の間にも行われていた。毎年土用《どよう》の入りになると、これらの上層公家からお上《かみ》へ〝鯛《たい》一掛〟(二尾)を献上することになっていた。するとまもなく禁中から使がきて、もって行ったその同じ鯛に、大典侍と長橋局《ながはしのつぼね》連名の奉書を添えたものをまたもってきて、禁中からのおくりものだといって披露する。もらった方ではまた、それをそのまま女院《にょういん》へ献上する。かえってくるとこんどは皇太子に献上、またそれを賜わるというふうに、同じ鯛をたらいまわししているうちに、夏のことだからけっこう腐ってしまう。それでも天子から拝領の鯛だというので、最後には有難がって胃の中におさまったということである。

明治、大正の皇室黄金時代にも、久邇宮《くにのみや》家では何かお祝いごとのあるときに〝雉酒《きじざけ》〟ということで、実は焼豆腐を薄くきったのが二切れ酒の中に入っているのを出した。雉の買えなかった窮乏時代を忘れないためである。

この時代には、食事はすべて御所の方で出されたので、弁当などをもって行く必要はなかった。もちろん身分によってその中身はひどくちがっていた。摂家、大臣、親王は二汁五菜、議奏、伝奏、職事は一汁三菜、それ以下のものは一汁二菜、最下級の仕丁《しちょう》は一汁一菜だった。食器までちがっていて、天皇をはじめ摂家から六位以上まではすべて茶碗《ちゃわん》、それ以下のものは木の椀《わん》で食べることになっていた。食膳《しょくぜん》も大臣以上は白木《しらき》の三方《さんぽう》、それ以下は白木の平付《ひらつき》を用いた。

幕府のスパイ武家伝奏

朝廷の機構は、天皇のもとに、関白、議奏、伝奏が中心になって動いていることになっているのであるが、それは表むきで、実際はこれら主要官職にあるものは、天皇と将軍の双方に仕えざるをえないような仕組みになっていた。関白と伝奏は天皇の意志によって選ばれるが、幕府の承認が必要だった。議奏だけは完全に天皇の方で任命できることになっていたが、候補者は幕府の方で選んで天皇が親裁するという形をとっていた。

中でももっとも重要な役割を演じたのは伝奏である。これは正しくは〝武家伝奏〟といって定員二名。就任に際しては京都所司代に出頭して誓詞《せいし》血判《けっぱん》をすることになっていた。朝廷の機密は幕府側に細大もらさず通じるが、幕府の秘密は朝廷に絶対にもらさないということを誓わせられるのだから明らかに幕府のスパイである。資格は議奏と同じだが、たいへんな権力をもち、全朝臣に睨《にら》みをきかせていた。公卿たちに幕府の意志を強制し、これに背《そむ》くものは流罪にすることもできたので、周囲から怖れられたものだ。したがって伝奏になると、賄賂《わいろ》も多く入り、生活は裕福であった。後に入江《いりえ》たか子《こ》を出した東坊城《ひがしぼうじょう》家などは、それでもうけた代表的なものだった。

かように伝奏は、大いに権力をふるっているものの、それは公卿に対してだけで、幕府側には全然歯が立たなかった。幕府から直接出張してきて、朝廷の台所をガッチリおさえているのが〝お附《つき》武家〟と称するものである。これは定員二名、身分は旗本だが、伝奏でも必要に応じて自分の詰所へ呼びつけるだけの権能《けんのう》をもっていた。アメリカ占領下の日本において、総司令部の一課長が、日本の次官や局長を電話一つで呼びつけたようなものだ。

公家と武家のサヤあて

朝廷の勝手向きを司るものを〝口向役人《くちむきやくにん》〟というが、それを支配することによって、皇室経済の出入口をにぎっていたのがこのお附武家である。略して〝お附〟ともいう。

これは隔月交代で、月番になると日勤である。出勤の際は、案内の同心二名、徒士《かち》三名を前に立て、後ろには傘持《かさもち》、草履《ぞうり》取《とり》、釣台《つりだい》などを従え、自分は長棒の駕籠《かご》に乗り、左右に近習《きんじゅ》を従えて、ちょっとした大名行列である。おまけに〝挿領の槍《やり》〟なるものを押し立てていて、途中で摂家や親王に出あっても伏せない。もっともお附自身は駕籠からおりて草履をはいて礼をするが、槍だけは前に立ててある。この槍も実は自分のものだったらしい。

一方、摂家や親王の方では、答礼として輿《こし》のすだれをちょっと上げる。このすだれはふだんまきあげてあるのだが、向うからお附の行列がやってくるのを見てとると、わざわざそれをおろすのである。当時公家と武家との間には、こういった子供じみたサヤあてが演じられたのである。

お附の出勤は毎朝巳刻《みのこく》（十時）で、かれが御所の台所門を入ると、門番の与力同心《よりきどうしん》が土下座平伏し武家玄関にかかると、そこに詰めている仕丁が「お附さんお上り」と大声で叫ぶ。伺候の間へ通るころはすでに正午近いので「おつきさんひるあがる」と蔭口《かげぐち》をきかれたという。退出は午後三時で、まさに重役出勤である。昼食も二汁五菜で摂家や親王なみであった。

役得御免の従業員

口向役人、すなわち御所の勝手元をあずかるものは、執事を筆頭に、賄頭《まかないがしら》、勘使《かんし》兼御買物方、御膳番、さらに下って修理職《しゅりしき》、賄方、板元《いたもと》諸役、鍵番《かぎばん》、奏者番《そうしゃばん》、使番々頭《つかいばんばんがしら》、小間使という順になっている。これらが就任に際しては、お附の役宅へ行って誓詞血判をすることになっていた。

古くから天皇は、一度着た寝衣《しんい》にはふたたび手を通さぬことになっていた。そのために白絹が毎日一反ずつ必要だったが、物価が高くなってくると絹の質を落すほかなかった。

食事の方は、板元でつくったものを板元吟味役と立会いの上で容器に入れ、三方にのせて命婦《みようぶ》が運んできたものを、典侍か掌侍の給仕で召上るという順序になっていた。皇室の衰微《すいび》とともに、これまただんだんと質が悪くなって行った。天皇に出された料理の残りは女中たちに下げられるが、余分につくったものや材料の残りは御膳番と板元吟味役でわける。そのためにも必要以上に仕入れをすることはいうまでもない。

修理職は後の内匠寮《たくみ》で、役得の大きいことは今も昔も変りはない。昔はそれが公然と行われただけである。しかし普請《ふしん》も百両以上かかる大きなものは、幕府の〝定《じよう》御修理〟の手に移された。

修理職についで役得の多かったのは奏者番である。各方面の使はすべて一応ここを通らねばならぬし、献上物もいっさいここでうけとって奥へまわすのである。そこで適当に頭をはねるのは公然の秘密で、たれもそれを悪いこととは思わなかった。汚職も公然たる一つの制度のようになってしまえば、そこにおのずから一定の限界ができて、それほどの弊害を伴わぬものらしい。

使番は文箱《ふばこ》に入れた手紙を諸方にもって歩くことが主たる仕事である。これを長くつとめたものは、文箱の封をとかないで、それをあけて中の文章を読むことができた。この、天勝《てんかつ》もどきの秘法は、古いものが新しいものに順々に教えて行き、使番以外はたれも知らなかったという。

テラ銭稼ぎの岩倉家

以上によって〝御所〟という組織の中ではたらく男子従業員の大略、その地位や生活、外部とくに幕府との関係などがほぼ明らかになったことと思う。全体的にいうと、収入の点でバランスを欠き、禄高の多いもの、独占的な特権をもっているもの、役得の多い地位にあるものはいいが、そうでないものはひどい窮乏生活を強いられていた。しかもその大部分が世襲制になっていたので、その点で恵まれないものは、どんなに能力があっても手も足も出なかった。平公卿の岩倉家などは、禄高は僅《わず》か七十石で、それも手取りはその四割くらいしかなかった。しかし公卿の家は普通幕府の警察権の及ばない、いわば治外法権ともいうべき特権をもっていた。これを利用して岩倉家では、博徒《ばくと》を集めて邸内で開帳せしめ、そのテラ銭を貰《もら》って生活のたしにしたこともあった。だが、どんなに困ってもかれらは町人になるわけには行かなかった。そこで医術、絵画、儒学などという比較的上品な芸業で生活を立てたのであるが、それもできない多くの公卿の家庭では歌加留多《うたかるた》の絵を書いたり、楊枝《ようじ》を削ったりする内職でもするほかはなかった。かれらが各藩の下級武士の間に起った討幕運動に容易に共鳴し、これに参画した気持はよくわかるのである。〝尊皇攘夷《そんのうじょうい》〟などということよりも、実生活の上で足もとに火がついたことが、この大義名分のもとに決起させたのである。

〝新家《しんけ》〟すなわち次男、三男などで新たに一家を興したものは、家についている禄というものがない。やっと下級役人の職を見つけて御蔵米十五石とかにありつくことがあっても、それは一代限りということになっていた。こうなると死んではたいへんだ。そこで実際死んでも死亡届を出さずにおいて、息子が替玉になって出仕するなどという例も珍しくなかった。

したがって、役目に必要な装束や道具などをそろえてもっていないものが多い。もっていても、病気か何かで困ったときに売りはらったりしたものも少なくなかった。そのころ京都には、若狭屋喜右衛門《わかさやきえもん》、通称〝若喜〟とか、鍵屋新兵衛《かぎやしんべえ》、通称〝鍵新〟などという、よろず貸物屋があって、そこへ駈《か》けこめば何でも間にあった。

こんな風に困ってくると、頼母子講《たのもしこう》や無尽《むじん》のような相互扶助の組織ができてくるものだが、これも全体的な窮乏化がひどくなると、落札《らくさつ》して金を使った後で掛金を払えないものが続出する。そこでもっと手っとり早い富籤《とみくじ》や賭博《とばく》がこれに代って盛んに行われるようになる。こうした頽廃《たいはい》的傾向は公卿の間ばかりでなく、江戸の下級武士の間にも、さらに顕著になりつつあった。〝ご家人くずれ〟と称せられるものが盛んに乱暴狼藉《ろうぜき》をはたらいたのもこの時代である。

そのころ三条実満《さねみつ》は「堂上向き行状風儀《ぎょうじょうふうぎ》等宜《よろ》しからざる儀」の対策として、その原因は「小禄《しょうろく》の堂上凌《しの》ぎ方難渋《なんじゅう》」すなわち、要するに生活難にある。だから皇室へ補助するという形で、公卿一般の生活がうるおうようにしてほしいと幕府に訴えている。

江戸の旗本の方でも、水野十郎左衛門《みずのじゅうろうざえもん》を頭とする〝旗本奴《はたもとやっこ》〟などという無頼《ぶらい》の徒ができて、あちこちゆすって歩いたが、それに類することをやってのけるものが、公卿やその使用人の間からも出た。当時京都でよくあったという〝文箱割《ふばこわ》り〟というのもその一例である。

町人ゆすり

文箱をもった公卿の使番が、走りながら通行人の金のありそうなのにわざと突き当ってそれを落す。文箱が割れる。ひろいあげてよくみると、これに菊のご紋章がついている。「これでは邸《やしき》へ帰れない。帰ったらお手打ちになるにちがいない。ここから逃げるほかはないが、お前さんどうしてくれる」とからんでくる。結局高飛びの〝旅費〟として若干の金を出さないとおさまらない。

またこんな話もある。商人が番頭をつれて掛取《かけと》りの帰りに、日暮れのさびしい御所の中を歩きながら、公卿の邸を見て何の気なしに、「見かけは立派でえらそうにかまえているが、家の中は火の車なんだぜ」といった。それが武者窓の中にいた公卿の耳に入ったからたまらない。「こら待て町人、お前たちは今何というた」と、いいがかりをつけて、何と弁解しても、あやまってもききいれない。庭にまわれというので入って行くと、そこには蓆《むしろ》がしかれ、傍に水の入った手桶《ておけ》がおいてある。いよいよ手打ちだというので、商人たちはふるえ上る。

そこへ三太夫《さんだゆう》が出てきて、「お上《かみ》じきじきの取調べ」がはじまると宣言する。言った、言わぬ、の押し問答を長くつづけているうちに、公卿の方でとうとう本音を吐いて、「実は、こちらはお前たちのいうとおり困っているのだが、お前たちの前においてあるのは、そりゃ何だ」とくる。このころの掛取りの財布は大きい。それを開いて、「近頃まことに申しかねるが、お前たちの知っているとおりの手もとだからしばらく借用する。気をつけて帰れ」ということで、やっと釈放される。念の入った恐喝であり、いながらにして行う強盗である。

また恐喝にしても、もっと計画的なものもあった。御所の南側に住んでいたある酒屋へ、大晦日《おおみそか》の晩に一人の公卿が陰気な顔をしてぶらりと入ってきた。主人が何か御用ですかとききと、

「お前のところには、ふだんからいろいろと厄介になっているから内々知らせにきたのだが、実はこの暮れにおしせまって俺のところはどうにもならんので、今夜家に火をつけようと思っている。幸い今夜は北風で、御所の焼ける心配はないが、お前のところは南側ですぐそばだ。早く逃げる用意をして、要らんものはどこかへ預けるがよい」

これには酒屋の主人も驚いた。相手は平気な顔をしているようだが、思いつめたらほんとにやらんとも限らない。そこで、「いったいいくらあればこの急場をお凌ぎになれますか」ときくと、

「何しろ餅《もち》はまだつかぬし、飾りは一つもしていない。正月にきる衣裳《いしょう》はすっかり質に入っているから、ちっとやそっとの金ではどうにもならん」

そこで酒屋の主人は、ちょっと待って下さいといって、さっそく町内をかけずりまわって相談した。帰ってきて、この公卿に、いったい金はいくら要るのかときくと、どうしても三百両ないと年が越せぬという。それを百両に負けさせてやっと話をつけたこともあるという。

嘘のような話だが、そういうことが実際あったのだと、太田米華という人の思い出話の中に出ている。所司代に訴えて出ても、公卿には手がつけられないし、一々伝奏を通じねばならぬので急場の間に合わぬ。公卿の住居は焼けても惜しくないようなボロ家が多かったから、いよいよせっぱつまったらほんとにやりかねなかったかもしれない。

だが、こういった公卿の貧乏物語には、いかにも公卿らしいユーモラスな、まぬけたところがあって面白い。何世紀にもわたって、一切の生産的な仕事から切りはなされた寄生的な生活に慣れ、しかも長く政権から遠ざかって虚礼の中に生きてきたものが、いよいよ困り出すと、こういうことになるのである。敗戦後の日本においても、別な形においてではあるが、

斜陽族の中にこれに似た現象が見られた。

だが、いわゆる〝絶対主義〟が確立した明治、大正時代に生れたものの眼からみると、この時代の皇室の諸制度や、これをめぐる公卿たちのやりくりには、どこかおおらかな、まのびのしたところが多々あった。「御璽《ぎょじ》盗難事件」など、その典型的なものである。

売りに出された〝御璽〟

第百十三代東山天皇（一六八七年即位）の時代に、「教育勅語」の結びに〝御名御璽《ぎょめいぎょじ》〟とあるあの御璽が盗難にかかって紛失したことがある。当時は内豎《ないじゅ》の役人がこれを預かって自宅へもって帰り、床脇《とこわき》の袋戸棚へ入れっぱなしにしておいたりしたこともあった、というくらいだから、こういったものの保管はきわめてルーズだったのだ。とにかく紛失したのでは仕方がないというので、宮中ではまた新しいのをつくった。その後何年か経って、内豎の高屋某《なにがし》というのが、古道具屋の店先にこの盗難にかかった御璽を見つけ、さっそくこれを買いとって献上した。その功によって高屋は伏見《ふしみ》の在で十二石の土地を賜わったというから、大した拾いものである。そこで新調の御璽を使うのはやめて古い方を使うことになった。維新後はもちろん厳重に保管されていたから、今も使われているのは、もしかするとこの古道具屋の店先で発見された御璽かもしれない。

天皇株を買う人々

株式投資の最大対象

〝王〟と〝玉〟とはよく似ているので、しばしば混同される。現に〝玉座〟〝玉顔《ぎょくがん》〟〝玉手《ぎょくしゅ》〟などといって、〝玉〟が〝王〟を意味する場合も少なくない。

ところで、株式市場では、投資の対象になるものを〝玉《ぎょく》〟と呼んでいる。これは利を生むので、タマゴの一種か、とにかく〝大事なもの〟という意味であろう。また芸者や娼妓《しょうぎ》のあげ代をやはり〝玉〟と呼び、転じてそういった女を〝玉〟(この場合はタマとよむ)といっている。これまた投資の対象として有利と見なされたところからきたものである。

天皇は、実権をにぎっている間は〝王〟であった。後にそれを失うとともに、次第に〝玉〟に転化して行った。つまり有力な武家や地方豪族にとっての投資の対象物に転化したのである。

歴史的にいうと、奈良朝から平安朝の中頃までは、天皇はたしかに王であったが、藤原氏の全盛時代からだんだんと怪しくなり、平家《へいけ》の台頭とともに次第に玉的性格を加え、源《みなもとのより》頼朝《とも》が鎌倉《かまくら》幕府をつくって征夷大将軍《せいいたいしょうぐん》になるとともに、完全に玉になっている。王としての天皇家は、その共同経営者であった平家一門といっしょに、西海《さいかい》の藻屑《もくず》となったといっていい。

源氏が亡びて北条《ほうじょう》氏の執権時代になると、皇族や貴族の御曹司をつれてきて将軍の地位につけ、これをロボットにして実権をにぎった。この頃に皇室の玉的性格が完成された。それと同時に、その後の日本統治形態における二重性が定形化したといっていいだろう。新興の実力階級は、皇室や貴族の古い看板や登録商標を利用した方が便利だし、実力を失った皇族や貴族は看板を貸して、配当で生活した方が楽だと悟った。

一度そういった金利生活的な坐食《ざしょく》に慣れてくると、たまに実権が自分たちの手にもどってくることがあっても、そのときにはすでに自ら経営の任にあたるだけの意欲も能力もなくなっているのだ。天皇個人にその意志はあっても、手足になる宮廷従業員がそれに耐えないのである。後醍醐《ごだいご》天皇の建武中興《けんむちゅうこう》が短時日に瓦解《がかい》してしまったのもそのためだ。

かくて明治にいたるまで、日本の支配形態は、その間多少の変化はあっても、ずっとこの二重性をもちつづけたのである。会社でいうと、天皇が会長で、その時々の実力者が社長ということになる。いや、ある時期には天皇の地位はもっと弱く、名前だけの〝社賓《しゃひん》〟で、捨《す》て扶持《ぶち》をもらっている程度であった。

第一期天皇コンツェルン

考えてみると、一国を統治するということは、一つの事業を経営するのに似ている点が多い。はじめはわずかな資本でスタートしても、創業者にすぐれた腕があり、うまく時代の波にのりさえすれば、同業者との競争にどんどんうち勝つことができる。やがてその部門で一、二を争うような大会社になり、ついにはその部門全体を独占的に支配する一大コンツェルンにまで到達する。

もちろんそこまで行く過程においては、さまざまな、ときには残忍きわまる手段もとられる。廉売《れんばい》競争に勝って相手を倒し、市場を独占することもあろう。相手の会社に争議を起させたり、重役陣の分裂工作を行って、内部崩壊に導くということも考えられる。しかしもっとも多く用いられるのは、第三者を使って秘《ひそ》かに相手会社の株を買いあさり、これを乗っとるという手である。

こうして乗っとってしまった後には、相手会社の古くからの重役陣を一掃するか、あるいは人事の大異動を行って、古くからいたものを閑職につけるのが常套《じようとう》手段である。そしてもはや利用価値がなくなってしまったとき、相手が完全に無力であればクビにするし、そう簡単に引きさがりそうにもない場合は、いろいろ厭《い》やがらせの手をうって挑戦し、独立するか謀反を起すか、どっちかを選ばねばならぬところまで追いこんでしまう。ここまでくれば、相手はすっかり弱体化しているから、これに猛烈な追撃を加えて完全に掃滅することができる。

これが独占コンツェルン形成の公式で、そこまで行く過程において、たいていどこでもその会社の〝社史〟というものを編纂《へんさん》させる。それには名前だけは売れているがほかに使い途《みち》のないような学者文人《ぶんじん》を引張ってきて、少し過分の金を与え、会社の注文通りのものを書かせる。その中では、創業者がまだ生きていて当主の地位にある場合はもちろん、亡くなった後でも、その功績をやたらにほめたたえて、まるで人間わざでないかの如く書き立てるのが普通である。

一方ではまた、謀略や実力で強制合併したり、吸収したりしてつぶしてしまった相手会社に対しても、まるで、はじめから一心同体の関係にあったかのような取扱いをする。そうする方が、相手方の元従業員やその他の関係者に、旧怨《きゅうえん》をすてて新会社に忠誠を誓わしめるうえに効果的だからである。

右にのべたのとちょうど同じようなことが日本の皇室の場合にもあてはまるのではあるまいか。天皇族が大陸からきたか南方からきたかは別問題として、日本諸島に上陸後、土着種族を破り、反対勢力を抑えて、ほぼ統一を完成するにいたった過程には、このようなやり方をくりかえしたにちがいない。一応その目的を達した後につくらせたのが「古事記」であり「日本書紀」である。これらは〝天皇コンツェルン〟が金を出してつくらせた〝社史〟だと思えばまちがいない。

あやつられた天皇家

だが、このコンツェルンも、完成したときはすでに崩壊の危機をはらみ、まもなく実力を失って単なる名目上の存在になってしまった。それにしても、完全に解体したり消滅したりすることとなくして、看板だけでも永く残ったということは、日本的な特殊事情に基づくとともに、それだけの商標価値があったからであろう。化粧品店や、百貨店などで、経営者はいくたびか代がわりになっても、多年売りこんだ屋号だけは相変らず昔のままになっているのと同じである。

こうなると、新興勢力の方では、これを打倒し、これに取って代るよりもそこの株を買い漁《あさ》り、買いしめて、その実権をにぎり、その古い看板のもとで営業をつづけて行く方が得策だと考える。ここにおいて皇室は、もはや王ではなくて名実ともに〝玉《ぎょく》〟と化してしまった。鎌倉幕府以後から明治維新までの日本歴史がこれを物語っている。いや、明治以後の皇室も、本質的にはこれと変りはない。はじめは薩長《さっちょう》を中心とする新興勢力のロボットとして利用され、後には資本主義国家そのものを育て、守って行くのに必要な看板となり、支柱と化したのである。

現に幕末の混乱期に際しては、皇室ではなくて天皇個人がフット・ボールのボールのように争奪戦の対象になっていた。天皇というボールを抱えこんでいた方が勝ちなのである。慶《けい》応《おう》三年（一八六七）挙兵の打合せに京都から長州《ちょうしゅう》までやってきた大久保利通《おおくぼとしみち》を迎えて、木戸《きど》孝允《たかよし》は、

「禁闕《きんけつ》奉護の所、実に大事のことにて、玉を奪われ候ては、実に致し方なしと甚《はなは》だ懸念」

といったということが、「大久保利通日記」にも出ている。かんじんの玉を敵方に奪われては万事休すだから、くれぐれも用心しろ、と木戸はくりかえし忠告しているのである。

さらに木戸は同年十二月、品川弥二郎《しながわやじろう》宛の手紙では、もっとはっきりといっている。

「うまく玉をわが方へ抱え奉り候御儀、千載《せんざい》の大事にて、自然万々が一もかの手に奪われ候ては、たとえいかよう覚悟仕《つかまつ》り候とも、現場のところ、四方志士壮士《ししそうし》の心も乱れ芝居大崩れと相成り、三藩（薩・長・芸《げい》）の亡滅《ぼうめつ》は申すに及ばず……」

こんなふうに討幕運動を〝芝居〟とか〝狂言〟とかいう言葉で表現するのが、木戸はよほど得意だったと見えて、坂本竜馬《さかもとりょうま》宛の手紙でも、

「このたびの狂言は、大舞台の基を相立て候次第につき、ぜひともうまく出かし申さずて

は相すまず……」

とのべている。この大芝居の作者または演出家をもって自認していた木戸にとっては、天皇は大切なスター・プレヤーであったのだ。

もっとも、天皇家だけがいつもあやつり人形であったわけではない。武家でも足利末期のように実力を失ってくると、王ではなくて〝玉〟になってくる。当時幕府は諸国の国主に対し、守護に任ずるという辞令を出したが、この場合は辞令が出たから守護になるのではなくて、すでに実力をもってその土地を支配しているものに対し、ただそれを認めるという形で辞令を出したのである。

将軍でさえそうだから、この時代の天皇は、飾りものにすぎなかった。明応《めいおう》九年（一五〇〇）に皇位をついだ後柏原《ごかしわばら》天皇は、翌年即位式をあげようとしたが、費用がなく、細川政元《ほそかわまさもと》に目をつけて寄附させようとしたところ、政元は、

「内裏には即位大礼の御儀無益なり。さようの儀を行うといえども、正体なきものは王とも存ぜざることなり」

と、はっきり断わっている。正体のない、すなわち実力のないものが虚位を擁していても、たれも王とは思わぬから、即位式などする必要はないというのだ。天皇に特別にマークされた政元でさえそういうのだから、他は推して知るべしである。

信長、大いに天皇株を買う

この後にくるのが戦国時代である。これは弱肉強食、すなわち実力だけがものをいう時世であったと考えられているが、実は必ずしもそうではなかった。地方で、限られた範囲内に睨《にら》みをきかせている間はそれでもよかったが、中央へ乗り出してくるには、そうはいかない。〝大義名分〟と呼ばれているものが必要だ。それは大衆をひきつけるスローガンであり、ポスター・ヴァリュウだ。野武士上りの豪族などにそんなものの手持ちがあるはずがない。その目的のために最初に利用されたのが、天皇家でなくて足利将軍家である。天皇家とはこれまで関係がなさすぎて近づきにくかったせいもあろうが、衰えたりといえども将軍家の方に、まだより多く利用価値があったのだとも考えられる。

源氏の将軍家は三代で亡びたが、足利の方はどうにか十三代までつづいた。しまいにはいよいよ威令《いれい》行われなくなり、最後の将軍義輝《よしてる》は部下のために殺された。平《ひら》重役が社長をクビにすると、こんどはその重役が局長のためにクビにされ、その局長がまた部長の手でクビきられ、最後に会社全体が従業員の手に帰し、生産管理が行われるといったような現象が、日本の敗戦直後にもあらわれたけれど、足利末期にはそれがもっと一般化し、いわゆる〝下剋《げこく》上《じょう》〟の時代を現出したのである。

義輝の弟の義昭《よしあき》は出家して奈良の一乗院《いちじょういん》に入っていたが、還俗《げんぞく》して後援者を見つけて歩いているうちに、当時日の出の勢いの織田信長《おだのぶなが》にぶつかった。信長にとっては、足利将軍家という古い大会社の株が偶然ころがりこんできたようなもので、使い方一つでこの大会社をそっくり乗っ取れると考えて、さっそく義昭をつれて京都へ乗りこんだ。そして天皇に願い出て義昭を征夷大将軍の地位につけ、足利家を危機に陥れた勢力の残党を掃蕩《そうとう》した。つまり会社を食いものにしていた不良社員をたたき出して、義昭を一応社長の地位にすえたわけだ。義昭はすっかり感激して、信長のことを〝父〟と呼んだ。

だが、信長の眼からみれば、義昭は斜陽族のバカ息子みたいなものである。義昭をつれて京都へのりこんだのは、みずから足利家のお株を奪うための地ならしにすぎないから、その方の仕事が一段落をつげると、こんどは義昭の悪口をすぐ義昭の耳に入るようにいった。実力者が、一時利用したロボットを除くためによく用いる手である。

うまうまとその手に乗った義昭は、反信長の陰謀をたくらんだ。上杉謙信《うえすぎけんしん》、武田信玄《たけだしんげん》、毛利輝元《もうりてるもと》などの諸将が、この形勢を見てとって、信長のすてた義昭の株を買った。だが一戦におよぶと、もちろん義昭などは信長の敵ではない。捕えられた義昭は河内《かわち》へ流された。その護送の役を引きうけたのが羽柴《はしば》秀吉である。だが、秀吉もさるもの、これは利用価値のある上玉《じょうだま》と見て大切にあつかった。

その後義昭は、土豪《どごう》の間をあちこちわたり歩き、熊野《くまの》の僧徒まで扇動して反信長の軍を起させようとしたが失敗した。そこでこんどは越前の朝倉《あさくら》、近江の浅井《あざい》、甲州《こうしゅう》の武田などに密使を送って、反信長連合を結成させようとした。その結果として姉川《あねがわ》の戦いが起った。これにつづく三方《み》ケ原《かたがはら》の戦いにしても、長篠《ながしの》の合戦にしても、陰では義昭がさかんに策謀《さくぼう》した。だが、これらはすべて成功せず、最後に義昭は安芸《あき》の毛利氏に身を投じた。そこで信長は秀吉を先発させて毛利を討たせ、自分も応援に行く途中、本能寺《ほんのうじ》で明智光秀《あけちみつひで》に殺されたのである。

かように当時の武将たちにとっては、天皇より将軍の方がすぐ役に立つ〝上玉〟と見られた。その心理を利用して、かれらの間を梭《おさ》のように泳ぎまわったのが義昭である。しかし結局玉はいつまでたっても玉で、ついに王にはなりえなかった。

俄か関白の出現

信長が亡くなると、その遺児、信雄《のぶかつ》、信孝《のぶたか》に対して、こんどは秀吉が同じような手を使っている。信孝は秀吉とともに光秀を討ったのだが、秀吉は自分一人の手柄のように宣伝し、それによって信長の後継者としては最大の適格者であるかの如く世間に印象させた。信雄はお人好《ひとよ》しだが、利巧な信孝は心中面白くない。そこで秀吉は先手をうって、信雄と結んで信孝を攻め、これを自殺させた。

つぎに秀吉は、正月がきても自分だけは信雄のところへ挨拶《あいさつ》に行かなかったりして、こんどは信雄が憤慨するように仕むけた。前に信長が義昭に対して使った手だ。そしてついに小《こ》牧《まき》の戦いとなったのであるが、このときは信雄の方に家康がついていて手強《てごわ》かったから、秀吉は一応和睦《わぼく》した。後に信雄は出家し、自分の方から競争圏外に落ちることによって、どうにか生きのびた。

さて秀吉は天下をとってみると、肩書がほしくなってきた。武家の最大の栄誉は〝征夷大将軍〟になることだが、それには何としても〝血〟がものをいう。三河《みかわ》の豪族から出た家康なら、先祖は、〝源朝臣《みなもとのあそん》〟だといっても通るが、百姓上りの秀吉がそんな系図をつくってもち出したところで、いくらなんでもおかしくて世間で相手にされない。馬賊《ばぞく》出身の張作霖《ちょうさくりん》が〝大元帥《だいげんすい》〟に就任し、ルンペン上りの袁世凱《えんせいがい》が〝大総統〟をついで〝皇帝〟を名乗ったようなものだ。中国ではそれでもいいが、さすがに〝血〟を重んじる日本では、いくら戦国の世でも、征夷大将軍ともなると、そう簡単にはいかない。

実は秀吉も一度その野望を起して失敗している。天正《てんしょう》十三年（一五八五）天下の覇権をにぎる見透《みとお》しのついたかれは、足利義昭にむかって、「自分をあなたの養子ということにしてくれれば、自分はあなたを大国に封じてどんな栄耀《えいよう》栄華でもさせてあげるが」ともちかけた。

すると義昭は、「今どんなに落ちぶれていても、自分は源氏の血をうけついでいるものだ。自分の一身の安逸のために先祖を恥ずかしめたくない」と、キッパリ断わった。そこで秀吉は、こんどは前から手なずけていた右大臣菊亭晴季《はるすえ》のところへ話をもちこんだ。

百姓出の秀吉にはもともと姓などというものはなかった。それが段々出世するにつれて、はじめ平氏だといい、後に藤原氏だなどといい出した。そこで晴季はいった。

「征夷大将軍には源氏でないとなれないことになっている。それよりも、あなたは藤原氏だというから、関白になったらいかがですか」

「関白って、そりゃ何だい？」

「天子につぐ高い位で、百官を統《す》べる役目です」

「それならいい」

そこで晴季は、時の関白二条昭実《あきざね》に因果をふくめてやめさせ、その後に秀吉をすえた。ついでに豊臣という新しい姓も朝廷からもらってやった。秀吉は大いに喜んで、関係者一同に厚く報いたことはいうまでもない。これはまるでつくり話みたいだが、頼山陽《らいさんよう》が「日本外史」の中でこの通り書いている。もっともこれは山陽の誤りで、実際は関白になりたいために、それを晴季に相談し、彼から近衛前久《さきひさ》の養子になるがよかろうといわれた。しかしそれがうまくゆかないので豊臣の姓を貰《もら》って関白になったのである。

ケチくさい毛利元就

しかし、当時の武将の中で、早くから皇室に眼をつけて、これに投資していたのは毛利元就《もとなり》である。すでに永禄《えいろく》二年（一五五九）元就は正親町《おおぎまち》天皇の即位費として、石見《いわみ》銀山からとれた銀四十八貫を献上した。そのお礼にいろいろと官位をもらっているが、元就には、そんなものはもとより眼中になく、天皇というマークの利用価値をよく知っていたのである。銀五十貫足らずでは、重役がポケット・マネーで後楽園《こうらくえん》球場の優待券付の株を百株ばかり買うようなものであるが、それでも当時の朝廷にとってはずいぶん有難かったにちがいない。

かように元就は天皇株を買ったといっても、その買い方がひどくケチで打算的であったが、信長の方はもっと太っぱらだった。信長の父がすでに皇室ファンで度々献金をしているが、信長がこれ以上に熱心な皇室の支持者になったのは、伊勢神宮を通じてである。信長の育った時代に、清順上人《せいじゅんしょうにん》というのが外宮正遷宮《げくうしょうせんぐう》のために、全国を勧進《かんじん》して歩いていた。当時皇室はどん底にあったが、神宮への寄進が予想外にあつまっているのを見て、信長はこれはものになると思ったにちがいない。正月に明治神宮や靖国《やすくに》神社へお参りの多いのを見て軍需株を買うようなものである。

天皇株入手競争

そこで信長は、正遷宮の費用くらいは何も民百姓をわずらわすことはない、自分一人ででも引きうけるといった。その後かれは伊勢を征服するや、参宮の人々の便宜のために、まっさきに、古くからあった関所をとりはらった。

永禄十一年、信長は京都に入るとともに御所の復旧に着手し、皇室経済のためにいろんな手をうった。一方で越前や近江の強敵と戦いながら、信長がこれだけのことをやってのけたというので、この時代における〝勤皇家〟の筆頭にあげられているが、朝廷をかつぐということは、戦局を有利に導いて将来の基礎をつくる上に、そうムダな投資ではなかったのである。

その前に上杉謙信も、北条氏康《うじやす》を攻めるにあたり、使を京都に送って、摂家一人を関東の主としてよこしてくれといっているし、謙信が永禄二年に上京したときは、天皇や足利将軍に〝拝謁《はいえつ》〟して、いろいろと官位をもらっている。かようにこの時代の武家たちの間には、暴落している天皇や将軍株を安く手に入れようとする競争が行われていたと見てよい。

信長の御所復旧工事は、元亀《げんき》二年（一五七一）に完成した。そのころの金で一万貫をかけたというから相当立派なものができたとみえて、正親町天皇は「前代未聞の盛儀」だといって喜んだ。

天皇、高利貸を開業

それよりも皇室経済のために信長のうった手がすこぶる奇抜で、興味がある。信長は自分の献上した米を京都の市民に貸しつけて、年に三割の利子をとり、それで皇室の台所を賄って行くという計画を立てたのである。

当時京都には約百二十七の町があった。一町ごとに米五石《こく》ずつ貸すと、その利子が一町について月に一斗《と》二升《しょう》五合《ごう》、全体で十六石近く入る。若干の滞納を見込んでも、平均月に十三石は入ったらしい。

この米の半分は御所で費やして、残りの半分を売って雑費にあてた。そのころの天皇の家族は、天皇、皇太子、皇孫、皇女二人、それにお付の女官五人を合せてわずかに十人だった。そのほかに召使が相当数いるとしても、月に十三石の米で一切賄って行ける程度の生計である。これを今日の金に換算すると、米を一升百円と見て十三万円になるが、当時米の価《あたい》は他の物価との比率において今よりも低かったろうから、これで門戸をはって行くのはたいへんだったにちがいない。

信長にしてみれば、当時の社会情勢では、現金をわたしたのではすぐなくなるし、領土を献上しても、その安全は保証できないから、こういった手段を思いついたのであろう。皇室が年三割の利息をとって生活していた時代があったなどということは、現代の日本人には思いも及ばぬことである（もっとも、当時は年四、五割が普通だった）。とにかくこういった生活はかなり永くつづいたと見え、寛永《かんえい》十六年（一六三九）後水尾《ごみずのお》天皇が、徳川幕府の態度にいたく憤慨して譲位を決意したとき、

「米金銀お遣《つか》いなきにより、たまり申し候を、利分《りぶ》をつけ、奉行《ぶぎよう》どもより人に貸付申し候。かくの如きの故、人の口にて候えば、王の米何程借り候、金銀いかほど借り候と、口ずさみ申し候。神代より禁中《きんちゆう》にこれなきためしに候を、今主上《しゆじよう》の御代《みよ》にあたり、かようのこと出来、ご存じなきこと故、後代のそしり御うけなされ候こと、何より口惜しく思召《おぼしめ》し候由」

と、細川忠興《ただおき》がその子忠利《ただとし》あての手紙で書いている。これでみると、この時代には幕府から派遣された奉行が、もっぱら高利貸の実務をあつかって、滞納者からはピシピシとりあげたらしい。これを皇室と民衆の離間策に利用したのかもしれない。

しかし今になって天皇がこれを恨む手はない。すでに半世紀も前に信長のはじめたことで、それによって皇室の台所は大いにうるおったことは明らかだ。

お粥代、従二位

これをはじめる前の皇室の窮乏ときたら、それこそひどいものだった。京都の立入《たてり》宗継《むねつぐ》という男が、その父および祖父と三代にわたり、毎日々々御所へお粥《かゆ》と香のものを運んだ。正親町天皇がいたく感激してこれに〝上御倉《かみのみくら》〟という職名を与えたという話がある。もちろんその頃の皇室にそんな倉があったわけではないから名前だけだ。

明治になってこの立入宗継は従《じゅ》二位を追贈された。これは驚くべき優遇である。例の〝草《そう》莽《もう》の臣〟高山彦九郎《たかやまひこくろう》が正四位で、維新革命の口火になったという「日本外史」の著者頼山陽が従三位、維新の元勲大久保利通、木戸孝允あたりでも正二位、西郷隆盛が正三位である。乃木希典、山本権兵衛《やまもとごんべえ》などがちょうど従二位で、もしもあの世でもこの位階が通用しているとすれば、お粥献上者と乃木大将が並んで席を占めるという風景が見られるかもしれない。

これで見てもわかるように、天皇株を買っていたのは武将ばかりでなく、こういった小口の、しかも熱心な株主もいたのである。父子三代にわたって御所へ粥を運ぶなどということは、野球のひいきチームの合宿へおやつを運んだりするような、気まぐれでできることではないから、それくらいの配当があっても決しておかしくはない。

コッソリ株を買う家康

つぎに、徳川家康の皇室対策であるが、家康はスターリンばりの徹底した現実主義者であった。したがって秀吉に見られるような、袁世凱や張作霖流の稚気《ちき》というものはみじんもない。

家康は、信長が生きていたころから、ちゃんと皇室にわたりをつけていたし、秀吉の時代にも、こっそりと皇室に献金していた。秀吉がいい気になって、まるで自分も公家《くげ》の仲間入りをしたようなつもりでいたころ、家康は裏から手をまわして皇室株を買い漁《あさ》っていたのである。もちろん家康には、信長がもっていたような皇室ファン的な甘さもなければ、秀吉に見られるような成り上りの自己陶酔もない。皇室の手にある名前だけの官位贈与が、諸大名や一般民衆の間にはまだ相当の価値のあることをよく計算していたのである。

派手好きな秀吉は、宮廷が古くからもっている装飾的部分（官位もその一部だ）が気に入って、その仲間入りをした。はじめはバカにしていた宮廷人種も、秀吉が気前よく差し出す金銀に目がくらんで、これを歓迎した。

かくて秀吉は皇室と合流し、合体した。これを会社にたとえていえば、古い会社の名義はそのままにおいて、これに新しい資本をつぎこみ、これまでの社長を会長に祭りあげて、自分が社長として乗りこんだようなものだ。そのために世間の信用も加わり、営業成績が上って、社員の待遇もよくなれば、これにこしたことはない。

さらに秀吉は、後陽成天皇の弟を自分の猶子《ゆうし》（養子の一種）にした。これは八条宮《はちじょうのみや》といって桂宮《かつらのみや》の先祖である。関白をこれにつがせるというのが秀吉のねらいだった。成り上りものが名門から、養子を迎えて家格《かかく》をつりあげようというのだ。この計画は、後に秀吉に子が生れたので予定どおりには行かなかったけれど、形の上からいうと、明治維新前までつづいた四つの宮家の一つは、百姓木下藤吉郎《きのしたとうきちろう》の後をついだものである。同家が他の宮家に比してずばぬけて多い三千石という高禄《こうろく》をもっていたのもそのためである。

大物ブローカー・天海僧正

これに反して家康は、あくまで武家としての主体性を放棄しなかった。一つにはかれが源家の血を引く、というよりも引いているといってもおかしくない家に生れ、征夷大将軍になることができたからである。源氏も元をただせば皇室から発しているといっても、そのころはすでにそういう概念はなかった。長い間皇室とは反対的立場で争ってきた武家コンツェルンの統領たらんとする意欲が、家康にあっては非常にはっきりしていた。

したがって、家康の対皇室策は徹頭徹尾二元論の上に立っていた。武家のヘゲモニーのもとに皇室をおき、その間に明確な一線を画するというのが、終始一貫したかれの根本思想であった。だが、それをどのようにして実行にうつすかということについては、永い間かかって綿密に調査し、研究した上で、動かぬ対策を樹立した。

その相談相手になったのが、有名な天海僧正《てんかいそうじょう》である。天海はその素姓《すじょう》について十数説もあるくらいの怪人物で、かれの言動として伝えられるものも、あまり信用できない。しかしそれだけにまたこの時代の一面を窺知《きち》する手がかりがその中からえられる場合も少なくない。かれは家康のブレーンになるとともに皇室にも食い入って、天皇およびその側近を自由にあやつっていた。それもはじめは天皇のために武家をあやつるかの如くふるまっていたが、後に幕府の勢力が不動になったのを見とどけて、こんどは幕府のために朝廷をあやつる役目を買って出た。今の政界や財界にも、こういった〝大物〟専門のブローカーがいつでも一人や二人いるものだ。

天皇は飾りものなり

家康は、天海をはじめ秘書官級の本多正純《ほんだまさずみ》や金地院崇伝《こんちいんすうでん》などを御所や仙洞《せんとう》御所に送り、古文書などを借り出して、歴代の公・武両家の関係をつぶさに研究した。その上でつくりあげたのが、「禁中並びに公家諸法度《くげしょはっと》」である。これは徳川家の皇室対策テーゼともいうべきものだ。

その基礎になったものが、「東鑑《あずまかがみ》」である。これは頼朝以後九代にわたる鎌倉時代の日記で、その中には承久《じようきゆう》の乱といったような〝天皇謀反〟に際して武家がなめた苦い経験が折りこまれている。また「武野燭談《ぶやしよくだん》」に〝東照宮《とうしようぐう》の仰せ〟として、つぎのような言葉が出ている。これは果して家康がこの通りいったのかどうかは疑問だけれど、かれの対皇室政策のあとをみると、その皇室観を要約したものとみて見られぬことはない。

「たとえば公家《こうけ》は金銀の如く、武家は銅鉄の如し。金銀は至って尊けれども、鉄の用の莫《ばく》大《だい》なるには及ばず。……金銀は世の飾りなり。これを好むことすぐれば、わざわいの中だちとなること眼前なり」

さてこの「禁中並びに公家諸法度」であるが、これは十七条からなっていて、その第一条に「天子諸芸のこと。第一御学問なり」(原文は漢文)といっている。だが、この〝学問〟というのは、もっぱら花鳥風月を友にして歌を詠んだりすることで、政治上の問題などにあまり深入りしてはならぬのである。今の大学で学生の社会科学研究などが喜ばれないのと同じで、権力階級というものは、決して純粋の学問を好むものではない。後光明天皇などは好学でありすぎたために幕府から〝お咎《とが》め〟をうけた実例もある。また公家が武家の真似ごとをするのは、鷹狩《たかがり》のようなものでもいけないことになっている。

つぎに、親王は〝三公〟(太政《だいじよう》、左、右大臣)の下であるとはっきり規定した。これは藤原氏以来のことであるが、これを制度化し明文化することによって実は将軍に対する天皇の比重を軽くしようとしたものである。

公家〝破防法〟

さらに宮中席次や人材登用などについて規定した上、養子は同姓の間に限ることとし、女は家督相続ができないことにした。こうなると皇子は摂政関白家へ養子に行けなくなるからあまったのは出家するほかはない。ねらいは皇室の人口制限にあること明らかである。

また「武家の官位は、公家の外たるべきこと」とある。これは、武家がどんな官職に叙せられても、それは朝廷と何の関係もないことをいったものである。これで武家と公家の間にカーテンをおろしたことになる。武家は公家の方へ手が出せないかわり、公家は現実の世界から完全に隔離されてしまったわけだ。

そのほか改元、服装、門跡《もんぜき》などのことが規定されているが、本筋と関係がないから省くとして、一つ見逃してはならぬことは、〝武家伝奏《でんそう》〟という鎌倉時代からあったものを復活させたことである。これは朝廷と武家の間の連絡掛りということになっているが、ほんとは幕府が朝廷にうちこんだクサビであり、監督官である。

「関白、伝奏、ならびに奉行、職事《しきじ》等申しわたす儀、堂上地下《どうじょうじげ》の輩《やから》、相背くにおいては、流罪《るざい》たるべきこと」

と、はっきり宣言している。公家の最高位にある関白のすぐ下に伝奏をすえ、公家は堂上でも地下でも〝輩〟と呼び、いうことをきかぬものは直ちに流罪に処すとおどかしている。この法令は簡単ではあるが、それだけに、どうにでも適用できる。公家の謀反を封じるための〝治安維持法〟であり、〝破防法〟でもあるわけだ。

企業会社の場合でも、実権が金融資本の手にうつってしまうと、銀行から乗りこんできた平重役が睨みをきかせて、社長以下をガッチリおさえているのが普通である。ちょうどそれと同じで、伝奏にとっては、社長の天皇はもちろん、専務にあたる関白の如きも完全なるロボットにすぎない。

この法令は家康、秀忠《ひでただ》父子と、二条昭実《あきざね》の連署で公布しているのを見ても、幕府がこれをいかに重要視していたかがわかる。これが出たのは、慶長《けいちょう》二十年七月のことで、大坂《おおさか》夏の陣が終った直後である。家康は前々から崇伝などを相手に十分案を練っておいて、幕府の権力が完全に確立したこの時期をねらって発布したのである。

家康、大株主となる

こういったきびしい法令が出ても、公家の方でレジスタンスを行うような気概のあるものは一人もいなかった。これまで豊臣にいんぎんを通じていた連中は、まっさきに転向し、一般公卿《くぎょう》はもちろん、僧侶《そうりょ》、門跡から親王までが争って徳川に媚態《びたい》を呈した。そこへ行くと、元右大臣でかつて菊亭晴季の競争相手でもあった二条昭実は、前から徳川方のために働いてきたので、代ってグングン頭角をあらわし、新令発布とともに関白になっている。また二条家の方は、その後もずっと幕府と朝廷の結び目、というよりも世襲的な幕府のフラクションとなっている。

だが、さすがに家康は政治家である。こういうきびしい手をうつ一方では、皇室に恩を売っている。朝廷の御料《ごりょう》は、足利末期に三千石程度だったのが、秀吉が七千石にあげ、家康はさらに一万石にした。あまり与えすぎると危険だから、やっと生活できる程度にとどめ、不足の分は献上といった形で必要に応じておくったのである。この方が有難味が身にしみてずっと効果的だと考えたのであろう。本俸はなるべく少なくして、臨時手当や能率給で補うのと同じ考え方から出ていることは明らかだ。

慶長十六年（一六一一）後水尾天皇の即位記念に家康は御所の修理を行っているが、それも頼朝以来の例により、豊臣秀頼《ひでより》以下主なる大名に部分々々を分担させている。これは対大坂決戦を前にして、人心収攬《しゅうらん》の上にまだ皇室の利用価値のあることを認めたからであり、またー一つには、こういう形で、有力な大名が秘かに蓄えている経済的余力を吐き出させるためでもあった。

家康が豊臣家の完全滅亡のために着々準備をすすめていたとき、朝廷では豊臣家に泣きつかれたか、それとも側近どもが買収されたかどっちかで、朝廷が仲に立って両者を和解させようとする策謀があったらしい。これを耳にした家康はひどく立腹して、「さてさて悪き王なり。隠岐島《おきのしま》へ流すべし」といった。この〝暴言〟に反対するだけの度胸のあるものは家康の周囲に一人もいなかった。すると例の天海が進み出て、「殿、大いに誤れり。いま院（後陽成上皇）を流さば、朝敵の大罪免《まぬか》るべからず。このこと必ず口外無用」といったとか。この話はあまり信用できないが、当時の家康の実力をもってすれば、皇室を打ち破るのは、豊臣家を亡ぼすよりも容易であったにちがいない。それをあえてしなかったのは、豊臣家に比して、皇室は将来の危険性がはるかに少ないばかりでなく、多年国民に売りこんできたこの老舗《しにせ》の利用価値を、より大きく評価したからであろう。

マッカーサーと家康

家康のこういったやり方は、スターリン的現実主義だといったが、それよりも日本の敗戦後にマッカーサー元帥が日本の皇室に対してとった態度に似ている。アメリカの立場からみて、皇室の好ましからざる点、日本の〝民主化〟を阻害する点と、その利用価値とを綿密に比較計量し、あらゆる資料と意見を総合して慎重に考えた末、皇室を残しておく方が得策だという結論に到達したのにちがいない。ちょうどそれと同じことを、三百余年前に家康がやって、同じ結論をえたわけだ。そしていよいよ残すときまれば、皇室およびその周囲の人間の数をうんと制限し、財政的基礎を思いきって剝奪《はくだつ》し、将来天皇が実力をとりもどすのに必要な経費の出所をなくして、文字どおりに手も足も出ないという形で残したという点でも、マ元帥と家康のやり方は完全に一致している。個人的にも二人は天皇との間にいつも、一定の距離をもうけ、傲然《ごうぜん》たる態度をうわべだけの虚礼で包み、人間的な親しみとか、なれなれしさとかいうものを、つとめて見せまいとした。

こういうところまでアメリカは日本の歴史を研究したとは考えられないが、その手口はあまりにもよく似ている。問題はこういう状態が今後長くつづいているうちに、明治維新の場合のように、ふたたび天皇株の暴騰《ぼうとう》するときがくるかどうかということである。

水戸家に買わせた皇室株

例の天海僧正は、天皇を伊勢大廟《たいびょう》の祭主とし、昔の神祇伯《じんぎはく》のような形にして、公卿はみな神官にしてしまった方がいいと建議した、ということが古い書物に出ている。そうかと思うと、こういう説も伝えられている。家康は天海の勧告にしたがって、水戸家へ秘密の遺言書を伝えておいた。それによると、今後徳川家の覇権が何代かつづいたとしても、いつかは必ず何者かによってくつがえされるときがくるにちがいない。相手が諸侯である場合はいいが、万一朝廷との間で雌雄を決しなければならぬような事態に立ちいたった場合、宗家は面目上これと争わねばならぬとしても、少なくとも水戸家だけは、宗家のことなど考えないで、朝廷の味方をせよというのである。

これも確かな資料がないので、このまま鵜呑《うの》みにするわけにはいかないが、これが事実だとすれば、かれらの遠謀深慮《えんぼうしんりょ》に今更ながら驚嘆せざるをえない。

事実それから二百五十年たって、徳川方が官軍に無条件降服したとき、最後の将軍慶喜《よしのぶ》の罪を裁くにあたり、「寛典《かんてん》に処せられ、徳川の家名を立て下され、慶喜死罪一等ゆるさる」という判決が下された。これには西郷隆盛らの尽力もあるが、「水戸贈大納言積年勤王の志浅からず」ということが有力な理由となったことは争えない。お陰で徳川家も亡びずにすみ、その後をついだ家達《いえさと》は、公爵を授けられ、長い間貴族院議長をつとめることができたのである。家康や天海がそこまで見透していたかどうかわからぬが、こんなふうに将来起りうるあらゆる可能性を予測し、最悪の事態に具《そな》えて分散投資を行うというのは、中国人にはよくあることだが、日本人には珍しい。

もっともこの時代は、お隣の中国では明《みん》が亡びる直前で、亡命者が続々と日本に入りこんでいた。特に僧侶が多かったから、天海なども中国的なものの考え方の影響をうけていたことは否めない。

秀忠の〝血〟の売り込み

これでもまだ安心できなかったのか、徳川家は皇室に〝血〟のクサビを一本うちこむ計画を立てた。これが当時非常な波瀾《はらん》をまきおこした二代将軍秀忠の娘和子《かずこ》の入内《じゅだい》問題である。

後陽成天皇が病気で譲位することになったとき、皇位継承争いが起り、幕府は対立候補をおしのけて、強引に第三皇子を立てた。これが後水尾天皇である。その代償といったような形で、秀忠の娘和子を女御《にょうご》としておしつけることになった。朝廷にとっては、武家の娘がこういう形で入ってくるのは、前に平清盛《たいらのきよもり》がその娘徳子《とくこ》（後の建礼門院《けんれいもんいん》）を高倉《たかくら》天皇の女御にして以来の出来事である。ちょうど大坂役の前で、幕府はこれを示威《じい》運動の一つに使ったのである。

この縁談は一応まとまったが、後水尾天皇はあまり乗り気でなかった。それに大坂役の後始末などで挙式がおくれているうちに、天皇の方では別な女に手をつけて子供を生ませたりしたので、こんどは秀忠の方で面白くなくなった。

ちょうどそこへ、「近年大内《だいだい》において、日夜酣飲《かんいん》し、白拍子《しらびょうし》、女猿楽《おんなさるがく》などを引き入れて、乱行もってのほかなる」という情報が入ったので、秀忠は待ってましたとばかり宮廷の大粛清を行い、天皇側近の公卿多数を流罪その他の厳罰に処した。

その頃江戸では、やっと平和な時代がきたというので、〝風流踊《ふりゆう》り〟というのが大いに流行した。京都もそれに似たものが盛んで、宮中でも踊り子を呼んで時々宴会を開いたりしたらしい。それがこういう大事件になったのだから、〝事件〟というものは、つくろうと思えば、いとぐちは、どこにでもあるものだ。もちろんこの場合幕府のねらいは天皇にあり、朝廷威嚇の目的でこういった非常手段に出たのであって、血祭りにあがった公卿たちこそ気の毒である。

こんなことで和子の入内はますますこじれた。天皇もよほど癪《しやく》にさわったとみえて、こう入内がおくれては、公家武家ともに面目が立たぬ。自分には「弟もあまたこれあり候えば、いずれにても即位させられ、われら落髪《らくはつ》をもしてひっそく申し候えば相すむことに候」とすねている。

秀忠の方では、これだけお灸《きゆう》をすえればもうよかろうというので、元和《げんな》六年五月、和子の入内はいよいよ実現された。

天皇家への押しかけ女御

このときの模様は、和子について京都まで行った大名だけでも二十人に達したというから、他は推して知るべしである。婚礼の荷物はトップの長櫃《ながびつ》百六十棹《さお》から最後の唐櫃《からびつ》五荷《か》にいたるまで、二十六種類のものが蜿々《えんえん》とつづいた。その後から上臈《じょうろう》をのせた長柄輿《ながえごし》四十梃《ちょう》、中臈以下の女房をのせた長柄切三十六梃といった調子で、乗物が続々とくるのだ。楽人《がくにん》だけでも四十五人ついたという。

一方、見物の方は二、三日も前からつめかけたそうだから、早慶戦《そうけいせん》どころではない。堀川《ほりかわ》べりには桟敷《さじき》までつくって、両国《りょうごく》の花火見物を想わせる騒ぎだった。

それでも幕府は「もとより倹約を用い、奢侈《しゃし》をいましめ、万民のつい、えおぼしやらせ給いて」この程度にとどめたというのだから、あきれるほかはない。もちろんこれは京都に対する幕府の一大デモであった。このとき〝女御様御付《おつき》〟という名目で、関東から旗本二人がそれぞれ与力十騎、同心五十人をつれてきたが、これが永久的に京都にとどまって、宮廷内の諸事万般を直接支配した。〝御附武家〟というのがこれだ。

ところで、はじめからこの縁談の斡旋《あっせん》役であった藤堂高虎《とうどうたかとら》はこの盛儀の総監督であったが、藤堂家に伝わるところによると、高虎は秀忠の依頼にしたがい、終始和子の傍をはなれなかった。和子をのせた車輿《しゃよ》が御所の門までくると、出迎えた公家や老女たちは、古例によれば、女御入門の際はここで姿を見せてもらうことになっているといった。これに対して高虎は、自分は大将軍の命令で、姫を直接天皇にお届けするようにいわれてきているので、門外で他人に会わせるわけに行かぬといって、断じてゆずらない。公卿たちが古例を楯《たて》に簾《みす》をかかげようとすると、高虎は剣をつきつけて、たって古例を通そうとするなら、自分の方にも覚悟があるといって、そのまま門内に押し通った。

これで完全に勝負がついたわけだ。〝古例〟というのは、長い間つづけられてきた皇室の権威を象徴するものである。それが武力の前に簡単に押しきられ、蹂躪《じゅうりん》されてしまったのだ。

さらに幕府は、その後の皇室の〝血〟のリレーを担当する新しい選手に、徳川の〝血〟を引いたものを加えるべく、京都所司代板倉重宗《いたくらしげむね》を通じて、宮廷の内部にまでいろいろと干渉した。すなわち和子と競争的立場にある女たちを遠ざけたり、和子以外の侍妾《じしょう》で皇胤《こういん》を宿した場合はこれを処分させたりした。

そのうちに和子にも待望の子供が生れた。だが、いずれも女ばかりで、やっと男が生れたと思ったら、すぐ早世してしまった。後に後水尾天皇が幕府の態度に憤慨して皇位を退いたとき、和子の第一子興子《おきこ》が即位して明正《めいしょう》天皇となった。しかしこれは女帝だから臨時の代走みたいなもので、あとがつづかなかった。

カワラ版〝曲学阿世〟

しかし、幕府も三代家光《いえみつ》の時代になると、諸大名の間に、かつて将軍と同輩であったなどというものはほとんどいなくなり、家光は生れながらの武家の統領としてかれらの上に君臨することができた。いわゆる〝御両敬《りょうけい》〟思想なるものがこのころに発生した。

これまで将軍は、形の上では一応天皇の下に立っていたのが、このころから全く対等ということになり、同じ敬語や作法をもってみずからを遇するようになった。例えば天皇から江戸へ遣わされた勅使は、将軍の前へ出ると、はるか下の方の座で平伏する。将軍が「近う」といえば、膝行《しっこう》して上段にすすみ、頭を下げて勅旨を言上する。贈物のやりとりをする場合は、どっちもひとしく「被為進《すすめさせらる》」と書くといった調子である。

寛永三年（一六二六）家光が上京したときの徳川家の記録にも〝供奉《ぐぶ》〟〝拝謁《はいえつ》〟〝着御《ちゃくご》〟〝入御《にゅうぎょ》〟〝出御《しゅつぎょ》〟〝還御《かんぎょ》〟などと書かれている。そのほかにも、これまで天皇または皇室の専用語とされていたものをすべて平気で使っている。

荻生徂徠《おぎゅうそらい》にいたっては、この思想をもっと具体的にのべている。天下の諸大名はすべて将軍の家来なんだが、〝上方《かみがた》〟（皇室のこと）から綸旨《りんじ》や位記《いき》などをもらったりするものだから、天皇をほんとうの君と思うものも出てくるわけで、当分は将軍の勢いにおされて家来になっているが、心の中では何を考えているか知れたものではない。これでは将軍家の力が衰えてきた場合が思いやられる。そこで関東の方では、京都の向うをはって、装束も烏帽子《えぼし》、直垂《ひたたれ》とし、これに十二階級をつくるがよい。皇室から出た官位に付属する装束は、上洛《じょうらく》した場合の専用とし、「宰相・中将・少将・侍従・四品諸大夫《しほんしょだいぶ》などの官は、ただ上の化粧までに心得させ」、別に幕府の方で制定した勲階《くんかい》の方に重きをおくべきである。人間には癖というものが大事で、多年こういった癖を身につけておれば、公、武の別がはっきりしてくる。最後に結論として、

「総じて御政務の筋、何ごとも堂上方邪魔となって、上（将軍家）の御心《みこころ》いっぱいにお取行いがたく遊ばさる筋あるようなれば、この愚案《ぐあん》に及ぶなり」

と結んでいる。つまり皇室だとか公卿だとかいう邪魔物がいて、将軍家では思うようにやれない点があるようだから、一つこの式でやってみてはどうかと〝愚案〟を示しているのである。

徂徠と同じ仲間の太宰春台《だざいしゅんだい》になると、さらに徹底して、天皇を〝山城《やましろ》天皇〟と称している。これにはもちろん将軍を〝江戸天皇〟と呼ぶふくみがあるわけだ。

当時の江戸の学者は、だいたいこういった思想を抱いていたのであって、これを〝曲学阿世《きょくがくあせい》〟だといったら、そうでない学者などはいなくなるだろう。これに反して荷田春満《かだのあずままろ》、賀茂真淵《かものまぶち》、本居宣長《もとおりのりなが》などは、もともと神官の倅《せがれ》か、でなくても上方派で、天皇株を買うべく運命づけられていたとも見られぬことはない。要するに立場と見透しの相違で、〝曲学阿世〟といえばどっちもそうだといわざるをえない。

それにしても、この時代をはっきりと特色づけるものは、久しく日本国民にとってタブーとなっていたものを幕府が正面から否定し、堂々と同格としての名乗りをあげたことである。しかもそれが個人としてではなく、組織体として、制度としてなされたということを見逃すことはできない。〝日本臣民として越ゆべからざる〟一線を平気でとびこえてしまったわけだ。

右の事実は、幕府が名実ともに完全な形で、日本の支配権をにぎったことを物語るものである。いいかえれば、徳川コンツェルンが完成し、完璧《かんぺき》に近い独占過程に入ったのである。ここにおいて皇室は、もはや徳川家にとって何ら投資の対象にならなくなったことはいうまでもない。せいぜい将軍の威厳を添えるに必要なアクセッサリー程度の利用価値しか見出《みいだ》されなくなったのだ。

だが、こういう独占形態は決してそういつまでもつづくものではない。

〝予想屋〟としての勤皇学者

人間の盲点

競馬場や競輪場へはじめて行った人が驚くことは、何万というファンが真剣な面持《おももち》で、色鉛筆などをもって熱心に勉強している姿である。競馬や競輪の新聞を読んでいるのだ。この光景は、入学試験がはじまる前の学校構内を想わせる。運命の裁きを前に、少しでも有利な知識や情報をえようとする真剣さの点で、競馬競輪ファンと受験者には確かに一脈相通ずるものがあるともいえよう。

そうした心理に乗じて繁昌《はんじよう》している商売に、予想屋というのがある。これがつぎのレースの優勝者を教えるのである。当らなければそれっきりだし、当ったとしても、必ずしも予想屋の手柄とはいえないのだが、それでも大穴が当れば、気前よくチップをはずむのが賭博者《とばくしや》の心理である。

予想屋の話をきいていると、かれのすすめるものを買えば絶対確実だということになる。

果してそうなら、人に教えないで自分でそれを買えばいいわけだ。これほど筋の通った話はないのだが、この商売が栄えているところをみると、理屈ではどうにもならぬ人間の盲点をついているとしか思えない。

これと同じことが、財界というもっと大きな賭博場でも行われている。いわゆる〝街の経済学者〟というのは、明らかに株式亡者相手の予想屋であるが、そのほかにも、内外の経済情勢を分析し、株式ブームや大きな恐慌が、いつ、どこから、どうして起るかということを、古今東西の学説に基づいて論証するといったような一流学者たちの仕事も、考え方によっては、いや、ひと皮はげば、多分に予想屋的要素をもっているのである。

お抱え学者

有力な大会社には、それぞれ調査室とか研究所とかいうものがあって、多くの学者や専門家をかかえ、この仕事を組織的にやらせている。そこで働いている人々は、観測の基礎になる情報をあつめるとともに、その会社にとって有利になるような情報を流す任務も負わされている。また法律的な面に関しては、専門の顧問弁護士というのがいて、面倒な法律上の争いを処理したり、それを未然に防ぐ、というよりも、どうすれば合法的に法網《ほうもう》をくぐることができるかということを研究している。

大会社お抱えの学者とか顧問とかいうのは、表むきは〝先生〟だが、ほんとは捨て扶持《ぶち》を与えられて、そういった仕事を担当させられているものだと思えばまちがいない。

これらとは別にフリーランサーの学者というものがある。お抱え学者の議論はややもすれば現状維持に傾き、それに有利なような結論を導き出そうとするが、もっとフリーな立場にある学者たちは、ほとんど申し合せたようにその逆を行く。学者がいかに冷静に、〝科学的〟に現実を分析するといっても、人間である限り、必ずそれに主観が加わる。むしろ主観的な願望をもっともらしく見せるために、いろんなデータを示しているにすぎない場合が多い。

左翼系の経済学者の書いたものを見ると、現実分析からくる結論がいつも悲観的で、近く大きな恐慌が必ずくるということになる。この点は新興宗教の教祖たちが、申し合せたように〝世の終り〟と〝建て直し〟を説くのと同じである。大会社にかかえられているものとちがって、かれらの顧客《おとくい》は、現実に不満をもち、これを何とかしたいと思っているものが主だからである。

もっとも大会社の調査室や研究所においても、重役のお気に入りそうな意見をのべるものだけをかかえているとは限らない。より〝進歩的〟な経営体では、自分たちと反対の立場にたつ学者や研究員をもスタッフに加えている。敵側の情報を知るには、この方がかえって正確で、便利だからである。

以上のべたことは、現代の学者ばかりでなく、古い時代の学者たちの立場、仕事、使命などについても、そのままあてはまるのである。前にのべた荻生徂徠、新井《あらい》白石《はくせき》などは、代表的なお抱え学者である。白石に比して徂徠の思想に、徳川色、江戸色がより強く出ているのは、かれの家はもともと家康と同じ三河の出身で、その父方菴《ほうあん》は医者としてつとに徳川家に仕えていたからである。

幕府は官学として朱子《しゅし》学を選んだ。これは実践の倫理、というよりも現存秩序を擁護し、これに適応する人間をつくることが目的であった。

予言者

これに反して勤皇《きんのう》思想の源となった〝古学《こがく》〟は、主として上方の神官や僧侶《そうりよ》の間から起った。地理的に京都に近いばかりでなく、職業的にも皇室と古いつながりをもっていたからである。かれらはまた当時支配的な力をもった官学に対抗するためには、将軍家よりも古い皇室というものをもち出してくる必要があった。古いものほど権威をもつというのが、封建時代における一般的な原則である。その点で皇室は日本の肇国《ちようこく》とつながっているだけに神性化するのにはるかに好都合である。それに、かれらは神官や僧侶として、絶対主義的な思考形式に習熟していたから、これを説く文章にも精彩があり、強い情熱がこもっていた。これが徳川の実利主義、現実主義に満足しない人々に大きな魅力となって歓迎された。というよりも、生産力の発達に伴い、封建的な桎梏《しっこく》からの脱出を希望しはじめた社会層が、その脱出の手段として、これに心をよせはじめたのである。

初期の勤皇派の学者は、一種の予言者であるとともに、予想屋でもあった。徳川に対抗し、近き将来にこれにうちかつものは、皇室をおいて他にない。そうときまれば、いまから皇室株を買っておくようにと、諸侯や有力な町人の間を説いて歩いた。そしてそのシンパ網は、上方を中心に追々《おいおい》全国的に拡大し、次第に強化されて行ったのである。現実のアンチ・テーゼとして皇室中心の復古的社会が設定されたわけだ。

天皇神格説

これにいくらか学問らしい形を与えて、後世勤皇思想の始祖ともいうべき地位にすえられたのが山崎闇斎《やまざきあんさい》である。

闇斎は京都の針医《はりい》の子で、幼少のころから叡山《えいざん》や妙心寺《みょうしんじ》で僧侶として教育されたが、土佐《とさ》に移ってから野中兼山《のなかけんざん》の門に入った。還俗《げんぞく》して一時土佐侯に仕えたこともあるが、まもなく京都に帰って大をなした。全盛時代にはその門下生が全国で六千人に達したという。

かれの〝学問〟は、かれの性格に基づいて多分に独断的、信仰的、神がかり的なものであった。それだけに、講義に熱があって、聴くものの心を強くうったらしい。晩年になって神道に凝りはじめ、これまでの儒学に関する知識をその中に投入して、一種の学説とも信仰ともつかぬものをつくりあげた。その中心思想となっている〝垂加流《すいかりゅう》〟というのは、かれが幼少のころ毎日礼拝させられた天照大神《あまてらすおおみかみ》の神託からとって名づけたものである。皇室の〝血〟の神性を学問的に証明しようとする試みが、はじめてかれによってなされたといっていい。

「ここにいわゆる神聖は、天人を合せていえり。これ太元の尊神《そんしん》にして、則《すなわ》ち帝王の御大祖、御人体、御血脈の本源と拝み奉る御事なり」

これまで私がしばしばいった神聖な〝血〟のリレーの出発点を闇斎はこんなふうに解釈しているのである。

こういった神人合一《しんじんごういつ》思想は、西欧では基督《キリスト》教の〝三位《さんみ》一体《いったい》〟論などとなって古くから行われているけれど、日本ではこの辺からだんだんと形をととのえてきている。

かくて〝天壌無窮《てんじょうむきゅう》〟の皇統なるものは、この造化神、人体神から源を発している。これまで天皇を中国風に解釈していた儒者の思想とはすっかりちがってきている。これで天皇というものは、将軍とは比べものにならぬ高いものとなる。したがって、この立場から引き出されてくる結論は、当然つぎのようなものとならざるをえない。

「異国には大君の上に天帝あり、勅命の上に上天《じょうてん》の命あり。わが国の大君は、いわゆる天帝なり。勅命はいわゆる天命と心得べし」

これでは、天皇と同格に、もしくは天皇の上に将軍がいるというのは、全くけしからんということになる。こうなったのは日本本来の実相でなくて、それこそ〝異国の姿〟である。

闇斎が亡くなったのは、五代綱吉が将軍家をついだ翌々年で、いわば幕府の全盛時代であった。これこそ幕府にとっては怖るべき危険思想なのであるが、当時の幕府がこれを見逃したのは、幕府の方にこれくらいのものにはビクともしない実力と自信があったからだ。しかし闇斎の方でも、これを公然と唱えるだけの勇気はなかったと見えて、〝秘伝〟という形で、もっとも信頼しうる弟子にのみこっそりと伝えた。

この思想をおしすすめて実践すれば、当然討幕運動に到達する。後に竹内式部《たけのうちしきぶ》や山県大弐《やまがただいに》の言動の基礎になったのはこれだ。

闇斎の数ある弟子の中で、もっとも頭角をあらわしたのは浅見絅斎《あさみけいさい》である。闇斎の方は何度も仕官したけれど、絅斎は正月に餅《もち》も買えないくらい貧乏ぐらしをしながら、絶対に主人をとらぬばかりか、生涯京都をはなれず、死ぬまで関東の土をふまなかった。

由比正雪《ゆいしょうせつ》の武装蜂起《ほうき》があって以来、幕府は浪人や民間学者に対して非常に神経質になってきた。その結果、山鹿素行《やまがそこう》、熊沢蕃山《くまざわばんざん》などが続々槍玉《やりだま》にあがった。

そこで絅斎は、「靖献遺言《せいけんいげん》」と題し、中国の歴史の中から諸葛孔明《しょかつこうめい》その他八人の忠臣義士を選び、それらの事跡や遺言という形式で自分の思想を表現した。この程度のカムフラージュは、治安維持法時代ならすぐに看破《かんぱ》されたであろうが、このころはまだ何といっても呑気《のんき》だった。当時幕府の中には本書の危険性を認めたものもあったが、直接反幕府的な表現を用いていないので、つい看過《かんか》してしまった。絅斎は「この書は〝忠〟の一字を天下に宣伝するものなり」といい、また「この書はもって天下の士の護身符となすべし。いやしくもこの書を読むものは、いかなる乱離の世にあるとも、狼狽《ろうばい》することなく、また不忠の念を起すものなからん」とまで極言しているところをみると、自信のほどが思いやられる。このころから〝忠〟という言葉の概念が、はっきりと皇室中心になってきている。というよりも、たれも正面から反対することのできない、この〝忠〟という最高の道徳をかくれ蓑《みの》とし、これに特別の意味をもたせることによって、その中に反幕思想を巧みに織りこんだのである。現在〝愛国〟という言葉がいろんな意味に用いられているのと同じである。

かくて本書は、後に維新の風雪をまきおこした〝志士〟たちの福音《ふくいん》書となり、かれらの行動の原理ともなったのである。竹内式部が公卿《くぎょう》を相手に講義するときにも、本書をテキストに使っているし、式部が流罪《るざい》になった判決理由書の中にも、本書の名がちゃんと出ている。こういった点からいっても、本書の与えた影響は計るべからざるものがある。

そのほか、かれの代表的著作に、「名分論」「正統論」などがある。その中で足利尊氏《たかうじ》、直義《ただよし》兄弟は〝乱臣賊子《らんしんぞくし》〟の巨魁《きょかい》として徹底的にたたかれている。

幕末インテリ気質

浅見絅斎の弟子に若林強斎《わかばやしきょうさい》というのがいた。これまた一生京都に住んで、決して武家に仕えなかった。ある人が「彦根《ひこね》の城下まできてくれまいか」といったら、「夜中なら行ってもいいが、昼間はあの大名の城の白壁が眼について憎らしくてならぬ」といったとか。強斎の楠公《なんこう》崇拝は徹底したもので〝楠公即忠〟という思想をつぎの如くのべている。

「わが国士臣の目当は、かの楠《くすのき》氏の一語の外これなきことなり。平生拙者《へいぜいせっしゃ》、身の守りにもと思うにつき、楠氏を仰ぎ望むの合点にて、書斎を〝望楠《ぼうなん》〟と名づけしなり」

また湊川《みなとがわ》の「嗚呼《ああ》忠臣楠子之墓」を見て、強斎は「忠臣」の二字はよけいなものだともいっている。幕末から明治にかけて、皇室とともに楠公の株が暴騰をつづけた原因は、こういうところにあるといっていいだろう。

ところで、マス・コンミュニケーションのないこの時代の知識人というのは、その数がいたって少なく、医者、神官、僧侶といったようなごく限られた社会層の中からしか出て来なかった。著書といっても、出すのが容易なことではなく、出しても黄表紙物のような通俗ものを除いては、ほとんど金にならなかった。結局大名にでも認められて仕官するか、私塾を開いて弟子をとるしかなかった。大名の有力なブレーンとなって、一藩の政治や政策に大きな発言権をもつところまで行けば別だが、でなければ若干の顧問料をもらう程度にすぎない。そういう口にもありつけないもの、あるいは、それになりたくないというものは、ひどい貧乏生活に耐えて行くというのが、この時代の知識人に課せられた運命であった。

だが、江戸時代も半ばをすぎるころになると、よほど事情が変ってきている。産業が発達するにつれて、都市の商人はもちろん、地方の富農の中にも、この風潮に乗じて新しい企業にのり出し、あるいはこれを兼業して、相当の産をなすものが続々とあらわれた。

こういった身分のものが、その生活にいくらか余裕ができてくると、暇をぬすんでは〝学問〟に志すというものも追々出てきた。それらが民間の私塾をくぐって、新しい思想にふれ、これに共鳴して、ときにはそのパトロンともなった。大名などの場合とちがって、両者の結びつきがさらに強くなると、そこに〝同志〟ともいうべき関係が結ばれた。

こうした層の間に皇室株が歓迎され出したというのは、かれらがもっと自由に驥足《きそく》をのばしうる社会を招来するための精神的な拠《よ》りどころをその中に求めたからである。この風潮が全国的に高まったのはずっと後であるが、この時代にもその萌芽《ほうが》はあらわれていた。

妾腹の〝副将軍〟

大名が学者をかかえるのは、装飾としてか、家庭教師としてか、あるいはせいぜい治世の相談相手になるといったような実利主義的な目的からきている。これに反して現実の権力否定とまで行かなくても、これといくらかでも対立し、批判できるような立場に立って、多くの学者をかかえ出したのが水戸家である。もちろんこれが将来徳川宗家を危殆《きたい》に導くような思想や運動の有力な足場になろうとは、その創始者である水戸光圀《みつくに》はもちろんのこと、その後継者である烈公《れっこう》（斉昭《なりあき》）なども、夢にも考えていなかったにちがいない。

だが、幕府指定の御用学者にうけ入れられない民間学者たちが、この有力なシンパを見出《みいだ》して、飛び立つ思いで馳《は》せ参じたことは、十分想像される。その中には朱舜水《しゅしゅんすい》という中国からの亡命学者も参加した。何分〝御三家〟の一つで後に〝副将軍〟と称した水戸家を庇《ひさし》に戴《いただ》けば、風当りはある程度避けられるし、少々危険思想をもちこんでも大丈夫である。

光圀は十八歳で、「伯夷伝《はくいでん》」を読んで感憤《かんぷん》し、修史に志を立てたというが、親藩のうちでもっとも貧しい水戸家で、しかも身分の低い妾腹《しょうふく》に生れ、「綿衣粗食《めんいそしょく》のうち二婢《ひ》二奴《ぬ》に養育された」光圀の心の底には、反宗家意識が深く根ざしていて、それがこういう形をとってあらわれたのだと見られないこともない。それでなくても不足がちの水戸家三十五万石の約八分の一をこれにつぎこんだのだから、単なる道楽や気まぐれとはいえない。当時この仕事のために抱えられた学者が約百名で、これに百五十石ないし四百石の禄《ろく》が支給された。これで中産階級以上の生活が保証されたわけだ。一人平均二百石として、百名で二万石、これに書籍費、雑費を加えれば、少なくとも四万石を要したろう。貧乏な水戸家にとって、いかにたいへんな事業だったかがわかる。しかもこれによっていつのまにか宗家の礎《いしずえ》が掘りくずされたのである。

権力者の手ぬかり

長州や薩州で勤皇思想が興った原因の一つは、参勤交代の途中しばしば京都を通過したことにあるといわれているが、後には幕府もこれに気がついて、大名行列の京都通過を禁止した。また、関ケ原《せきがはら》を通ると、昔を思い出して復仇《ふっきゅう》の念を新たにする恐れがあるというので、不破《ふわ》の関《せき》の通行を禁じ、鈴鹿越《すずかごえ》の難路を〝官道〟と指定した。これほど神経質に気を配っていながら、湊川《みなとがわ》の通過を認めたのは大きな手ぬかりであった。ここで西国の武士たちは例の碑銘を肝にめいじて、尊皇反幕の血を沸き立たせたのである。

頼山陽《らいさんよう》の詩にも「万世の下一片の石、無数英雄の涙痕《るいこん》を留《とど》む」とうたっているし、吉田松陰《よしだしょういん》も、

「余かつて東遊三たび湊川を経て楠公の墓を拝し、涕涙《ているい》禁ぜず……噫《ああ》余、楠公における骨肉

父子の恩あるに非《あら》ず、師友交遊の親あるに非ず。自らその涙の由《よ》るところを知らざるなり」といっている。恐らく〝一片の石〟でこれほど大きな影響力をもったものはまたとないであろう。それは石の力でもなければ、そこに彫りこまれた文字の力でもない。時の勢いである。封建的な権力組織の桎梏《しっこく》から脱出しようとする人間の意欲である。その証拠に、同じ楠公がそれから百数十年後には、政治的手腕の乏しい田舎武士あつかいされても、別に世間は驚かなくなっている。今となっては楠公も、箪笥《たんす》の底から出てきた戦時公債と変らないのだ。

かつて大原孫三郎《おおはらまごさぶろう》という進歩的な紡績資本家が、多額の金を出して「大原社会問題研究所」というものをつくった。これには高野岩三郎《たかのいわさぶろう》、森戸辰男《もりとたつお》、櫛田民蔵《くしだたみぞう》、久留間鮫造《くるまさめぞう》などという当時一流の社会科学者が大勢聘《へい》せられて、それぞれの専門分野について〝研究〟した。それは資本主義的な社会組織をより良くしたり、より強くしたりするよりは、これを根底から破壊する学問や人間をつくる上に、より多く役立った。聘せられた学者自身はそれほどでもなかったが、その後につづくものの中から、革命的な社会運動家が続出した。将来日本に社会革命が起って人民政府ができるようなことがあれば、大原孫三郎も水戸光圀同様に表彰されるかもしれない。

光圀の学者ぐるい

とにかく光圀が「大日本史」編纂《へんさん》のためにつくった「彰考館《しょうこうかん》」は、当時の社会科学研究所であった。しかも光圀は、大原の場合とちがって、〝副将軍〟自ら学者たちの間に伍《ご》して研究を共にしたのである。したがって、その革命的効果の点では、比べものにならぬといっていいだろう。

彰考館に聘せられた学者の中で、もっとも傑出しているといわれたのは、栗山潜鋒《くりやませんぽう》、三宅《みやけ》観瀾《かんらん》、安積澹泊《あさかたんぱく》の三人であるが、そのうち潜鋒、観瀾の二人は山崎闇斎の門から出ている。もっとも潜鋒の方は、闇斎の門に学んだ桑名松雲《くわなしょううん》の門人で、いわば孫弟子である。潜鋒は二十二歳で光圀に迎えられ、二十七歳で彰考館総裁に任ぜられたというから、驚くべき早熟の秀才である。十八歳のとき八条宮《はちじょうのみや》尚仁《なおひと》親王（後西《ごさい》天皇の第十八皇子）の侍読《じどく》にあげられ、〝友臣〟の待遇をうけた。そのとき書いて親王におくったのが「保建《ほうけん》大記」である。

これは保元《ほうげん》の乱から筆を起し、頼朝が征夷大将軍《せいいたいしょうぐん》になるまでの三十余年の歴史をあつかったもので、政治の実権が朝廷から武家にうつる重大な転換期の〝真相〟を皇室の立場に立って明らかにするというのが、かれらのねらいであった。これを裏返しすれば、徳川幕府の存立の基礎を否定し、くつがえすことになる。観瀾がこれに序文を書いて、北畠親房《きたばたけちかふさ》の「神皇正統記」に匹敵する名著だといっている。

一方、尚仁親王は、幼時から聡明《そうめい》をうたわれた人である。それがこういう〝危険〟な家庭教師について仕込まれたのだから、幕府が見逃す筈《はず》がない。親王がちょっとした病気になって、幕府の医者がすすめる薬をのんだとたんに、危篤に陥って亡くなった。三笠宮《みかさのみや》などもこういう時代に生れなくてよかったといえるだろう。

三宅観瀾は、浅見絅斎の弟子で、闇斎からいうと、これまた孫弟子である。かれの書いた湊川訪問記が光圀の気に入って迎えられたのであるが、それが仕官ぎらいの絅斎先生の気に入らなくて、師弟の関係を絶たれた。それにこの観瀾という男は、前に幕府にも仕えたこともある。

「大日本史」の吉野《よしの》朝の前後はこの観瀾の書いたもので、例によって頼朝を徹底的にやっつけている。革命的な思想は、必ずしも革命的な人物のみによって語られるとは限らない、という一例である。さらにかれは「中興鑑言《ちゅうこうかんげん》」と題する著書で、「源氏時乱に乗じ、奸計《かんけい》によってわが祖宗の土地を盗み、天子をして拱手《きょうしゅ》なす能《あた》わざるにいたらしむ」といっているが、〝源氏〟の代りに〝徳川氏〟を入れても、そのまま通る。光圀が高給をもって聘した学者の中には、こういうオッポチュニストもいたのである。いずれにしても〝曲学阿世《きょくがくあせい》〟というのは、必ずしもその時代の最大の権力に阿《おもね》ることだけを意味するものでないという一つの見本である。第二、第三の権力に加勢したり、次代の権力を予想して先物買いをすることも、立派な〝曲学阿世〟である。

とにかくこの観瀾の「中興鑑言」が浅見絅斎の「靖献遺言《せいけんいげん》」、栗山潜鋒の「保建大記」とともに尊皇論の三名著と呼ばれ、その後勤皇の志士たちの間にバイブルのようにもてはやされたというのを見ても、これにつづく時代の風潮を知ることができる。

勤皇実践派乗り出す

勤皇革命

徳川幕府も九代将軍家重《いえしげ》のころになると、形は元のままでも、すでに全盛期をすぎて下り坂に向っていることがいろんな面にあらわれてきている。天皇株はまだ公然と上場《じょうじょう》するにいたっていないが、幕府のあまり気のつかないところで、盛んに取引され、買い漁《あさ》るものも出てきている。

寛延《かんえん》三年（一七五〇）幕府は「百姓の結党強訴《ごうそ》を禁ず」という布告を出し、さらに「農民の濫《みだ》りに氏《うじ》を称し、刀を帯ぶるを禁ず」ることになったかと思うと、宝暦《ほうれき》四年（一七五四）には久留米《くるめ》領内その他に百姓一揆《いっき》が起り、六年には「米価騰貴《とうき》により密蔵商売するを禁ず」という布告が出ている。こんなふうに禁止命令がやたらに出はじめたことは、封建社会の内部にある矛盾がようやく表面に出てきたことを意味する。

一方幕府の内部では、側衆《そばしゅう》田沼意次《たぬまおきつぐ》が大名に列し（宝暦八年）、政治の腐敗が顕著になってきた。これに呼応するかの如く、勤皇反幕《きんのうはんばく》の思想が、次第に多くの支持者をえて、ついに実践の段階に突入しはじめたのである。いずれの時代にも、そのときの花形株に投資するもの、競馬競輪でいえば本命《ほんめい》をねらって確実に稼ごうとするものは、総じて財力が豊富で、精神的にも余裕のあるものである。ところが、乏しい資力で大穴をねらうものは、これに熱狂的に傾倒し、他人の眼から見ると幾分エクセントリックにうつるものである。勤皇派の学者やその門下生たちについても同じことがいえる。

学問や思想の実践といっても、その形はいろいろで、武力戦にいたるまでにはさまざまな過程があり、段階がある。勤皇思想も、はじめは幕府と併立するような形で、合法的に、あるいは何とでもいいのがれのできるような表現形式で説かれていたが、後には幕府否定の面が段々と強くなり、討幕への行動を示唆するにいたる。これはさらに直接的な実践に入る予備段階だともいえよう。

第二の段階では、反対勢力を実力で打倒するために、時期のはっきりしない実戦への技術的な準備がなされる。武芸を習得したり、戦略戦術を研究したりする程度である。万一つかまって追及されても、目的はただ各自の胸にあるだけで、まだ具体的な実戦のプログラムを立てているわけでないから、証拠不十分でのがれられる可能性がないでもない。

第三段階にいたって、いよいよ武装蜂起《ほうき》その他の具体的な実行計画が秘《ひそ》かに立てられる。

しかし最初に口火をきったものは、後の世には先駆者として表彰されるかもしれぬが、単なる犠牲者として終ることが多い。

第四段階にいたってはじめて雌雄を決する武力戦が開始されるのであるが、その時期が早すぎたり、長びいたりすると、古い闘士はその間にどしどしたおれて、幸運な、あるいはきわめて要領のいい少数のものだけが新しい世界に生き残り、元勲《げんくん》として権力をほしいままにするのである。

〝教組〟竹内式部

革命や大きな変革はたいていこういった段階を経るのであるが、勤皇思想の場合は、竹内《たけのうち》式部《しきぶ》、山県大弐《やまがただいに》などの登場によって、ようやく第二の段階に入り、第三にうつろうとする前に、密告するものがあって、一網打尽にやられてしまったのである。

竹内式部は、生れが越後《えちご》で、医者の息子だということになっているが、異説もあって確かではない。十七、八歳のころ京都に出て、山崎闇斎《あんさい》の弟子の玉木《たまき》葦斎《いさい》について闇斎の垂加流の心髄を学びとった。式部の学問、というよりその人間的な魅力と迫力は、たちまち公卿《くぎょう》たちの間に多くの心酔者をつくった。中でも近習の徳大寺公城《きんむら》、久我敏通《としみち》などは、とりわけ熱心な式部ファンとなった。

わずか七歳で皇位をついだ桃園《ももぞの》天皇は、非常な学問好きであった。何とかしてこの天皇に式部を売り込もうというのが、徳大寺、久我らのねらいだった。

式部の言説は、闇斎派の天皇中心思想をさらにおしすすめて、天皇絶対至上主義を徹底させたものである。

「日本国において、天子ほど貴き御身柄これなく候に、将軍貴しと申す儀は人々も存じ、天子の貴きを存ぜず候」

それでは、どうすればいいのかというと、

「天子より諸臣一等に学問に励み、五常の道備え候わば、天下の万民みなその徳に服して、天子に心をよせ、自然将軍も天下の政権を返上され候ように相成候は必定《ひつじょう》、実に掌《たなごころ》を指すが如く公家の天下に相成り候」

理論は簡単で、要するに学問に励めばいいのだ。そうすれば将軍も自然にその非を悟って政権を返上する気になるから、たちまち公家の天下になるにきまっているというのである。

これで動かされたのだから、そのころの公家の心理と頭の程度がはっきりわかる。そこでまず何をしなければならぬかというと、天皇も公卿ももっと学問をすることが先決問題であるというのである。

「天子御代々、御学問不足、御不徳、臣下関白以下、いずれも非器《ひき》無才故の儀に候」

第一歴代の天皇自身が、学問も徳も足りぬし、臣下も不勉強だから、こういう事態になったというのだ。ここで天皇至上主義は一応学問至上主義にすりかえられている。つまり学問それ自身の必要という形で、式部学説に少年天皇を引張りこむというのがねらいであった。

かくて天皇が十五歳になったとき、式部の弟子の徳大寺、久我などが相談の上、同じ仲間で侍読《じどく》職の地位にある伏原宣条《ふしはらのぶえだ》の口を通じて、式部学説を宮中へもちこむことに成功した。

扇動の手口

それにしても、式部学説がどうしてこうも公卿たちの心をつかんだのかというに、日本史上かつてこれほど徹底した天皇至上主義はなかったからである。少し長いが、かれ独特の表現や論理の運び方を知る上に興味があるから、引用してみることにしよう。

「およそ万物天日のお陰を蒙《こうむ》らざるものなければ、その御子孫の大君は君なり、父なり、天なり、地なれば、この国に生きとしいけるもの、人間はもちろん、鳥獣草木《ちょうじゅうそうもく》にいたるまで、みなこの君をうやまい尊び、各自の才能をつくして御用に立て、二心なく奉公し奉ることなり。故にこの君に背《そむ》くものあれば、親兄弟たりといえども則《すなわ》ちこれを誅《ちゅう》して君に帰することと、わが国の大義なり。いわんや官禄《かんろく》いただく人々は、世にいう三代相伝の主人などというたぐいにあらず、神代より先祖代々の臣下にして、父母兄弟にいたるまで大恩を蒙むる人なれば、その身はもちろん、紙一枚、糸一筋、みな大君のたまものなり。あやまりてわが身のものと思い給うべからず」

これを見てもわかるように、式部という男は、驚くべき天才的アジテーターである。こうまでいわれれば、これまでわずかな捨て扶持《ぶち》をもらってのらりくらりと暮らしてきた公卿たちも、奮起せざるをえまい。その後天皇株が有史以来の高値を呼んだ明治以後においても、かくまで最大限に天皇をもちあげたものは少ない。

こんなふうにまず天皇を最大限にもちあげた後で、この至上至尊《しそん》者に代々奉仕することによって生活してきたものの幸運、幸福、特権を悟らせ、その選良意識をよびおこし、最後にこの皇室が現在陥っている悲惨な状態を訴え、その原因と敵の何たるかを教えて、これを回復することはお前たちの責任であり、義務である、しかもその勝利は決定的であり、お前たちには輝かしい前途が待ちうけている、未来はお前たちのものだ、ということになるのだから、よほど無気力なものか、現実に溺《おぼ》れているものでない限り、心を動かすのは当然である。

ところで、式部の右の文章において、〝大君〟の代りに、〝マルクス〟〝レーニン〟〝スターリン〟を入れてみてはどうか。時代は移り変っても、人間を動かし、決起させる方式とかコツとかいうものは、そう変るものでないことがわかる。

考えてみると、政治の実権も実務ももたない天皇は、多年売りこんだ古いノレンを守るためにのみ、その生活を保証されているのである。いわば一種の金利生活者である。これをとりまく公卿にいたっては、さらにこれに寄生し、徒食《としょく》しているにすぎない。だが、このノレンを必要とするものにとっては、このような重大な〝歴史的使命〟をもたせられるのである。式部も楠木正成《くすのきまさしげ》をかつぐ点では、他の勤皇家と変りはないが、この場合もかれのかつぎ方は一番徹底している。

「楠正成の言葉に、君を怨《うら》むる心起らば、天照大神《あまてらすおおみかみ》の御名を唱うべしとあるも、天照大神の御恩を思い出さば、則ちその御子孫の大君が、たとえいかなるくせごとを仰せ出さるるも、始めより一命をさえ奉りおく身なれば、いかで怨み奉ることあるべきや」

こういう態度は、一つの思想や信仰にすべてをささげているものにはすべてあてはまる。「徳田球一《とくだきゅういち》を怨むる心起らば、マルクス、レーニンの御名を唱うべし」といっても、また「スターリンの志をつぐ徳田や野坂《のさか》がたとえいかなるくせごとを仰せ出さるるも、始めより一命をさえ奉りおく身なれば、いかで怨み奉ることあるべきや」と改めても、別におかしくはない。歴史はいつもこういう形で動かされて行くのである。

ここまでくると、もはや〝学問〟だけではおさまらなくなる。いやかれらのほんとに求めているものは、単なる〝学問〟でなくてその収穫である。それもいたって簡単で、要するにただ徳川幕府を倒しさえすればいいのである。

捏《で》っち上げの〝陰謀〟

そういうところへ藤井右門《ふじいうもん》なる人物が登場してきた。かれは元富山の藩士で、京都に出て、はじめは医学や易占を学んだが、後には軍書や武芸に通じ、正親町三条公積《おおぎまちさんじょうきんつむ》の諸大夫《しょだいぶ》になった。

この右門が式部と肝胆相照《かんたんあいて》らす仲となり、式部門下の公卿たちに軍事知識を注入し、実際武芸の手ほどきも行った。式部の方も武芸に秀で、扇子で鉄砲の弾をうちおとしたり、素手で、とんでくる矢をつかみとったりする放れ業をやって見せたという話が残っている。後にかれはその講義の中でも諸葛孔明の事跡を取り入れたりして、兵学がかったこともやり出した。そのため若手の公卿たちの中には、御所の庭で立合いをはじめたりするようになった。狭い京都のことだから、この噂が世間にもれて、次第に大袈裟《おおげさ》に伝えられた。

こういった傾向に対し、責任ある立場に立つものとして、関白一条道香《みちか》は「武辺への聞えも甚だいかがわしく候」と頭痛をやんで、あまり「増長せざるうちに停止候ように取計い然《しか》るべし」と命じた。だが、若い公卿たちは、それでは「右文左武《ゆうぶんさぶ》」(右に文学、左に武芸)という昔からの金言に背くといって憤慨した。かの「日大ギャング事件」の女主人公の〝左《さ》文《ぶみ》〟という名はこの金言から出たものらしいが、左右をとりちがえたものだから、あのようなことになったのかもしれない。

そのころ竹内式部は奉行所に呼び出されて取調べをうけたけれど、立派に申し開きをして、有罪の口実を与えずにすんだ。家宅捜索をうけたり、門下生や隣人が証人に呼ばれたりしたが、〝陰謀〟を裏づけるような証拠は何一つ出なかったので、釈放せざるをえなかった。

そうなると、式部の人気はいよいよ高まった。門人もどしどしふえた。そのうちの約二十人が血判をして、盟約を結ぶところまで行った。

天皇開眼

一方、かれらに対する世間の噂やデマはいよいよ激しく乱れとんだ。武器を買いこんだとか、青楼をアジトにして秘密の会合をもっているとか、賀茂川《かもがわ》の氾濫《はんらん》に際し、水見物に名をかりて謀議をしたとかいったような類《たぐ》いである。事実、それに似たようなこともやったのであろうが、もちろん〝謀反《むほん》〟などといえるものでなかったことは明らかだ。

宮中でも、一時保守派によってしりぞけられた少壮学徒が勢力をもりかえし、十八歳になった青年天皇に景気のいい式部学説を吹きこんだ。そこでついに、式部自身が召されて直接進講するところまで行った。天皇は式部にすっかり惚《ほ》れこんでしまった。

こうなると、前関白一条道香、関白近衛内前《うちさき》などという保守派の老臣たちが、また気をもみ出した。これまでの幕府の仕打を考えれば、老臣たちが心配するのは無理はない。そこで天皇も、かれらの諫言《かんげん》をいれて、式部の講義をきくことだけは断念したけれど、これに代って式部派の公卿たちが「日本書紀」に垂加流の解釈を下して進講することになった。宿望がかなって少壮派は互いに手をとり、涙を流して喜んだ。しかしこの進講の件は、外部には絶対秘密になっていた。

単なる垂加流の学問だけなら、天皇学の上からいうと、課外講話の一種にすぎない。しかし「日本書紀」特にその「神代篇」となると、歴代の天皇にとって一番大切な必修課目である。これにはいろいろ〝秘伝〟があって、それが古くから白川、吉田両家の世襲的な家職になっている。しかるに、徳大寺公城《きんむら》とか西洞院時名《にしのとういんときな》とかいう式部門下の中でもとくにラジカルな連中は、これに式部的解釈を下して進講するのである。天皇にとっては、古くさい世襲的解釈よりは、この方がずっと熱があって魅力的である。だが、白川、吉田両家にしてみれば、これはたいへんな脅威である。下手すると先祖代々うけついできた家職がアガってしまう恐れがある。これを妨害するために、陰で大いに策動し、いろんなデマもとばしたであろうことは想像するにかたくない。

垂加流は差止め

老臣たちは、このままてておくとどんなことが起るかわからぬというので、議奏や伝奏に相談をもちかけたけれど、ラチがあかない。そこで近衛は、先代桜町《さくらまち》天皇の后《きさき》で、桃園天皇にとっては嫡母となっている青綺門院《せいきもんいん》のところへこの話をもちこんだ。

これに対する青綺門院の断案が面白い。まず竹内式部というのはどういう男かときいて、垂加流の学者だと答えると、それなら自分の弟（前右大臣二条宗熙《むねひろ》）も、甥《おい》（右大臣二条宗《むね》基《もと》）も、近頃垂加流に凝っているが、そのためかどっちも気性が荒っぽくなってあつかいかねている、天皇までがそうなっては事だというので、この学問は中止するようにと申し入れた。

これに対して天皇は、母上がそういうならやめざるをえないが、こういうことを外部へもらす奴は断然処分せよといきまいた。その後天皇は、機会あるごとに、式部派の講書復活を願い出たが、青綺門院はどうしてもうんといわぬ。そこで正親町三条公積《おおぎまちさんじょうきんつむ》に命じて、式部派による「日本書紀」の講義を筆記してこっそりもって来いといった。公積は感激の涙を流して、さっそく「神代篇上下抄」をつくって献上した。

翌宝暦八年の正月、お歌会が終ったときに天皇は、関白近衛内前一人だけを後へ残らせて、講書がつづけられないのはまことに残念である。ついては卿《けい》が式部派の西洞院時名から「日本書紀」の講義をきき、後でそれを朕《ちん》に伝えてくれまいかといった。内前はひどく困って、返事しかねていると、天皇は突如声を励まして、「卿はいったい、たれに従うつもりなのか」といった。内前はすっかり面くらって、「もちろん上ご一人に従い奉るほかはございません」と答えるほかはなかった。

それなら青綺門院のところへ行って講書再開の許可をえて来いということになった。そこで一同相談の結果、天皇の望み通り、西洞院に進講させ、内前が監視を兼ねて陪聴《ばいちょう》することに話がまとまった。それも五十日間と日限《にちげん》がきられた。

だが、まもなくそのことが世間に知れ、またも噂が高くなった。一条道香は、西洞院が書物をかかえて内前の後から天皇の部屋に入って行く姿を見かけて、さぐりを入れてみると、噂が事実であることを知った。すぐ内前を訪ねて詰問したところ、内前はやむをえずこれまでのいきさつを説明した。そこで保守派は共同で強硬な申し入れをして、その進講をやめさせた。

その間にも式部門下はますますふえる一方であった。すると世間では、某家では弓箭《ゆみや》を仕入れたとか、他の家では甲冑《かっちゅう》を求めたとかいう噂がひろまった。

これが老臣たちの耳に入って、かれらをすっかり狼狽《ろうばい》させた。もはや非常手段に訴えるほかはないと考えた老臣たちは、竹内式部を告発して、所司代の力で追放を計る一方、天皇の身辺に大粛清を加える決意を固めた。

密書と恋文

この情報が少壮革新派の方に伝わると、かれらは直ちに同志を召集して、いくたびか協議をかさねた結果、この上は天皇に密奏のほかはないときまった。やがて密奏文ができ上った。それは言々句々《げんげんくく》血涙《けつるい》をもってつづられた。

これをうけとった天皇は、ひとりでこっそり読みながら感激に浸っているところへ、その晩奉仕することになっていた曙内侍《あけぼののないし》というのが突然入ってきた。天皇はあわててその密書を机の下にかくした。それを見て内侍は、これはてっきり他の女からきた恋文にちがいないと思った。

そこは女心である。ハレムの中の女奴隷でも嫉妬《しっと》心には変りはない。天皇が部屋をはなれた隙をねらって、その密書を盗み読みした内侍はびっくりした。さっそくその内容を写しとって、青綺門院に密告した。女官というものは、一面においてこういったスパイ的任務をも負わされていたのである。

青綺門院は、さっそく関白近衛内前や小督局《こごうのつぼね》をよんで対策を相談した。

そんなことをちっとも知らぬ天皇は、急に西洞院時名に会いたくなって、すぐ参内させるようにと議奏にいいつけた。議奏はこのことを内前に知らせた。内前はこれはてっきり密議のためにちがいないと考え、さっそく参内して、時名をお召しになる理由をきいた。天皇は、ただ講書のことで少しききたいことがあるだけだといったが、内前の方ではそうは解釈しなかった。

内前はついに意を決して、例の内侍の密告書を差し出した。天皇はそれを見て黙りこんでしまった。かくて時名の参内は中止となった。

側近の暗躍

御所から下る途中、内前は考えた。天皇は時名を無二の忠臣のように考えているが、こういうのが傍にいては、今後事態はいよいよ面倒になるから、むしろ早いとここの男を片づけた方がいいと決心した。その足でさっそく青綺門院を訪ねた内前は、小督局にそれをうちあけて、その下手人になってほしいとたのんだ。手段に毒殺でも呪詛《じゅそ》でも、そちらにまかせるというのである。

小督局は、名を範子《のりこ》といって、西洞院時名にとっては実の叔母《おば》にあたる。それを知っている内前は、いま時名を亡きものにすることは、朝廷のためばかりでなく、西洞院家のためでもある。つまり〝人〟が死ぬことによって〝家〟が助かるのだといった。

局は内心戦慄《せんりつ》を覚えたが、少しも顔にあらわさないで、それでは修験者にたのんで時名を呪い殺させることにしましょう、と引きうけた。

だが、宮中でこういう騒ぎが起っているときに、竹内式部父子は、京都町奉行所に検挙されて、すでに未決に入れられていた。ここにおいて老臣たちはいよいよ狼狽し、この事件の拡大を防ぐには、自分たちの方で先手をうつに限ると考えた。そこで正親町三条公積以下式部派の公卿二十余名の断罪表をつくり、まず青綺門院の内諾をえた上で、天皇にそれをおしつけた。

天皇はそれを見るや、さっと顔色を変えて、黙りこんでしまった。老臣たちは、このままでは累が天皇に及ばぬとも限らぬから、天皇の手でかれらを罰することによって幕府に異心のないことを表明するほかはないといった。若い天皇は真っ赤になり、からだをぶるぶるふるわせて、

「卿等《けいら》、朕が股肱《ここう》を切断せんと欲せば、その意の如くせよ」

といって、突然座を立ってしまった。これで式部派の公卿二十余名の罪は決したのである。

これまでのいわゆる〝勅裁〟の中には、こういう形式もあるということを国民は頭に入れておく必要がある。

この場合の老臣たちの処置は、確かに天皇をおもんぱかってではあるが、同時にかれら自

身の保身策から出たものであることはいうまでもない。後で幕府から、こういう処分を勝手にやられては困るという抗議が出たとき、老臣たちは少壮派をかばうどころか、逆にかれらの〝罪〟を大げさにあばき立てて、陳弁これつとめたのを見てもわかる。今でも官庁で、部下から思想犯の容疑者などが出た場合に、老獪《ろうかい》な古手官僚がよく使う手である。

一方式部の方は、検挙されたのは宝暦八年七月だが、翌九年五月になって、やっと重追放に処せられた。その判決理由というのを見ると、「日本書紀」の講義を、それ専門の家があるのにやったのが悪い。たとえ相手が「相望まれ候とも、相断り申すべきところ」だというのである。そのほか堂上方の集まっているところへ「まかりこし酒宴いたし候」とか、「すべて教え方宜《よろ》しからず候」とかいった調子で、今の人ならふき出したくなるようなことが理由になっている。しかし、現代でも、例えばチャタレー裁判で、内容は立派な文学だが、売る方法が悪いから有罪である、などという判決が行われているのを、後代の人が読んだら、やはりふき出すにちがいない。

もっとも〝重追放〟といっても、山城その他指定された国々に住居してはならぬというだけである。そこで式部は指定外の伊勢に移り住んだ。それから三年後に、この若くて野心的な天皇は、二十二歳でこの世を去った。普通の死に方ではなかったかもしれない。

山県大弐のレジスタンス

その後に登場した山県大弐《やまがただいに》になると、その学問、思想がより実践的になり、さらに軍事的な性格を加えてきている。

大弐は甲州の郷士《ごうし》の出身で、山崎闇斎の流れをくむ甲州山王権現《さんのうごんげん》の禰宜《ねぎ》について学び、さらに軍学、天文、地理などを修めたうえ、宝暦六年江戸に出て兵書を講じた。その代表的著作「柳子新論《りゅうしろん》」は、地中に埋めてあったのをかれが偶然掘り出したもので、おそらく織田信長時代の作だろうという鑑定を自分で下した。他人の著作を盗んで自分の名で出すものがある一方、逆に自分の著作を別人の名で発表するというのも、古くから用いられている手である。昭和初年に右翼的な農本《のうほん》思想を唱え出した権藤成卿《ごんどうせいきょう》の如きも、「南淵書《なんえんしょ》」なるものをこれまで門外不出になっていた家伝としてもち出した。しかしかれの家族のものが、そんなものは名前も知らぬといったので、成卿の売名を目的とする偽作だと知れた。最近では渡辺《わたなべ》慧《さとし》が〝アンパニウス〟という名で、「原子党宣言」なるものを出したが、これは明らかに戯《げ》作《さく》である。

これらとちがって大弐の場合は、きびしい政府の検閲網をくぐるためには、こういう手段を選ばざるをえなかったのであろう。江戸時代の歌舞伎や浄瑠璃《じょうるり》には、鎌倉、足利時代の名前をもった人物が盛んに登場してくるのと同じ手法である。

大弐の思想的立場は、松宮観山《まつみやかんざん》との論争にもっともよくあらわれている。武家が政権をとっても皇室は安泰だし、国民も喜んでいるのだから、こういう時勢というものを認めなければならぬというのが観山の立場で、皇室がこう衰えていては安泰とはいえぬというのが大弐の主張である。要するに幕府の独裁的支配下にある現実をそのまま肯定するか否かにかかっているわけだ。

幕府のお膝下《ひざもと》の江戸で、大弐はこれだけはっきりと幕府否定の態度を表明したのである。しかもそれがたいへんな人気を呼び、門人が三千人に達したというのも、これまた〝時勢〟である。

酒席の一言

この大弐の家に、前の式部事件の際にはうまくのがれた藤井右門が訪ねてきて、変名で泊りこみ、酒の上で大いに気焔《きえん》をあげた。それが密告されて、ついに大弐もろとも処刑されたのである。式部もそのとばっちりを喰《く》って、八丈島《はちじょうじま》に流されることになり、その途中三宅島《みやけじま》で亡くなった。

竹内式部には、どこか由比正雪《ゆいしょうせつ》を想わせるところがある。式部が正雪なら、丸橋忠弥《まるばしちゅうや》は大弐か右門かということになるが、いずれにしてもこれら一連の学者は、狂信に近い強い信念をもった実践的思想家であり、幕府がまだそれほど権威を失っていない時代に、その所信を堂々とのべる勇気をもっていたのである。

かれらは天皇株にいちはやく目をつけたのはいいが、買う時期が少し早すぎて、後年の素晴らしい値上りを見ないうちに家産を蕩尽《とうじん》した形である。それにしても、正雪の武装蜂起は、単なる一時的な暴動に終ったが、式部、大弐の場合は、その志をうけつぐものが後から後からあらわれて、雪だるまのように大きくなって行った。正雪の場合はかれらの個人的野望にすぎなかったけれど、勤皇流の学者は、皇室という古い見ごとな〝玉〟を宣伝し、売りひろめたのである。

だが、そのころから幕府は、ようやく〝危険〟を現実的に感じ出した。取締りもきびしくなり、実際的になった。もはや表現や形式の上のカムフラージュに瞞《だま》されなくなった。

勤皇行商人

その後、皇室や勤皇派にとっては、江戸二百六十余年間の中でももっとも〝暗い谷間〟の時代がしばらくつづいた。この時代に活躍したのが高山彦九郎《たかやまひこくろう》、林子平《はやししへい》、蒲生君平《がもうくんぺい》の三人である。かれらはいずれも皇室株が底をついた時代に、死にもの狂いになって、これが買い方をあおって歩いたのだから、世間からみればいずれも明らかに奇人であり、変人であり、狂人でもあったろう。とくに高山においてこの傾向が強い。

高山は上州《じょうしゅう》の産で、十三歳のときに「太平記」を読んで感憤したというが、先祖が新田義《にったよし》貞《さだ》の部下だったとかいうので、先祖と皇室の特殊なつながりを意識することから始まったのであろう。十八歳で京都に出て学問をしたというけれど、かれの知識といえば「太平記」と「論語」ぐらいのもので、暇さえあれば全国勤皇派の大小株主たちの間をまわり、日本の現状を憂え、来るべき天皇株の暴騰を夢みながら感激の涙に浸ることに無上の快感を覚えていたらしい。かれの伝記を読むと、いたるところで、始終感泣し、流涕《りゅうてい》している。かれと親交のあった藤田《ふじた》幽谷《ゆうこく》も、かれを憐《あわ》れみ、かれの学問のことにはちっともふれないで、「高節の俠漢《きょうかん》」と一応肩をもってはいるが、早く国へ帰ってもっと本でも読むか、畑でも耕した方がいいと忠告している。林子平にいたってはさらに手きびしく、「彼、泣癖あるのみ。泣のほか、計の出《い》ずるところなし」といっている。

珍しい大男で、天神さまのような鬚《あごひげ》をはやし、眼がランランと輝いていた彦九郎は、あるとき山中で泥棒にあって、物凄《ものすご》く大きな声でどなりつけたら、泥棒は天狗《てんぐ》だと思って逃げ出したという。奥州から九州の涯《はて》まで足跡を全国に残し、当時の名士とはたいてい会っていた。歴代天皇の諱《いみな》から山陵まですっかり暗記していて、一つもまちがいがないというので、菅茶《かんさ》山《ざん》も舌をまいているが、明らかにパラノイアである。寛政五年（一七九三）久留米の旅先で発狂自殺して、かれらしい最期をとげた。かれの生涯は、皮肉な見方をすれば〝勤皇行商人〟であった。

林子平は、彦九郎に劣らぬ売名家であった。ただし幕府の書物奉行の倅《せがれ》だけに、国防の必要を絶叫しただけで、皇室とはそれほど深い関係がない。

これに反して蒲生君平の方は、先祖は蒲生氏郷《うじさと》から出ているというので、やはり「太平記」を読んで皇室に傾倒し、全国の陵墓《りょうぼ》を調べて歩いた。昔は皇室株がいかに高かったかを裏づける物的証拠として、そのころまで残っていたのは陵墓くらいのものだから、確かに眼のつけどころはいい。だがかれは根が商人だけに、彦九郎のように気狂いじみた皇室一辺倒ではなくて、幕府と両建《りょうだて》であった。いちはやく国防の急務を説き、これと勤皇思想とを結びつけている点に、君平の先駆者的な性格と独創性がある。次代の日本を席巻《せっけん》した尊皇攘夷《じょうい》の思想の雛型《ひながた》は、この商人出の純民間志士によってつくられたといってもいいだろう。

尊皇攘夷党の台頭

京都お手入れ競争

尊皇攘夷《じょうい》の運動も、決戦期がせまってくると、完全な政治運動となり、武力を背景にした外交戦となる。今の言葉でいえば、〝冷たい戦争〟から〝熱い戦争〟に入りかかったところである。こうなると個々の藩は単独で、または連合して、幕府との決戦に備えなければならない。勤皇派の学者とか志士とかいうのは、そのために必要な持ち駒である。そういった駒をいくつもにぎって自由に動かしているのは、幕府崩壊の近いことを知り、この大きな転換期に有利な地位を確保しようとする有力な諸大名である。あまり有力でない藩に属しているものや、藩の主流に適合せぬ先走った〝志士〟たちは、脱藩のうえ、フリーランサーとしてブローカー的に動くほかはない。

〝尊皇〟ということも、藩の投資対象が、これまでの幕府一辺倒を清算して、朝廷側への切換えをはじめたことにほかならない。それも完全な切換えを完了したというのは少なく、ほとんど両建でできている。

この場合、幕府との取引はすでに二百年以上もつづいているから問題はない。これに反して、朝廷との間はせいぜい公卿《くぎょう》との姻戚《いんせき》関係などによってつながっていたが、それは間接的であって、各藩と朝廷の間に直接の関係を結ぶことは禁止されていた。それがこのころになって直接取引の口座が開かれるようになったのである。これまで貧しい公卿の台所に年々若干の〝お手伝い〟をしてきたのが、今になってやっと生きてきたわけだ。

ここにいたって、各藩とも京都対策というものが、幕府対策以上に重要なものとなってくる。近き将来に皇室株の暴騰は必至と見て、前から取引のある公卿との関係を強化し、これを指定代理店のような形にして、本社との連絡を密にし、情報交換を絶えず行って、市場の急変に備えようというのである。〝京都お手入れ〟と呼ばれているものがこれだ。

それもはじめのうちは、藩主と公卿との間に前からあった姻戚関係の線に沿うて行われた。中でも水戸藩はさすがに京都開拓に先鞭《せんべん》をつけて代々これに力瘤《ちからこぶ》を入れてきただけに〝血〟の交流が盛んである。例えば斉昭《なりあき》の母は烏丸光祖《からすまるみつもと》の孫であり、斉昭の夫人は有栖川宮織仁《ありすがわのみやおりひと》親王の娘である。また斉昭の二人の姉は、二条斉敬《なりゆき》と鷹司政通《たかつかさまさみち》に嫁している。同様に薩摩《さつま》は近衛家とは代々特別の関係を結んでいる。

バスに乗り遅れるな

そういう持ち駒のある藩はいいが、そうでない藩は、このような情勢になってくると、あわてざるをえない。翼賛会《よくさん》ができたときと同じで、いずれもバスに乗りおくれまいと必死である。

藩主がこの情勢に気がつかないで、徳川政権がまだまだつづくものと思ってのんきにかまえているような場合は、その下に仕えている〝志士〟たちは気が気でない。福岡黒田《くろだ》藩の平《ひら》野《の》次《じ》郎《ろう》（国臣《くにおみ》）なども、幕府の命じている長崎警衛《けいえい》はこの際やめて京都警衛に切り換えるべきだと藩主にすすめているが、その中でこんなことをいっている。

「ご覧候え、織田公、豊臣公らもみな皇威を借りて大業も立てられ候ことに御座候」

そこで、藩主や藩の上層分子の保守性が強いところでは、革新的分子は業《ごう》を煮やして飛び出してしまうし、逆に藩主の方で、皇室への投資欲の強いところや皇室との橋渡しをするいい手持駒をもたぬところでは、公卿でも他藩の〝志士〟でも大いに歓迎した。かれらの手や口を借りて、自分たちの考えや意志を朝廷に反映させようというのである。したがって、そのころの京都には、そういった〝勤皇ブローカー〟（当時は〝勤皇問屋〟ともいった）が充満し、右往左往していた。こんどの敗戦で進駐軍が入ってきたとき、日本の財閥や有力商社はこれと同じ騒ぎを演じた。追放や財閥解体に手心を加えてもらったり、特別調達や特需関係の売り込みの便をえるために、二世やあちらの大学を出た日本人などの手づるを求めて狂奔《きょうほん》した。さしあたり二世はこの場合の公卿に相当し、あちらの大学出は、勤皇派の〝志士〟に似た役割を果したのである。

やはり当時の〝志士〟で、後に京都府判事になった世古《せこ》廷世《のぶよ》（格太郎《かくたろう》）は、「銘肝録《めいかんろく》」の中でつぎの如く語っている。

「このころ、有志の諸侯、水府《すいふ》（水戸）をはじめとして、おのおの所縁につきて建白《けんぱく》あり、まず水府は鷹司家へ、御直書《じきしょ》にて申し上げられることたびたびあり。また粟田宮《あわたのみや》（青蓮院《しょうれんいん》宮《のみや》）、三条家へも密々ご通路あり、また尾州《びしゅう》は陽明《ようめい》（近衛）家へ、これも御直書の御往復あり。薩州中将殿（島津斉彬《しまづなりあきら》）陽明公へ御往復にて、実に左府公（近衛忠熙《ただひろ》）の御力となれり。越前は鷹司公、三条公へ、ひそかに通路あり。阿州《あしゅう》も鷹司殿へ御直書建白あり。今年（安政二年）二月二十八日附《づけ》の御文、その忠誠を見るに足れり（松平慶永《よしなが》が京都守護を申し出たこと）。土州《どしゅう》侯、宇和島《うわじま》侯は三条家へ意を通ぜられし。このころは諸藩有志のもの、洛中《らくちゅう》洛外に充満し、或《あるい》は君命をうけて、東使《とうし》（老中堀田《ほった》正睦《まさよし》一行）の形勢、朝廷のご評議を探らんためなり。或は洛外の寺院にひそみ、東使暴に出《い》ずることあらば、打ち入らんなどの密説も聞けり。予は三条家に咫尺《しせき》するにより、諸藩の有志の人、旅寓《りょぐう》に訪ね来り、探索するにはほとんど困れり」

バスに乗りおくれまいとする各藩の努力奮闘ぶりが手にとるようである。近く大幅値上りの風評を伝えきいて兜町《かぶとちょう》へ殺到する金もうけ亡者の群を想わせるものがある。

勤皇ラッシュ

かれらのねらいは、たいてい同じだとみえて、ほとんど近衛と三条に集中している。〝御直書〟というのは、今でいうと直通電話が通じているようなものだ。これでは近衛も三条も、株屋の番頭みたいに、今ならさしずめ二つ三つの受話器を同時にあつかう訓練を必要としたであろう。

まだ主人をもたぬ〝志士〟たちは、何とかして自分を少しでも高く売りこもうとする。スポンサーのついているものは、そこから少しでも多くの機密費、運動費を引き出そうとする。そういった連中で、祇園《ぎおん》その他の青楼はかつてない繁栄を呈したことはいうまでもない。まさに〝勤皇ラッシュ〟である。

橋本左内《はしもとさない》なども、藩主松平慶永の命をうけて京都で暗躍していたのだが、つぎのような密書を藩に送っている。

「かれこれへ賄《まいない》やら、例の御染筆《ごせんぴつ》やら、書籍やらにて、五十金ばかりつかいきり申し候。今後も如何《いかが》か計られず候間、また五十金にても百金にても用意にお廻《まわ》し下さるべく候。

……この地の諸大夫は金子《きんす》も喜び候えども、また道具を喜び候。これはお客をこしらえ売りつけ候あんばい、よって賄には御国より品を取り寄せ申すべく候」

有力な公卿たちにとっては、まさにかき入れどきである。まったく尊攘運動さまさまである。〝志士〟たちの中には、〝安民新政〟などといって、幕吏、両替商、質屋、米屋などの不正をあばき、あるいは、あばくと嚇《おど》かして金品をまきあげるものもあった。いろんな建策や情報をもって宮家や公卿の家に出入りするものも多く、その情報の中にはインチキなものもあり、詐欺に等しい場合も少なくなかった。

こういった風潮を一掃するためにも、幕府はついに非常手段に訴えざるをえなくなった。時の大老井伊《いい》直弼《なおすけ》は、条約勅許《ちょっきょ》問題や将軍継嗣《けいし》問題とからんで、いわゆる〝悪謀〟派に対して一大粛清に乗り出した。それが〝安政の大獄〟である。

悪謀の四天王

当時幕府から〝反逆の四天王〟として目の仇《かたき》にされていたのが、梁川星巌《やながわせいがん》、梅田雲浜《うめだうんぴん》、頼《らい》三樹三郎《みきさぶろう》、池内陶所《いけうちとうしょ》の四人である。この中で朝廷に対する発言権や影響力の一番大きかったのは星巌である。

星巌は〝日本の李白《りはく》〟とも呼ばれ、もともと詩人で、江戸で玉池吟社《ぎょくちぎんしゃ》を主宰して多くの弟子をもってのんきに暮らしていた。四十八歳になって突然京都に移り、そこでたちまち尊攘派学者の雄《ゆう》となり、「悪謀の働き抜群」といわれた。出隆《いでたかし》、森田《もりた》草平《そうへい》、柳田謙十郎《やなぎだけんじゅうろう》などが晩年に共産党に入ったようなものである。

星巌は人間ができていたから、公卿たちの間でも重んじられた。佐久間象山《さくましょうざん》や吉田松陰などの建策は、たいていかれの手を通じて宮廷筋へとどけられた。当時この種の建策や陳情がいかに多かったかは、かれの家ではそういうものをひとまとめにして入れる箱を備えつけて、これに鍵《かぎ》をかけていたというのを見ても想像されよう。

一斉検挙のはじまる直前に、星巌はハモを食ってコレラにかかって死んだということになっているが、三田村鳶魚《みたむらえんぎょ》の説によれば、検挙を予想して服毒したということになっている。

勤皇学者〝梅源〟

雲浜は、星巌のところへ見舞いに行って伝染し、それがもとで獄死したという説もあるが、これはあやしい。拷問で殺されたのがほんとであろう。雲浜といえばすぐ思い出すのは、例の「妻は病床にふし、子は飢に叫ぶ」の詩であるが、これには言葉の少しずつちがったのが幾通りもあり、できた時期についてもいろんな異説がある。安政元年ロシアの軍艦が大阪湾に入ったというので、雲浜は十津川《とつかわ》郷士に推され、その総帥としてこれに斬り込みをかけるべく、家を出る際につくったのだという説。同五年雲浜が幕吏に逮捕されるときにつくったという説。後の場合だと「身は病床にあり」でなければならぬ。まだほかにもいろいろと異説もあるが、元来雲浜という男は、詩文はあまり得意でなかった。この一篇だけは特に演出効果があって、口から口へと伝えられているうちにさまざまに改作され、それにまつわる悲壮な哀話《あいわ》も創作されていったのであろう。

雲浜は若狭《わかさ》小浜《おばま》の産で、山崎闇斎の高弟浅見絅斎の創立した「望楠軒《ぼうなんけん》」の主となった。そのお陰で、公卿たちの間に古くからあった多くの門人をそっくりもらいうけ、一方の勢力となることができた。大酒のみで、粗雑な頭のへんくつ男だが、説得力は相当なものだったらしい。本名が源次郎《げんじろう》というので、〝梅源〟などと、まるで〝徳球《とつきゆう》〟〝水長《みずちよう》〟を想わせる名で呼ばれていた。

〝安政の大獄〟では、井伊の手足となって活躍した長野《ながの》主膳《しゆぜん》の報告によると、「梅田源次郎を召捕候につき、三条殿（実万《さねつむ》）も大分手を引き申され候様子、風聞ばかりにても、右の場にいたり候」といっているが、このときはまだ雲浜はつかまっていなかった。つかまったという噂だけで公卿の上層部は早くも動揺し、転向の気配を見せはじめたというのである。

頼三樹三郎は、山陽の息子だけに、父に似たところを多分にもっていた。昌平黌《しょうへいこう》に入って佐《さ》藤一斎《とういっさい》について学んだが、酒をのむとよく人と口論して刀をぬいた。しかし一度も人を斬ったことがなかったので、〝猫の尻尾《しっぽ》〟などとからかわれた。上野の寛永寺《かんえいじ》に参詣《さんけい》したとき、途中ですっかり酔っぱらい、諸侯の献納した燈籠《とうろう》が気に喰《く》わぬといって、これを足で蹴倒《けたお》した。友人が心配してやめさせようとすると、刀をぬいて追っかけまわした。後でこのことがバレて幕吏につかまり、賄賂《わいろ》をつかませてやっと助かった。かれが後に悔い改めて真面目な男になったというのはまちがいで、最後まで熱血児、悪くいえばルンペン性の強い革命児であった。そして安政六年に処刑された。

裏切った池内大学

最後に、この〝悪謀四天王〟の中で、〝悪謀〟よりはむしろ〝悪玉〟ぶりを発揮したのは池内大学《だいがく》（陶所）であろう。かれだけは〝軽追放〟よりさらに軽い刑ですんだからである。大学は京都の商人の息子で、賢婦人の母の手で育てられたという以外に、くわしいことはわかっていない。恐ろしく頭のいい男で、学問はずばぬけてよくできたらしい。（東洋史の権威で、東大名誉教授文学博士池内宏《ひろし》は大学の孫にあたる）。大学はペルリがきたときいて、さっそく大阪湾防衛論を書いて公卿や水戸家などに配った。するとその直後にロシアの軍艦が大阪湾に入ってきたので、かれの名はたちまち世間にとどろきわたった。

京都の池内の家は、水戸藩の京都駐在員である鵜飼吉左衛門《うがいきちざえもん》の家のすぐ傍にあって、二人は始終往来し、いっしょに青蓮院宮《しょうれんいんのみや》や三条家へ出入りしていた。雲浜がつかまったということをきいて、大学はすぐその足で青蓮院宮を訪ね、旅費をもらって伊勢の方へ逃げた。

幕府はさっそく長州へ追手を差しむけて、かれがつかまらなければその母と妻を獄に下すといっておどかした。そこへ大学が夜中にこっそり帰ってきて、翌日自首して出たのである。そして調べられるままに、何もかもベラベラしゃべってしまったらしい。

その判決文を見ると、「大学は、頼みうけ候儀を入説いたし候までにて、いずれにも事を仕遂ぐべしと肝胆《かんたん》をくだき、奸策《かんさく》をめぐらし候儀にはこれなく」つまり人から頼まれて意見をとりついだだけで、自分から何も計画したわけではないと、ひたすらかれの弁護をしたうえに、かれの功を大いに認めている。

「一旭欠けおちいたし、追って先非を悔いて自訴いたし、殊にこのものの申し口にて、一件のものども、犯科の次第も速かに相わかり候につき、すべて詮議《せんぎ》ごとこれあるとき、同類または加判人らのうちより、さっそく白状致し、これにより謀計のものども、相顕《あいあらわ》るるにおいては、右さっそく白状のものは、本罪相当より一等軽きに申しつくべきこととこれある御定めにて、軽追放より一等軽く、洛中洛外をかまえ、江戸払と御仕置づけ仕《つかまつり》候」

右の文章は、スパイがつかまった場合、もしくはつかまってスパイ化した場合、どういうあつかいをうけるかということの見本である。取調べの役人が、どうすればこの犯人の罪をできるだけ軽くすることができるか、その口実を見つけるために、ずいぶん無理をした跡が見える。それにしても、かつての同志がすべて処刑され、獄門にまでなっているのに、〝軽追放より一等軽い〟判決をうけたのだから、これなら無罪も同然である。

テロ流行り

それから五年後の正月の夜半、大坂の土佐屋敷を出た駕籠《かご》が浪華《なにわ》橋にかかったとき、突如怪漢《かいかん》があらわれて、その駕籠の客に斬りつけた。殺されたのは池内大学で、殺したのは土佐藩で暗殺狂として知られた岡田以蔵《おかだいぞう》であった。大学は土佐藩主山内容堂《やまのうちようどう》に愛され、その日もかれの歓待をうけて出てきたところをねらわれたのである。下手人は大学の首を浪華橋に梟《さら》した。その首の下にはつぎのような〝罰文〟がぶらさがっていた。

「従来高貴の御方々の恩顧をこうむりながら、戊午《ぼご》年の頃は正義の士に従い、種々周旋《しゅうせん》いたしおり候ところ、ついに反覆いたし、奸吏に相通じ、諸藩誠忠の士を斃《たお》し、いやしくも自ら招く罪悪天地に容るべからず。誅戮《ちゅうりく》を加え梟首《きょうしゅ》せしめ候也」

それればかりではない。この死人の耳は両方とも切りとられていた。それが正親町《おおぎまち》三条実《さんじょうさね》愛《なる》と中山忠能《ただやす》の家へ、つぎの手紙とともに一つずつとどけられた。

「戊午以来、千種《ちくさ》、岩倉両卿に同心し、所司代酒井若狭守《さかいわかさのかみ》を輔《たす》け、賄賂を貪《むさぼ》り、しばしば内勅《ないちょく》を下すの罪あり。三日間に現職を退かれずんば、またこの耳のごとくになすべし」

効果てきめん、二人はたちまちふるえ上って議奏の職を辞した。もっともこの下手人の岡田も、その後郷里土佐で何者かに殺されて、その首が雁切《がんきり》という川原に梟された。

これに似たことがその後の日本にも行われていないわけではない。一時はやんだが、これからまた大いに行われる公算大である。この時代と今とちがうところは、こういった個人的なテロばかりでなく、治安維持法、破防法、人民裁判などというもっともらしい名前のついた組織的なテロの盛んなことである。

幕府の朝廷懐柔策

こんなふうにして幕府は、皇室株をあおり立てて釣り上げようとする勤皇ブローカーや予想屋的な尊攘学者、ならびにこれに踊らされている（幕府から見て）公卿や諸藩に対して、時々思いきった大弾圧を加える一方、実は幕府自身でも大いに皇室株の買いつけを始めているのである。他の諸藩の手ののびない前に、市場株の大部分を幕府の手でおさえてしまおうというのである。

安政元年四月、京都御所が炎上した。この年の正月にペルリがまたやってきて、箱館《はこだて》港を開く条約を結ばせられた後だから、攘夷派を封じるのには絶好のチャンスである。幕府はすぐ諸侯や有司《ゆうし》に総出仕を命じ、将軍家定《いえさだ》の名で見舞金や見舞品をどしどしおくった。一方老中阿部《あべ》正弘《まさひろ》を御所再建の総奉行に任じ、こんどは前よりも立派なものにするという宣言を行った。

急に幕府のサービスがよくなったので、天皇もさぞくすぐったいことであったろうが、一応幕府の機敏な処置を賞讃《しょうさん》している。

ところが何分にも「御金蔵お手薄の折柄《おりから》」すなわち幕府もひどい金詰りだったが、といって粗末なものをつくったのでは「天理にも相そむく」ことになる。こういうことはむしろ「万民こぞって資材を貢上」するのがほんとうだという口実のもとに、幕府は造営費二十万二千五百両をそっくり各富豪に割りあてて肩替りさせたのである。

翌二年三月には、砲銃に鋳《い》かえるために全国寺院の梵鐘《ぼんしょう》を供出せよという太平洋戦争末期のような布告が朝廷から出た。しかし一方で幕府は、諸外国に強いられて新しい条約をつぎつぎに結ばざるをえなかった。そこでこの年の暮れに、幕府はまた朝廷に一万両を献金した。こうなると朝廷の攘夷強行論は、少なくとも結果において、恐喝《きょうかつ》に似た性格をおびているとも見られぬことはない。

皇室株争奪戦

安政六年十月、幕府は全公卿に対し、将軍家茂《いえもち》の名で一万両おくった。これが〝安政の大獄〟に対する融和《ゆうわ》策であることは、その少し前に、この事件に際し幕府に協力した九条尚忠に五千石の加増を行っているのを見てもわかる。思いきってこっぴどくぶんなぐった後で、少しばかり飴《あめ》をしゃぶらせようというのである。

さらに文久元年、かねて幕府の望んでいた皇妹和宮《かずのみや》の将軍家茂への降嫁《こうか》が勅許《ちょっきょ》されると同時に、またも幕府は全公卿に対して一万五千両献金した。これを機会に公武合体反対の気運を緩和するための鼻ぐすりである。

だが、こんなふうに急に皇室株を買いはじめたのは、なにも幕府だけではない。文久二年十月、薩摩の島津藩は、皇室に一万石の米を献上している。琉球《りゅうきゅう》との間だけに通用させるという条件で、同藩は貨幣を鋳造する特権を獲得し、そのお礼の意味も兼ねて行われたのであるが、これで薩摩藩はしこたまもうけて、維新の変革に際し大きな発言権を確保するための政治資金や軍事費をひねり出した。

こうなると長州も黙って見てはいない。翌三年六月、朝廷に金一万両を献じた。目的は薩摩との宮廷内におけるヘゲモニー争奪戦を有利に導くことにあるのはいうまでもない。

さらに一か月おくれて七月には、幕府が十五万俵を献上して薩長との間に大きな開きを見せた。これによって下級公卿たちの収入がたちまち三倍ぐらいにハネ上ったという。それからちょうど一か月後の八月十八日に起ったクーデターに際し、会津《あいづ》と薩摩の右派連合が、左派の公卿とこれをバックアップする長州派を駆逐したのを見ても、この十五万俵がどんなにきいたかがわかる。

このころは、まさに勤皇競争ともいうべき時代で、幕府までがこれに参加した、というよりもこれをリードした形である。こういうことになったのは、この面でも幕府が他の雄藩《ゆうはん》をおさえようとしたからであるが、また一つには、孝明《こうめい》天皇がどっちかというと右派で、これならうまく話合いがつくと、幕府の方でタカをくくっていたためだ。

その後天皇が急死して、毒殺説が起ったのも、天皇の漸進《ぜんしん》主義が一部急進派にあきたらなく思われていたところからきている。

だが、一般群小諸藩は、どっちの株を買っていいかわからず、もっぱら洞ケ峠《ほらがとうげ》に立って、形勢を観望していた。関ケ原役の経験からいっても、実力の伴わぬものは、なまじいずれか一方に深入りしないのが一番安全だと考えていたのである。

間引かれた御子様

家康の皇室統制

徳川家康の定めた「禁中並びに公家《くげ》諸法度《しょはっと》」では、親王を〝三公〟の下にすえたことは前にのべた。しかし〝親王〟というのは、天皇にもっとも〝親しい〟存在を意味する。したがってその地位は、当然天皇に次ぐものでなければならぬ。事実また古い時代には、親王の礼遇は、臣下の最上である太政大臣《だいじょう》と対等であった。つまり〝至尊《しそん》〟の天皇から下ってきたものと、下から実力・功績・家柄（これは主として父祖の功績に基づく）などによって登りつめたものとが、ここで接線をつくって一応〝対等〟ということになったのである。しかし政治上その他の実権はさておいて、親王の称号と身分は、官位と比較できぬもの、天皇につぐ神格をおびたものとして、別あつかいをうけてきたことはいうまでもない。元旦《がんたん》の節会《せちえ》その他宮中の大礼においても、親王は太政大臣とともに、左右の最首位に座をしめたのである。

家康が親王を〝三公〟以下に格づけしたということは、大坂城を攻めるのに、まず外濠《そとぼり》を埋めさせたのと同様の政策的意図から出たものである。これで皇室を守る城壁の一角は完全にくずされたのだ。

こうすれば将軍が親王の上に立つことはごく簡単である。すなわち将軍が大臣の位につきさえすればいいのだ。こうして天皇の身辺にいる親王たちを思うように操って行こうというのが、皇室に対する幕府の基本政策であった。

そこで将軍家の代がわりとか、将軍が大臣に任ぜられた場合とかには、親王の方からわざわざ江戸に下って、将軍に祝いの言葉をのべねばならなかった。また新たに親王家を相続したときも、お礼のために江戸に下るというふうであった。

天皇多産番付

親王外の諸王にしても、昔は諸臣以上の礼をもって遇せられていた。親王同様に、賦役《ふえき》を免ぜられ、訴訟ごとが起きたり罪を犯したりしたような場合にも、特別あつかいの恩典に浴することができた。諸王は少なくとも五位以上に叙し、官をやめても季節のかわり目には宮中から使を出して安否を問われ、死ねば御下賜《ごかし》の金品が頂けるのであった。

しかし、それも平安朝までのことで、その後はこういった扱いをうける範囲は次第に狭められ、後には、皇親でも天皇に非常に近いものか特別の地位や才能をもったものに限定されてしまった。その原因は、第一に皇室自身の実権が失われたことである。

藤原氏がどのように専横をきわめたといっても、それはまだ、皇室をめぐる衛星群にすぎなかった。政治の実権が武家の手に移ってしまうと、天皇そのものは単なる儀礼的、装飾的存在か、でなければ力と力の結び目、もしくはその間の緩衝《かんしょう》地帯にすぎない。天皇自身がこんな風だとすれば、同じ〝血〟に基づく特権が、親王や諸王の末端にまで及ぶ筈《はず》がない。すべて特権というものは、つねに〝力〟によって創られ、守られるものである。

第二に、桓武《かんむ》天皇（七八一年）以後、驚くべき多産系の天皇がつづいたことである。景行《けいこう》天皇のような、神話的人物の場合は別として、試みに桓武以後醍醐《だいご》にいたる十一代の間に、一人一人の天皇がつくった子供の数を調べてみると、つぎのような結果となる。

皇位	天皇名	王子（人）	王女（人）	小計（人）	侍妾《じしょう》数（人）注
第五十代	桓武天皇	一七	一九	三六	二六
第五十一代	平城《へいぜい》天皇	三	四	七	七
第五十二代	嵯峨《さが》天皇	二三	二七	五〇	三三
第五十三代	淳和《じゅんな》天皇	八	八	一六	一三

第五十四代　仁明《にんみょう》天皇	一五	九	二四	一五
第五十五代　文徳《もんとく》天皇	一三	一八	三一	二三
第五十六代　清和《せいわ》天皇	一四	五	一九	二五
第五十七代　陽成《ようぜい》天皇	七	二	九	七
第五十八代　光孝《こうこう》天皇	二三	二三	四六	二五
第五十九代　宇多《うだ》天皇	一二	一〇	二二	一四
第六十代　醍醐天皇	二〇	一八	三八	一八
総　計	一五五	一四三	二九八	二〇六
平均値　天皇一人当り	一四・一	一三・〇	二七・一	一八・七

〔注〕侍妾数は「雲上御系譜皇統篇」に記載されているものに限り、皇后、妃、嬪《ひん》、夫人、女御、女孺《にょうじゅ》、更衣、等をはじめ、〝母某氏某女〟あるいは〝母不詳〟として出ているものも含めた総数である。

桓武天皇が第一皇子（平城天皇）をつくった宝亀《ほうき》五年（七七四）から、醍醐天皇の子供で生年の記録に残っている最後のもの、すなわち源朝臣為明《みなもとのあそんためあきら》の生れた応和《おうわ》元年（九六一）にいたる百八十八年間に十一代の天皇が、二〇六人の女から二九八人の子供をつくっている。

天皇一人あたりについていえば、平均一八・七人の侍妾（皇后をふくむ）をもって、平均二七・一人の子供をつくったことになる。

皇族一億六千万

幕府は皇族のことを〝皇親〟といったが、これらはすべて直系皇親である。もしもこれらの皇親の一人々々が准天皇的な待遇をうけて、これらの天皇と同じような生産力を示した場合には、いったいどういうことになるであろうか。

第一世二九八人がそれぞれ平均二七・一人の子供をつくったとすれば、八、〇七五人となり、これがさらに平均二七・一人の子供をつくると二一八、八五四人すなわち三世でもって二十万を突破する。この調子で四世になると五九三〇、九四八人、五世では一六〇、七二八、六九八人、すなわち一億六千万人で、現在の日本の総人口の約二倍にあたる。

大宝令《たいほうりよう》では、天皇の兄弟姉妹と皇子皇女だけが親王で、二世から五世までは王と名のってもいいが、皇親すなわち皇族の中に入るのは四世までとなっていた。しかるに明治二十二年に制定された皇室典範においては、四世までが親王で、五世以下でも王として皇族の中に加えられているのである。これを前にあげた数字に適用すると、親王および内親王五九三万、王を五世までにとどめるとしても、一億六千万の皇族が二百年足らずの間にできることになる。

もちろんこれは架空的な数字であって、現実にはいろいろと他の因子が作用して、なかなかそうはならないであろう。だが、これは決して単なる数字の遊戯ではない。〝竹の園生《そのう》〟の繁栄を縦にばかりでなく、横にまでひろげて行くとすれば、そこまで行く可能性があるということを示したまでである。

それは別問題として、とにかく桓武から醍醐にいたる十一代の間に、直系皇親だけでも約三百人できたのである。かれらは果してどのように処理されたであろうか。

皇族の位階と待遇

それについて語る前に、皇親たちの位階《いかい》に関する制度を明らかにしておかねばならぬ。当時の位階は、後代のような飾りものでなくて、実生活と深いつながりをもっていたからである。

大宝令によると、親王の位階は、臣下とちがって〝品《ほん》〟といい、一品《いっぽん》から四品《しほん》までである。今でも使っている〝品位〟とか〝品がいい〟とかいうのは、これと関連した言葉である。親王の品位は四品から順次上って行くのが原則だが、長子や皇后の腹から生れた親王は、はじめから三品《さんぼん》に叙せられた。

諸王の方は臣下なみの位階で、親王の子すなわち王孫は従四位下《じゅしいげ》に、それから先の三世、四世、五世までは従五位下に、五世の嫡子は正六位上、庶子はその下の正六位下に叙せられることになっていた。

つぎに親王たちの生活の基礎になっていた封禄《ほうろく》であるが、これは品封《ほんぷ》、品田《ほんでん》、時服《じふく》、月料《げつりよう》の四種にわかれていた。品封というのは品位についている民家、すなわち一種の農奴のことで、一品八百戸《こ》から四品三百戸まであり、内親王はその半分になっていた。これらの農奴が納める各種の貢物はそっくり入るわけだ。品田の方は、一品八十町《ちよう》から四品四十町までにわかれ、内親王はその三分の二しかもらえなかった。

時服というのは、まだ品のついていない親王や内親王に与えられるもので、叙品とともにこれは差止められる。その額は延喜式《えんぎしき》によると、絹五十四、細布《さいふ》四十七反《たん》余、冬には特に若干の綿がもらえた。

月料というのは月々の手当で、これも当時は現物給与である。有品《ゆうほん》の親王には、塩五十石《こく》、油六斗《と》、薪炭《しんたん》若干、無品《むほん》の親王および内親王となると、毎日米五升《しよう》、醬《しよう》四合、未醬《みそ》二合、塩五合というふうに、ひどくみみっちくなってくる。

これらの収入を当時の所得の基本になっていた稲に換算すると、一品親王家の総収入は年に約十万束《そく》になる。一束の米は五升に当るというから、およそ五千石になる。四品親王の場合はその約半額である。

これらの四種の封禄は、別に何にもしなくても親王という身分に対して与えられるもので、何か官職につけば、その職に応じて職封《しきふ》職田《しきでん》から馬料までがつくのである。

諸王の場合も、その位階に応じて、位田《いでん》、位禄《いろく》、時服がつき、任官すれば職封や職田のつくことは、親王の場合と同じである。ただその中身が一段と落ちるだけだ。

ところで、この規定を前にのべた二九八人の直系皇子や皇女から皇孫あたりにまで適用するとなれば、これはたいへんである。いや、まったく不可能である。そこで、どうしても皇親の数を制限するとともにその待遇を改めることが必要になってくる。

聖武《しょうむ》天皇の天平《てんぴょう》五年（七三三）に諸王二百十三人を御所の前にあつめて米塩を賜わったと「続日本紀《しょくにほんぎ》」に出ているが、清和《せいわ》天皇の貞観《じょうがん》十二年（八七〇）に、時服をもらえる諸王を四百二十九人に限定し、死んで欠員ができれば、年をとったものから順次補充することにきめた。同様に女王も二百六十二人ということになった。それにしても平安朝時代の推定全国人口三百八十万人から見ると、相当大きな数である。その後皇室の衰微とともに、こういった制度が次第にすたれ、鎌倉時代以後、跡形もなくなってしまったのは、むしろ当然の成り行きといわねばならぬ。

臣籍降下

ところで、成人した皇親を処理する一番簡単な方法は、姓を与えて皇親の籍から外してしまうことである。

明治以前には、一般人民には姓というものはなかった。姓は個人でなくて〝家〟についているものだが、かれらには〝家〟が認められなかったのである。個々の家畜を識別する必要が生じた場合に、名前をつけることがあっても、姓までつけるには及ばぬというのと同じ考えから出たものである。だが、姓をもたぬのは百姓、町人だけではなかった。僧侶《そうりょ》にもなかった。これは人間の世界を離脱したものと認められたからであろう。

もう一つ姓のない人間の一群がいた。これは皇族で、かれらは〝雲上人《うんじょうびと》〟とも呼ばれ、前にものべたように、神々の部類に属するものと考えられていたからである。ところがその神々の世界が、人口過剰になってくると、どうしても一部のものは気の毒だが下界へおりてもらわねばならない。これがいわゆる〝臣籍降下《しんせきこうか》〟である。しかし、下界で人民どもの仲間入りをしても、その出身を示すバッジのようなものをつけて、後々までも普通の人民と区別する必要がある。その目的と必要から生れたのが〝賜姓《しせい》〟である。

延暦《えんりやく》六年（七八七）桓武天皇は、先帝の子供と自分の子供に姓を与えて臣籍に移した。これが皇子で姓をえた最初の例である。二人とも父が帝位にまだつかなかったときの子供で、生母の身分が低く、他の皇子と同列にあつかうわけに行かなかったから、まっさきに下界へおろされたわけだ。

ついで、大量生産にかけては桓武の記録を破った嵯峨《さが》天皇が、弘仁《こうにん》五年に八人の皇子皇女をひとまとめにして〝源朝臣《みなもとのあそん》〟の姓を与えた。この中で一番年長の、といってもまだ十六歳だが、信《まこと》というのを戸主にして一家を創立させた。その際「辱累二封邑一、空費二府庫一朕傷レ于レ懐」と詔《みことのり》しているが、要するにこう費用がかかってはどうにもならぬというのである。その後まもなく十三人の皇子と十一人の皇女にも、やはり源姓を与えている。五十人も生れたのでは、こうでもするほかはなかったのであろう。生れ出たものを間引くこともできぬので、皇族の中から間引いたわけだ。

その後の天皇もすべてこれにならった。いずれも源姓で、やがてそれが九十八人に達した。この姓は皇族独占で、したがって神聖視され、〝元皇族〟という標識の役目を果す時代が相当長くつづいた。この名にふさわしくない行動をしたものはもちろん、生母の身もちが悪いような場合でも、この姓は与えられなかった。仁明《にんみょう》天皇（八三三）の皇子登《のぼる》は貞朝臣《さだのあそん》を、光《こう》孝《こう》天皇（八八四）の皇子清実《きよみ》は滋水朝臣《よしみずのあそん》を、というように別な姓を授けられた。

皇孫の賜姓は天武《てんむ》天皇の時代からはじまっているが、桓武天皇の皇孫高棟王《たかむねおう》が〝平朝臣《たいらのあそん》〟という姓を授けられた。これが平姓のはじまりである。ついで、平城《へいぜい》天皇の皇孫行平《ゆきひら》、仲平《なかひら》、業平《なりひら》の三人が、〝在原朝臣《ありわらのあそん》〟という姓をもらっている。

こういった調子で、その後皇族、皇胤《こういん》で臣籍に降下するものがどしどしふえて行ったが、それだけではまだ皇族の人口過剰を解消するところまでは行かない。そのために採用されたもう一つの方法は皇族の出家である。

宮門跡と比丘尼御所

姓を与えて臣籍に下すことは、待遇を低下させることができるという点で、いくらか経費節約にはなるが、それにしても当分の間は朝廷の経済的援助が必要である。出家の場合は、古くは持参金のような形で朝廷から土地を寺院に寄進したこともあるが、後には逆に寺院がもっている領地に目をつけて、これに寄生する目的で皇胤をおくりこむことの方が主になった。それに男でも女でも出家すれば、例外もあるが原則として、皇胤を再生産しないですみ、これが皇族の人口制限にかなり大きな役割を果したことは争えない。

中世以後、武家の台頭に伴って宮廷の実権が失われて行くとともに、皇族の出家はますます盛んになった。後には、皇位または宮家を継承しなければならぬ親王を除いて、皇子皇女のほとんどすべてが出家するというところまで行った。一筋の〝血〟の流れを維持して行くことがやっとで、豊富なスペアをふだんから用意しておくなどということは、昔の夢になったのである。

寺院の方でも、親王その他の皇胤を院主に迎えると、その寺院は〝門跡《もんぜき》〟ということになって、たちまち最高の格づけがなされるのだからまんざら悪くはなかった。他の寺院や檀徒《だんと》たちに対しても肩身が広いわけだ。また寺紋に菊の紋章を伝えたり、その他いろんな特典も与えられていた。

内親王や王女を迎えた寺院は〝比丘尼《びくに》御所〟といって、尼寺の中では最高の地位を占めていた。こういうものがいつ頃からできたのかはっきりしないが、縁切寺として有名な鎌倉の東慶寺《とうけいじ》などは、その中でももっとも古いものの一つである。後醍醐天皇の皇女用堂尼《ようどうに》が、この寺の五世住職となっている。ただしこの寺は門跡ではない。

門跡寺院として特に有名なのは輪王寺《りんのうじ》である。これは家康のブレーン・トラストの中でも最高の地位を占め、傑僧《けっそう》とも怪僧《かいそう》ともいわれた天海が、日光《にっこう》および上野山内に再興したものである。その跡に後《ご》水尾《みずのお》天皇の第三皇子一品守澄《いっぽんしゅちょう》法親王が坐《すわ》るにおよんで、非常な勢威をふるい、一種治外法権的な特権を与えられていた。徳川中期には閑院宮《かんいんのみや》から、末期には有栖川宮から出て、その跡をつぎ、最後の輪王寺宮が維新後に還俗《げんぞく》して北白川宮能久《きたしらかわのみやよしひさ》親王となった。ところで、これら門跡寺院の中で、親王を主とするものを〝宮門跡《みやもんぜき》〟、比丘尼御所を〝尼門跡《あまもんぜき》〟ともいった。その主なるものは、

区分	寺院名	宗旨	所在地	所領(石)
宮門跡	輪王寺	天台宗	東京・日光	一三、〇〇〇
	三《さん》宝《ぼう》院《いん》	真言宗	京都	三、九九八
	妙《みょう》法《ほう》院《いん》	天台宗	京都	一、六三三
	仁《にん》和《な》寺《じ》	真言宗	京都	一、五〇二
	一《いち》乗《じょう》院《いん》	法相宗	(奈良)	一、四九二
	聖《しょう》護《ご》院《いん》	天台宗	京都	一、四三〇
	青《しょう》蓮《れん》院《いん》	天台宗	京都	一、三三二
	知《ち》恩《おん》院《いん》	浄土宗	京都	一、〇八〇
	毘《び》沙《しゃ》門《もん》堂《どう》	天台宗	京都	一、〇七〇
	大《だい》覚《かく》寺《じ》	真言宗	京都	一、〇一六
尼門跡	曇《どん》華《げ》院《いん》	臨済宗	京都	六八四
	大《だい》聖《しょう》寺《じ》	臨済宗	京都	四五二
	宝《ほう》鏡《きょう》寺《じ》	臨済宗	京都	三八七

（比丘尼御所）

光《こう》照《しょう》院《いん》	浄土宗	京都	三二八
林《りん》丘《きゅう》寺《じ》	臨済宗	京都	三〇〇
霊《れい》鑑《かん》寺《じ》	臨済宗	京都	一二〇
中《ちゅう》宮《ぐう》寺《じ》	真言宗	奈良	四六

これでみると、宮門跡の方では、輪王寺の一万三千石がずばぬけて多く、他はほとんど千石台、尼門跡では曇華《どんげ》院《いん》の六百八十四石を最高に、だいたい三百石前後というところである。有力な門跡寺院は、このほかにもいろんな特権をもっていた。大覚寺の如きは、石高は少ないが〝嵯峨御所〟と称し、その付近一帯を支配下においていた。いわゆる〝守護使不入〟で、幕府権力の及ばない面があった。また白洲《しらす》や牢屋《ろうや》もあって、領内の裁判権をある程度にぎっていた。これは余談だが、大覚寺は同宗の仁和寺とともに、いずれも〝門跡随一〟と称して猛烈な争覇戦を演じたものだ。有名な広沢池《ひろさわのいけ》の漁業権についても、両寺が絶えず争って、訴訟が長くつづいたけれど、寺社奉行でも手の下しようがなかった。

御子様方の生きる道

新井白石の「折たく柴《しば》の記」、中井《なかい》竹山《ちくざん》の「草茅《そうぼう》危言」などでは、出家する皇族たちにいたく同情した意見をのべているが、その頃の宮家の経済状態を見ると、いやでも出家せざるをえなかったことがわかる。徳川末期まで残っていた四宮家の石高はつぎの通りである。

(単位石)

桂宮	三、〇〇六
伏見宮	一、〇一六
有栖川宮	一、〇〇〇
閑院宮	一、〇〇〇

伏見宮第二十代の邦家《くにいえ》親王の場合などは、これだけの収入で、八人の侍妾《じしょう》と三十人もの子供を到底養いきれるものでない。明治になって邦家の子供の中から四人の新宮家創始者が出たが、かれらもすべて一度は出家したのである。そのほかの子供たちも、男なら本家もしくは他の家を相続したもの、女なら縁づいたものを除いて、ほとんど全部といっていいくらい〝落飾《らくしょく》〟、すなわち出家している。しかもその大部分は、幼少のときに出家している。早世するか、でなければ早いとこ出家させるというのが、そのころ宮家に生をうけたものには避けがたい運命であったのである。天皇家の場合もやはりその例外ではなかった。

試みに後陽成《ごようぜい》天皇（秀吉・家康時代）以後四代の天皇について調べてみることにしよう（この間に明正《めいしょう》、後光明《ごこうみょう》の両天皇が立っているけれど、前者は女帝、後者は内親王が一人できただけだから省いた）。

天皇名	皇子皇女総数	早世	皇位継承者	他家相続者又は婚姻者	出家者	独身者
第一〇七代　後陽成	二五	六	一	五	一三	〇
第一〇八代　後水尾	三六	一〇	四	五	一六	一
第一一一代　後西	二七	八	〇	四	一四	一
第一一二代　霊元	三二	一三	一	五	一〇	三
計	一二〇	三七	六	一九	五三	五

四代で百二十人、一人平均三十人生んでいるが、そのうち早世三十七人で三一%、出家が五十三人で四四%、これらを合せると九十人で七五%という結果になる。別に独身者が五人いるけれど、これまた人間として完全な生涯を送ったとはいえないから、これを追加するとこの比率はさらに大きくなって八〇%となる。つまり天皇家に生をうけたものの約三割は乳

幼児のころに死亡し、また約五割近くが出家もしくは独身者として不自然な生活に入らねばならなかったのである。

この〝早世〟の中には〝押し殺し〟すなわち嬰児《えいじ》殺しが相当にあったものと見なければならないが、無事に成人したもののみについていうと、八十三人中の五十八人、すなわち六九%が出家または独身で終ったことになる。

結局四代で百二十人の子供をつくっても、皇位を継承したものはわずか六人、すなわち五%にすぎない。〝血〟のスペアとしてはいかに大きな浪費であるかがわかる。

また宮家などを相続した皇子と、皇族もしくは臣下に縁づいた皇女を合せて十九人、天皇一人について約五人の割合である。これに皇位継承者を加えると総計二十五人になり、これだけが天皇の子供の中でも、とにかく人間らしい生活に入ることができたのであって、それは総数の二割にすぎないのである。

落飾哀話

早世というのは自然力による淘汰《とうた》であり、出家や独身は人為的な淘汰である。最後に残った二十五人、すなわち天皇一人についておよそ六人の子供が、天皇家や宮家を相続する上に、すなわち〝血〟のリレーを行う上に、直接役立ったのである。これなら普通の家庭で一人の腹から生れる場合と、実質的にはほとんど変りはない。

動物界を見ると、成長するまでに外敵の襲撃をうけて消耗する率の高いものほど産卵率が高く、多くの子供を産みつけるのが原則になっているけれど、日本の皇室の場合は、これといくらか事情がちがっている。〝血〟の保存を絶対視する精神が、実力を失った後までも幻想的に長く尾を引いて、財政上の限度を無視したやり方が前例となり、ついに制度化されてしまったために、歴代の天皇はこういったおびただしい犠牲、高率の浪費を避けることができなかったのである。これをもってしても、皇室という制度がいかに不自然で、人間性に反したものであるかがわかる。

ところで、〝出家〟というのは、人世の無常を悟ったものが、その後の社会生活を棄権して仏門に入ることだというふうに考えるのが常識である。だが、この時代の出家は決してそんなものではなかった。かれらの前には、社会の門ははじめから固く鎖されていた。いや、人間として生きることを拒否されていたのである。そのことはかれらが出家させられた年齢を見ればよくわかる。

前記四代の天皇がつくった子供たちの出家一覧表を左にかかげる。（＊記録に「誕生、尋《つ》いで落飾」となっていて年齢不明の場合は一歳とした）

天皇名	出生順位	出家者名	出家年齢	出家の年	生存年数
後陽成	1	覚《かく》深《じん》法親王	十四歳	慶長六年	六十一歳
〃	3	承《しょう》快《かい》法親王	十一	〃	十九
〃	6	文《ぶん》高《こう》女王	八	慶長七年	五十
〃	8	尊《そん》英《えい》女王	＊一	慶長三年	十四
〃	10	尊《そん》性《しょう》法親王	十二	慶長十九年	五十
〃	11	堯《ぎょう》然《ねん》法親王	十五	元和元年	六十
〃	13	良純《りょうじゅん》法親王	十六	元和五年	六十六
〃	16	尊《そん》覚《かく》法親王	十一	元和四年	五十四
〃	17	永《えい》宗《そう》女王	十六	寛永元年	八十二
〃	20	道《どう》晃《こう》法親王	十八	寛永二年	六十八
〃	21	道《どう》周《しゅう》法親王	＊一	慶長十八年	二十二
〃	23	尊《そん》清《せい》女王	三十	寛文《かんぶん》十九年	五十七
〃	24	慈《じ》胤《いん》法親王	四	元和七年	八十三

後水尾	7	理《り》昌《しょう》女王	十六	正《しょう》保《ほう》三年	二十六
〃	12	光《みつ》子《こ》内親王	四十七	延《えん》宝《ぽう》八年	九十四
〃	13	守澄法親王	十一	正保元年	四十七
〃	16	性承《しょうじょう》法親王	十一	正保四年	四十二
〃	17	元《げん》昌《しょう》女王	十三	慶《けい》安《あん》二年	二十六
〃	19	宗《そう》澄《ちょう》女王	十六	承《じょう》応《おう》三年	四十
〃	20	性《しょう》真《しん》法親王	十一	慶安二年	五十八
〃	22	堯《ぎょう》恕《じょ》法親王	十一	慶安三年	五十六
〃	24	理《り》忠《ちゅう》女王	十六	明《めい》暦《れき》二年	四十九
〃	28	尊《そん》光《こう》法親王	十二	〃	三十六
〃	30	道《どう》寛《かん》法親王	十	明暦二年	三十
〃	31	真《しん》敬《けい》法親王	十一	万《まん》治《じ》二年	五十八
〃	32	尊《そん》証《しょう》法親王	十	万治三年	四十四
〃	33	盛《せい》胤《いん》法親王	十	〃	三十
〃	35	尊《そん》賀《が》女王	九	寛文二年	三十
〃	36	永《えい》享《こう》女王	十一	寛文七年	三十

後西	5	宗《そう》栄《えい》女王	二十二	延宝七年	六十四
〃	6	永《えい》悟《ご》法親王	十一	寛文九年	十八
〃	7	尊《そん》秀《しゅう》女王	九	寛文七年	六十二
〃	9	義《ぎ》延《えん》法親王	十	寛文十一年	四十五
〃	11	天《てん》真《しん》法親王	十	延宝元年	二十七
〃	14	聖《せい》安《あん》女王	十一	延宝六年	四十五
〃	16	公《こう》弁《べん》法親王	十	〃	四十八
〃	17	道《どう》祐《ゆう》法親王	十一	延宝八年	二十一
〃	19	理《り》豊《ほう》女王	十二	天和《てんな》三年	七十四
〃	21	瑞《ずい》光《こう》女王	十	〃	三十三
〃	22	尊《そん》杲《こう》女王	十二	貞享《じょうきょう》三年	四十五
〃	23	道《どう》尊《そん》法親王	十二	貞享三年	三十一
〃	24	尊《そん》勝《しょう》女王	九	貞享元年	二十八
〃	26	良《りょう》応《おう》法親王	十	貞享四年	三十一
霊元	3	済《さい》深《じん》法親王	十二	天和二年	三十一
〃	4	寛《かん》隆《りゅう》法親王	十二	天和三年	三十六

霊元	10	堯《ぎょう》延《えん》法親王	十一	貞享三年	三十二
〃	11	永《えい》秀《しゅう》女王	十二	貞享五年	四十九
〃	18	性《しょう》応《おう》法親王	十一	元禄《げんろく》十三年	二十三
〃	21	元《げん》秀《しゅう》女王	十二	宝《ほう》永《えい》四年	五十七
〃	24	永《えい》応《おう》女王	九	宝永七年	五十三
〃	29	吉《よし》子《こ》内親王	十九	享保《きょうほう》十七年	四十五
〃	30	尊《そん》胤《いん》法親王	十三	享保十二年	二十五
〃	31	堯《ぎょう》恭《きょう》法親王	十一	〃	四十八

これら五十三人の皇子皇女が出家したときの平均年齢は、十二・五歳である。この中で統計学の原則にしたがって、あまりかけはなれた異例である光子内親王（後水尾天王の第十二子、四十七歳で出家）を除外すると、さらに下まわって平均十一・八歳になる。

　これによって、まず私たちの頭に浮んでくることは、十歳前後の何にも知らぬ少年少女が、紫衣《しえ》や緋衣《ひえ》を着せられて、仏前につくねんと坐っているいたいけな姿である。それはチベットや蒙古の〝活仏《かつぶつ》〟を想わせる。

　しかし、一方ではこれら出家した皇子皇女たちは、生活の上では比較的恵まれていたと見えて、平均して四四・四歳まで生きのびている。この場合にも九十四歳まで生きた光子内親王を除くと、平均四三・四歳になる。それにしても水に流されたり、押し殺されたり、早世したりしたものに比べると、幸運だったともいえる。

ついでに、出家しないで天皇家、宮家その他を相続したり、結婚したりした人々が、それを行った年齢を調べて見よう。

天皇名	皇子・皇女名	出生順位	性別	婚姻又は相続年齢	生存年数
後陽成	清子《きよこ》内親王	5	女	九(歳)	七十二(歳)
	慶長六年鷹司信尚《のぶひさ》(関白)と結婚				
〃	後水尾天皇	7	男	十六	八十五
	慶長十六年後陽成天皇の後を襲祚《しゅうそ》				
〃	近衛信尋《のぶひろ》	9	男	(不明)	五十一
	近衛信尹《のぶただ》(関白)の養子となりその姓を冒す				
〃	好仁《よしひと》親王	13	男	十三	三十六
	元和元年高松宮《たかまつのみや》となる				

後陽成　一条昭良《あきよし》　15　男　四　六十八
　慶長十四年一条内基《うちもと》（関白）の養子となる
〃　貞子《さだこ》内親王　16　女　（不明）　七十
　二条康道《やすみち》（摂政）と結婚
後水尾　文《ぶん》智《ち》女王　1　女　（不明）　七十九
　鷹司教平《のりひら》（関白）と結婚
〃　明正天皇　2　女　七　七十四
　寛永六年後水尾天皇の後を襲祚
〃　昭子《あきこ》内親王　3　女　（不明）　二十七
　近衛尚嗣《ひさつぐ》（関白）と結婚
〃　賀子《よしこ》内親王　8　女　十三　六十五
　正保元年二条光平《みつひら》（摂政）と結婚
〃　後光明天皇　9　男　十一　二十二
　寛永二十年明正天皇の後を襲祚
〃　後西天皇　18　男　十八　四十九
　承応三年後光明天皇の後を襲祚

後水尾　常子《つねこ》内親王　25　女　（不明）　六十二
　近衛基熙《もとひろ》（関白）と結婚
〃　穏《やす》仁《ひと》親王　26　男　十二　二十三
　承応三年智忠《としただ》親王養子となり八条宮を相続
〃　霊《れい》元《げん》天皇　34　男　十　七十九
　寛文三年後西天皇の後を襲祚
後西　長《おさ》仁《ひと》親王　2　男　十二　二十一
　寛文六年八条宮を相続
〃　幸《ゆき》仁《ひと》親王　3　男　十二　四十四
　寛文七年高松宮を相続
〃　益子《ますこ》内親王　15　女　十八　七十
　貞享三年九条輔実《すけざね》（摂政）と結婚
〃　尚《なお》仁《ひと》親王　18　男　五　七十四
　延宝三年八条宮を相続
霊元　憲子《のりこ》内親王　2　女　十五　二十
　天和三年近衛家熙《いえひろ》（摂政）と結婚

霊　元	栄子《まさこ》内親王	5	女	十四	七十四
	貞享三年二条綱平《つなひら》（関白）と結婚				
〃	東《ひがし》山《やま》天皇	7	男	十三	三十五
	貞享四年霊元天皇の後を襲祚				
〃	福子《とみこ》内親王	9	女	十一	三十二
	貞享三年伏見宮邦永《くになが》親王と結婚				
〃	文《あや》仁《ひと》親王	13	男	九	三十二
	元禄九年常盤井《ときわい》宮を相続				
〃	職《より》仁《ひと》親王	28	男	四	五十七
	享保元年有栖川宮（後に高松宮）を相続				
	平　均			十一・三	五十二・八

即位、相続、婚姻の平均年齢が十一・三歳で、出家したときの平均年齢十一・八歳と、まるで申し合せたように合っている。ただし寿命の方は、平均五十二・八歳で、出家者に比べて平均九・四歳も長生きしている。これは皇位や宮家をついだものの生活条件は、さすがに出家者の場合よりもよかったことを裏書きしている。平均五十二歳というのは、その頃とし

てはかなり高いものだったにちがいない。

これら二つの表を見てわかることは、だいたい十一歳（満で数えれば十歳）前後が、この時代におけるこの身分の人たちにとっての、人生への出発期であり、運命のわかれ目であったのである。その際不用と見られたものは他家へ払い下げる、というよりも大部分は〝出家〟という形で処分されてしまったのである。

押しかけ養子

天皇家でさえこうだから、宮家などにおいては、出家はさらに高率を示したことはいうまでもない。相続者と早世者を除けば、ほとんど一〇〇％に近いところまで行った。特に宮家の場合は、余剰人口は、ほとんど例外なしに出家させられた。これは当時の宮家の経済事情に基づいているのである。それも単に口数を減らすというような消極的な目的からのみ出ているのではない。むしろ積極的に、それによって有力な門跡寺院がもっている収入のうわまえをはねることをねらった場合が多かった。これらの寺々から年々百石とか五十石とかいうふうに、宮家の方に〝お手伝い〟をするのが普通で、そのお陰で宮家の勝手元は大いにうるおったのである。

こうなると、出家というのは、貧農の子たちを年季奉公に出して、親が前借をしたり、給与の一部を送らせたりするのとほとんど変りはない。今ならさしずめ〃人身売買〃で処罰されるところである。

ところで天皇家、宮家、将軍家などの古い系図を見ると〃猶子《ゆうし》〃とか〃養子〃とかいう言葉が盛んに出ているが、これらは特殊な意味と役割をもっていたのである。宮家の子供がその家を相続する場合は、必ず時の天皇の猶子として親王宣下《せんげ》が行われる。〃猶子〃というのは〃なお子の如し〃という意味で、親戚《しんせき》などの子供に対し自分の子供に準ずる形式上の待遇を与えるだけで、これに家督を譲るということはほとんどない。

〃親王〃は天皇の直宮《じきみや》でなければならぬという古い制度の残骸《ざんがい》が、こういう形で保存されているものと解すべきであろう。

四通りの親子関係

また宮家の子供が門跡寺院に入るときも、必ず時の天皇の猶子とか養子とかになって親王宣下が行われるのである。では猶子と養子とどこがちがうのかというと、例えば天皇の養子になった場合には、典侍《てんじ》や掌侍《しょうじ》の中で〃御母儀《ぼぎ》〃すなわち形式上の母親も設定されるのであるが、猶子にはそれがない。同様のことが将軍などの場合にも行われる。桂宮《かつらのみや》の創始者である八条宮《はちじょうのみや》智仁《としひと》親王は、後陽成天皇の弟で豊臣秀吉の猶子となっていたことは前にのべた。

同宮が三千石という宮家第一の高禄をもっていたのは、秀吉の寄進したものである。

猶子、養子のほかに、もう一つ〝実子〟というのがある。皇族や公卿《くぎょう》の系図を見ると〝実子某〟というのがよく出てくるけれども、これは実の子供のことではない。これまた養子の一種なのである。養子ではあるが生家とはすっかり縁をきり、生家の系図から全然抹殺して純然たる養家先の子供のようになっているのが〝実子〟である。これに反して生家との縁をきらないで、実父母と養父母の両方に親子関係をもっているのが〝養子〟である。したがって〝実子〟になってしまえば、生家の両親に不幸があっても、忌引《きびき》をしないで、〝仔細《しさい》の所労〟あり、とか何とかいって引き籠《こも》るだけである。

このことは女親の場合にもあてはまる。例えば孝明天皇は仁孝天皇の一女御鷹司祺子《たかつかさやすこ》の〝養子〟であったから、生母の権典侍《ごんてんじ》正親町雅子《おおぎまちなおこ》は、孝明天皇の即位後には女院の取りあつかいをうけて新待賢門院《しんたいけんもんいん》と呼ばれ、雅子の父の正親町実光《さねみつ》までが左大臣を贈られて〝実光公〟と呼ばれる身分になったのである。これに反して同じように天皇を生んでも、明治天皇の生母中山慶子《なかやまよしこ》の場合は、明治天皇が英照《えいしょう》皇太后の〝実子〟ということになっているので、格もグッと下り、どこまでも〝一位局《いちいのつぼね》〟としてしか待遇されなかった。

かように、今の言葉でいう養子には、〝実子〟〝養子〟〝猶子〟の三種類があったのである。では、ほんとの実子は何というかといえば、それはただ単に〝子〟というのである。これを加えると、親子関係にも四通りあるわけだ。

今の常識では了解のできないような、こういった複雑怪奇な現象の実例は、当時の雲上生活の中からほかにもまだたくさん拾い出すことができる。皇室という名目上の権威者と、将軍家という実力者との間で、財政上や政策上の必要から、皇族の子供たちがまるでキャッチ・ボールのようにやりとりされるところから、こういった奇怪な現象が起ってくるのである。いや、この場合は四つの名目の使いわけが行われるのだから、キャッチ・ボールのボールよりはむしろ撞球《どうきゅう》といった方がピッタリくるかもしれない。いずれにしてもボールや球にされて、やりとりされたり、つつきまわされたりするお子様たちこそ、全くお気の毒だといわねばならぬ。

〝血〟の保存に対する家康の計画

そこへ行くと、将軍家の場合は、さすがに実力をもって全日本をガッチリおさえていただけに、その権力組織もこういった擬制的なものではなかった。もっとも〝血〟の保存法の点では、皇室の諸制度をうけつぐ、というよりも模倣している点が多い。成り上り心理である。それに皇室との間に〝血〟の交流が始まってくると、皇室側は権力で負けても、習慣の点では古いだけにどうしても攻勢を示すことになる。権力者の側でもそれくらいは大目で見るのが普通だ。後年これと同じことが落魄《らくはく》した華族の娘と時の成金との間に起った。

将軍家の中でも、源頼朝の場合などは、兄弟が遠くはなれて別々に育ったため血族意識が弱く、同族を片っぱしから亡ぼしてしまったので、後には〝血〟のスペアが足りなくなり、たった三代で後がつづかなくなった。その点徳川家康は、最初から実に用意周到であり、計画的であった。その子義直《よしなお》を尾張《おわり》に、頼宣《よりのぶ》を紀伊に封じて、大納言とし、宗家に嗣子《しし》のない場合にその後をつがせることにした。またもう一人の頼房《よりふさ》は水戸に封じて中納言とし、官位は一段低かったけれども、尾張、紀伊と同様の待遇を与えて、血の断絶に備えたのであった。

これら三人兄弟はいわば徳川家康の〝親王〟であり、これら〝御三家〟は徳川家にとっての〝宮家〟である。それも朝廷の場合のように、自然発生的なものを放任しておいたのが、いつのまにか既得権となり、宮家という傍系天皇のような形で世襲するにいたったものではない。つまり徳川家は、宗家のほかに、三本の有力な〝血〟のスペア線をもって、同時に併行してスタートをきったのである。

平安朝以後の皇室には、こういった計画性が欠けている。それは必ずしも権力がなかったからでなく、たまに権力が回復したときでも、すべてが行きあたりばったりであったから、すぐくつがえされてしまったのである。長い間実力を伴わぬ擬制的な主権の上にあぐらをかいて、安易な生活を送ることに慣れすぎてしまったからだ。維新の〝大業〟が成功したのも、一に時勢の力、いやその時勢に便乗した武家階級の計画的な努力の結果であって、皇室およびこれに寄生するものの力ではなかった。

配給された将軍の子

しかし、さすがの徳川将軍家といえども、十一代家斉《いえなり》のように五十四人も生んだのでは、その後の始末が容易ではない。そのうちで、養子、養女に迎えられたり、結婚したりするところまで生き残ったのは二十八人である。幸い徳川家の場合は、三百余の大名がその支配下にあり、その頃は将軍家もまだ安泰だったので、これらの公子、公女を各藩に配給することにした。といってあまり格の低いところにはやるわけには行かず、将軍家で望んでいるところは、先方が喜ばなかったり、都合が悪かったり、なかなか思うようにはならなかったようだ。

十二代将軍になった家慶《いえよし》をふくむこれら二十八人の縁組一覧表を左にかかげる。

出生順位	幼名	本名	生母	縁付先
1	淑姫《ひでひめ》	鎮子	お万	尾張
	初め一橋に入り後夫妻共尾州に入る			
2	敏次郎	家慶《いえよし》	お楽	——

十二代将軍

6　敬之助　―　おうた　尾張
早世
8　綾姫　―　お万　仙《せん》台《だい》
早世
13　峰《みね》姫《ひめ》　美子　お登世　水戸
15　菊千代　斉《なり》順《ゆき》　〃　紀伊
19　浅《あさ》姫《ひめ》　瀧子　おやそ　越前
21　虎千代　―　お蝶《ちょう》　紀伊
早世
24　元姫　幸子　お喜普　会津
26　文姫　結子　お袖《そで》　高《たか》松《まつ》
27　保之助　斉朋　お八《や》重《え》　清《し》水《みず》
28　要之助　斉《なり》荘《たか》　お蝶　尾張
初め田《た》安《やす》の養子となる
30　盛姫　国子　お八重　佐賀

31 乙五郎 斉衆 〃 鳥取
32 和《かず》姫《ひめ》 操子 お蝶 萩《はぎ》
34 溶《よう》姫《ひめ》 偕《とも》子《こ》 お美《み》代《よ》 加《か》賀《が》
36 銀之助 斉《なり》民《たみ》 お八重 津《つ》山《やま》
41 末姫 貴子 お美代 安芸
43 喜代姫 都子 お八重 姫《ひめ》路《じ》
44 永姫 おいと 一橋
45 直七郎 斉温 おるり 尾張

早世

46 徳之佐 斉良 お八重 館《たて》林《ばやし》
47 恒之丞 斉《なり》彊《かつ》 お袖 清水
48 千三郎 斉《なり》善《さわ》 おいと 越前
49 松菊 斉《なり》裕《ひろ》 お八重 阿《あ》波《わ》
52 紀五郎 斉《なり》省《さだ》 おいと 川《かわ》越《ごえ》
53 周丸 斉《なり》宣《のぶ》 〃 明《あか》石《し》
54 恭姫 益子 おるり 鳥取

そのころ老中たちにとっては、これらの縁組を成立させることが最大の仕事であり、頭痛の種であった。多額の持参金をつけるとか、松平《まつだいら》姓を許すとか、いろいろの特典をもって勧誘し、奨励したが、何しろ数が多いので、中にはもらい手のない残りものも出た。そんなのは半ば威嚇しておしつけるほかはなかった。福井の松平家が養子に迎えた第四十八子千三郎の如きは盲目であった。

これに反して、家臣の間で猛烈な反対運動、今の言葉でいうとレジスタンスをやったところもあった。尾州徳川家などはその例だが、結局は将軍家に勝てなかった。そうかと思うと、水戸家のようにこれを歓迎したところもある。何しろ水戸家はひどい貧乏で、それまで幕府に二万二千両の借金があったが、家斉の第十三子峰姫を嗣子斉修《なりなが》の妻に迎えたところ、その借金が棒引きになった上に、姫のお化粧料として一万両、同家へのお手当として一万両、合計二万両もってきた。同家はこれに味を占めて、斉修が死ぬと、その弟の斉昭《なりあき》が当然跡をつぐところをやめて、こんどは将軍家から養子を迎えようという計画を立てた。だが、斉昭は非常に人気があったので、家臣の一部はこの計画に反対し、水戸藩は両派にわかれて激しく争った結果、養子反対派が勝った。その後水戸藩で勤皇思想が栄えたというのも、洗ってみると案外こういうところに深く根をおろしていたのだと見られぬこともない。また他の藩においても、こうしておしつけられた将軍の〝血〟は決してクサビにならなかった。家斉が死んだのは天保十二年（一八四二）で、それから二十年とたたぬうちに反幕運動が起ったが、そのときのこれら諸藩の動きがこれを証明している。

しかし当時幕府はまだ実権をにぎっていたから、この二十七組の縁組を曲りなりにもやりおおせた。それは何といっても絶大な権力がものをいったのである。しかしこの中から出家したものは一人も出ていない。天皇家、宮家の場合に比べて何と大きな相違であろう。ここにも実力をもつものともたぬものとの区別がはっきりあらわれている。家斉の時代には、将軍の子供たちを諸大名におしつけることが老中の主たる仕事だといわれた。明治以後の財閥華やかなりし頃には〝三井《みつい》八家〟の妾腹《しょうふく》の子供を処分するために、それ専門の重役が一人かかりきりになっていたという。

水戸黄門の堕胎

このように、皇室と将軍家の差はあまりにひどいものであった。かつて将軍家の最高顧問であった新井白石でさえも、家宣《いえのぶ》が将軍になったときに、皇子皇女の出家を廃すべしと提案したくらいである。しかし皇族の出家は、やはり出家するほかはないから出家するのであって、もっと収入を増すか、それとも、生れてくる子供を少なくするか、どっちかしなければこの問題は解決しなかったのである。

当時の皇室の実状を見ると、自然的な産児調節ともいうべき早世、形を変えた断種ともいうべき出家のほかに、堕胎、嬰児殺《えいじ》しなども、相当盛んに行われた形跡がある。

前に桓武から醍醐にいたる十一代の天皇の侍妾数と、つくった子供の数の一覧表をかかげたが、それによると、これらの天皇は一人平均三十人近い子供をつくっている。だが、これを侍妾の総数で割ってみると、一人の女が平均一人半の子供しか生んでいないことになる。侍妾としての実質的な勤続期間が平均してそう長くなかったからでもあろうが、それにしてもこの数字は少なすぎる。この裏に堕胎や嬰児殺しが相当あったことも考えなければならない。また生れた子供の比率を見ると、男五二%に対し女四八%で、その間に四%の開きがあるというのは、女児の方がより多く間引かれたことを示すものではあるまいか。

徳川時代においては、一般民衆の間では子供を間引くのがむしろ普通で、この習慣は大名たちにまでおよんでいた。水戸家の如きも、〝御三家〟の一つでありながら、その実苦しかったとみえて、有名な光圀《みつくに》も、部屋住みの時代につくった子供を間引かせている。「西山《せいざん》公(光圀)未《いま》だご簾中《れんちゆう》のお沙汰《さた》もなかりしさきのころ、お側《そば》ちかき女中に懐胎《かいたい》の人ありける。……もし懐胎のものあらばさっそく水になし申すべしと兼々かたく仰せられ候」と「桃源遺事《とうげんいじ》」にちゃんと出ているから確かだとみてよかろう。

宮中の〝間引き〟

宮中といえどもその例外ではなかった。いや、一層ひどかったにちがいない。後水尾天皇の譲位問題でやかましかった寛永六年（一六二九）、細川忠興《ほそかわただおき》がその子忠利《ただとし》に与えた手紙の中で、

「お局衆《つぼね》の腹に宮さまたちいかほども出来申し候をおし殺し、また流し申し候こと、（後水尾天皇は）ことのほかむごくご無念に思《おぼ》し召され候由に候」

といっている。もっともこの場合は、幕府と朝廷の関係がひどく悪化し、後水尾天皇の抜打ち的な譲位宣言が行われたときで、幕府から押しつけて天皇の中宮に立てた和子（二代将軍秀忠の娘）以外のものが生んだ子供は片っぱしから抹殺しようとする特別の事情があったからでもある。それにしても、当時宮中においても、〝流し〟や〝押し殺し〟が相当さかんに行われていたことを、この手紙は物語っている。

膨大なる〝血〟の浪費

以上のべたところによって、皇室や将軍家においては、どのように莫大《ばくだい》な〝血の予備軍〟がつくられ、その中で不用になった部分、というよりもその大部分がもともと不用なのであ

るが、それがどのような形で処理されたか、ということがほぼ明らかになったと思う。

徳川将軍家の場合に比べて、明治維新前の皇室は惨憺《さんたん》たるものであった。だが、皇室も奈良朝、平安朝の全盛時代には、一人で四十人五十人の子供をつくって、これらの大部分に、後年の大名もしくはそれ以上の特権的生活を保証していたのである。大宝令《たいほうりよう》（これは一種の擬制で実際その通り行われていたとは思えないが）によると、親王家には文学・家令《かれい》・扶《ふ》・書吏《しょり》などの職員がいた。〝文学〟というのは親王教育掛りで、家令以下は親王家の庶務、会計などを司《つかさど》る。そのほか宮中の舎人《とねり》や雑色《ぞうしき》にあたる雑役《ざつえき》掛りが、一品《いっぽん》親王家の場合は百六十人、四品《しほん》でも百人つくことになっていた。平安朝の中頃以後でも、親王家は摂家や大臣家なみのあつかいをうけていた。そのことを思うと、徳川将軍家が公子公女を他の藩におしつけたのは、ずっと安上りだったともいえよう。

その後天皇家の実力が失われてからは、この制度を、形の上だけでも守って行こうとするところに無理があり、前にのべたような悲惨な事実を生む真の原因があった。もっとも皇室なるものを、名目的にも保存するにはそれが必要だったのかもしれない。だが、そのために大量の犠牲者が出たことは、前にのべた通りである。

ここにおいてわれわれは、〝血〟のリレーを「天壌《てんじょう》とともに窮《きわ》まりなからしむる」ことを使命とする皇族に生をうけたものは、逆にその大部分が出家その他の形式で人工的断種に近い生活に追いこまれねばならなかったという悲しい矛盾を発見したのである。しかもかくして守られた〝血〟は、たとえそれが途中で一度も中断されなかったとしても（そんなことは考えられないが）、それは大して意義のないことがわかったのである。というのは、そんなものはもうとっくに全国民の間に分散してしまって、八千万が〝オール皇室〟になってしまっているからだ。

天皇を利用する公家と武家

ぐらつく徳川コンツェルン

明治維新の変革は、一口にいうと、二百余年間日本を独占的に支配し経営してきた徳川コンツェルンの基礎がグラつきはじめたのを見てとった薩、長、土、肥《ひ》その他有力な諸藩が、皇室という古いノレンのもとに結集し、結局薩、長の人的資本を中心に新しい合同会社を設立するにいたったものと見ていいだろう。これはよくある会社乗っとりの一種であるが、徳川という商標をすてて、皇室というもっと古い商標で新しい経営形態に入ったところに、日本的な性格がよく現われている。そういう点で、日本の皇室というものは実に便利にできている。

はじめ有力な諸藩は、この古くから売り込んだ商標権を独占しようとして狂奔した。かれらが天皇のことを〝玉〟と考え、「玉を奪う」とか「玉を抱く」とかいう言葉をしばしば口にしたことは前にのべた通りである。

もちろん有力な諸藩は、ずっと前から、いつかはこのような事態がくることを予想して、幕府の眼をかすめて天皇およびその側近にひそかに献金したり、目ぼしい公卿《くぎょう》と婚姻関係を結んで、かれらの乏しい台所に若干の〝お手伝い〟をつづけてきた。今こそその収穫を刈りとるときがきたというので、各藩一斉に色めき立ったことはいうまでもない。

ところで、その商標権の持主である天皇（当時は孝明《こうめい》天皇）自身はどうかというに、これまで虚位《きょい》を擁《よう》して、虐待されつづけてきたのが、急に周囲が騒ぎ出したものだから、はじめは少々面くらって、主体性をどこにおいていいか迷ったであろうことは、十分想像される。だれだってそういう立場におかれれば、そうならざるをえないだろう。

孝明天皇にしても、またその側近たちにしても、はじめから幕府を倒すなどという大それたことを考えて、この運動にまきこまれたわけでは決してなかった。急に世間からもてはやされ、人間の出入りが激しくなり、経済的な条件も改善された、というよりも改善される見通しがついてきたので、皇室も最初のうちは、そういった新しい環境に満足し、それを根こそぎ破壊するおそれのある冒険の先頭に立つようなことは、もうとう考えなかったにちがいない。

泣虫天皇

勤皇思想というのは、まず京都およびその付近の学者たちが唱え出し、これと公卿との間に師弟関係や主従関係が発生して強く結びついたことは前にのべた。つぎに攘夷《じょうい》という現実問題にぶつかって、各藩の積極的な分子が動き出し、これが勤皇派学者や公卿と合体して三位一体となり、尊攘運動の推進力となった。いずれも、どっちへころんだところで損のない、身分のあまり高くない連中である。

公卿のうちでの、この派の指導者が三条実美《さねとみ》である。文久三年八月、かれらは天皇を大和《やまと》に連行し、討幕戦の火蓋《ひぶた》を切ろうという計画を立てた。これが失敗して三条以下の首謀者は長州へ脱走した。大事な〝玉〟である孝明天皇がこれにひどく憤慨して、青蓮院宮《しょうれんいんのみや》、近衛忠《ただ》熙《ひろ》、二条斉敬《なりゆき》に与えた手紙の中で、

「三条（実美）はじめ、暴烈の処置、深く痛心の次第、いささかも朕《ちん》の了簡《りょうけん》を採用せず、その上言上《ごんじょう》もなく、浪士輩《やから》と申し合せ、勝手次第の所置多端、表には朝威《ちょうい》を相立候などと申し候えども、真実朕の趣意相立てず、誠にわがまま、下より出ずる叡慮《えいりょ》のみ。去る十八日にいたり、望み通りに忌《い》むべき輩取り退け、深く悦《よろこ》び入り候」

といって、ロボットでないぞというところを見せている。三条その他の過激派を追っぱらって清々したというのだ。この中に〝暴烈〟という言葉が出てくるが、これは今の政府でも

喜んで使いそうである。

だが、このときの政変の真相は、もっとも積極的な尊攘論者であった真木《まき》和泉《いずみ》などの解釈によると、まったく逆で、天皇は、薩摩や会津に脅迫されて心にもないことをいったのであって、八月十五日以後の叡慮は虚妄《きょもう》だというのである。実際天皇はこの「両三日の間は絶えず御流涕《ごりゅうてい》遊ばされ候由」とあるから、左右両派の間に挟まって、結局どうしていいか、自分でもよくわからなくてオロオロしていたのであろう。

とにかく、天皇は決して革命主義者ではなかった。幕府に尊皇の精神さえあれば、「万民幕府をやはり尊むの道理」といっているくらいだから、幕府をくつがえしてまで政権を担当するなどということは死ぬまで考えたことがなかったにちがいない。真珠湾《しんじゅわん》攻撃から終戦の詔勅にいたるまでの天皇の〝真意〟などについても、その後いろんな解釈が行われているが、〝王〟でなくて〝玉〟的な生活に慣らされてきた天皇に、はっきりした決断力のある筈《はず》がなく、いつも周囲に動かされ、恐る恐るこれに適応したと見るべきであろう。

ここでいよいよ、崩壊にひんした将軍家という独占コンツェルンと、天皇という無力だが古いノレンのもとに結びついた新興財閥連合との間に、一大決戦が展開されることになるのであるが、これがまた決して単一なものではなかった。将軍と天皇を中心に、敵味方にわかれて登場する各藩の伝統や利害関係はもちろん、これらを動かす人物の性格や戦術がまるでちがっていて、いずれの側にも、共通的なものを見出《みいだ》すことはむずかしい。

冷飯食い

まず皇室側の代表選手についてのべねばならぬのであるが、これが必ずしも皇室の利益に基づいているとはいえないし、またその立場は決して一定していない。そのいい例が青蓮院《しょうれんいん》宮朝彦親王《のみやあさひこ》である。かれは伏見宮貞敬親王《ふしみのみやさだゆき》の第二十九子で、後に中川宮《なかがわのみや》または賀陽宮《かやのみや》と名のり、明治になって久邇宮《くにのみや》を創始したが、その前半生は、数奇《すうき》にみちたものであった。母親の身分が低かったので、幼いときに宮家諸大夫《しょだいぶ》すなわち三太夫《さんだゆう》の息子ということにして、本能寺へ小僧にやられた。そこで育ったのだが、その間に寺の悪僧たちは、利口な小僧だというのでかれを可愛がり、時々青楼への文の使などを命じた。

それが後に仁孝《にんこう》天皇に見出されて、その猶子として南都一乗院座主《なんといちじょういんざす》にとりたてられ、ついで青蓮院に移った。そのころ宮さまとして祇園の町を通っているのを女どもが見かけ、腰をぬかさんばかりに驚いたという。

これにまず眼をつけたのが幕府である。かれが還俗《げんぞく》することができたのも、幕府の運動が功を奏したのである。したがってかれはどっちかというと始終幕府びいきで、例の文久三年八月十八日の宮中左派追放にも、大きな役割を果している。

つぎは山階宮《やましなのみや》晃《あきら》親王だが、これまた伏見宮貞敬親王の第十八子で、青蓮院宮の兄にあたる。やはり出家していたのを薩藩が目をつけて還俗せしめ、万一の用に立てるべく、専属の用人までつけてこれを独占しようとした。青蓮院宮の態度があまりはっきりしないので、この方がずっと使いものになると考えたのであろう。

このころの皇室をノレンの古い老舗《しにせ》にたとえるならば、青蓮院宮や山階宮は大旦那《おおだんな》の身内で、出入りのものの家にあずけられていたのが、お家の一大事というので、本宅へ引きとられたようなものだ。長い間冷飯ばかり食わされていたのが、お店《たな》をねらう連中にワンサととりかこまれ、急にチヤホヤされる身分になったといった形である。

右派関白

当時交代で関白の地位をリレーしていた鷹司政通《たかつかさまさみち》、九条尚忠《くじょうひさただ》、近衛《このえ》忠煕《ただひろ》などは、古くからいる大番頭というところ。鷹司には水戸家、九条には井伊家、近衛には島津家というヒモがついていた。九条は条約問題で幕府と〝一万両の墨付《すみつき》握手〟というのをやったというので評判になった。今ならさっそく検察の手が動くところである。

孝明天皇もこの番頭の性格を見ぬいて、

「必ずく金類にお目つけられぬよう、申しかね候えども、天下のために申し入れ候事」

といって、釘《くぎ》をさすにも〝申しかねて〟いるところに、この時代の天皇の立場と実力がよくあらわれている。さらに九条が幕府の老中堀田正睦《ほったまさよし》に頼まれて、朝廷内の硬派切りくずしをたくらんだとき、岩倉具視《ともみ》、三条実美、中山忠能《ただやす》などが中心になり、当時としては破天荒の大衆動員によってこれを阻止した。すなわち当日八十八人の下級公卿がいっせいに御所におしかけて、天皇に条約勅許の不可を陳情したのだ。そこで天皇はこの陳情を容《い》れるという形をとったが、実は天皇自身が議奏の久我建通《こがたけみち》にこっそりいいつけて、この陳情をやらせたのである。しかも後で久我が「若年の輩、血気にまかせて参集申し立の儀は不穏当」だと、天皇の名において戒めている。経営者というものは、いつもよくこういった手を使うものだ。しかしこれを真似て従業員が自発的にこういうことをどしどしやり出したら、それこそ収拾がつかなくなる。そこで青蓮院宮も、二度とこういうことの起らぬよう警告している。

ところで、この八十八人の公卿たちが出した陳情文の内容を見ると、「恐れながら天下は一人の天下に非《あら》ずと申す儀もこれあり候えば、万民納得 仕《つかまつ》り候はでは、内外混乱いたすべく存じ奉り候」とある。ここに「一人の天下に非ず」という思惑《おもわく》が出ていること、それから〝混乱〟という言葉の意味が、権力者側とそうでない方とでは、こうもちがうということに注目すべきである。

これら三関白はいずれも右派であるが、鷹司、九条は幕府色が強いのに反し、近衛は勤皇派で、少壮過激派が看板としてかつぐのに便利な存在だった。〝大政翼賛《たいせいよくさん》〟でかつぎ出された文麿《ふみまろ》はその玄孫《げんそん》にあたる。

これらより身分は低いが、もっと元気がよくて活発な動きを見せたのは、中山忠能、三条実美、姉小路公知《あねのこうじきんとも》、岩倉具視などである。

三条家は清華《せいが》の家柄で、山城で四百七十石とっていたが、あがりはいい方でなかった。実美は父実万《さねつむ》のころから越前の橋本左内によって勤皇精神をつぎこまれていた。実万の方は公武合体思想以上に出なかったけれど、息子の実美は尊攘派の急先鋒《きゅうせんぽう》となった。同家は土佐と姻戚《いんせき》関係にあったが、実美は長州と固く結び、終始長州の宮廷細胞キャップとして行動した。「八・一八」のクーデターに失敗して長州に落ちたが、その脱出に際し、かれは明治天皇に似せた扮装《ふんそう》をしたという。顔かたちがよく似ていたからである。

中山忠能は、権大納言だが、これは花山院の流れを汲《く》むためで、家禄《かろく》はわずか二百石、おまけに子供が九人（生れたのは十六人）もいて、妻の実家（平戸《ひらど》藩主松浦《まつら》家）からみついでもらわねばならないほど生活は苦しかった。公武合体派で、外国との条約問題などは、伊勢神宮などで神意を占ってきめればよいといったような単純な頭の持主である。

ところが、その子の忠光《ただみつ》は〝天誅組《てんちゅうぐみ》〟のシャッポにかつがれて武装蜂起《ほうき》のトップをきってあえない最期をとげた。右派社会党幹部の息子が共産党員になったようなものだ。しかし忠光の姉慶子は権典侍《ごんてんじ》となって明治天皇を生んでいる。そのためか、忠能はその後何度も失脚したけれど、すぐまた浮び上ってきて、最後には侯爵を授けられ、大勲位《だいくんい》に叙せられた。

姉小路公知《きんとも》は二百石の平公卿で、三条実美とともに長州と組み、尊攘派のスポークスマンとして活躍したが、文久三年、朔平門《さくへい》外で刺客の手にたおれた。そのとき遺棄されてあった刀が証拠となって、薩摩の藩士が容疑者として捕えられたが、訊問《じんもん》のすきに証拠物件の刀を奪って自殺した。

これで犯人はこの薩摩藩士とほぼきまったが、実はその男は、兇行《きょうこう》のあった前夜祇園で遊興中刀を盗まれ、それが面目ないといって自刃したのだともいう反証も出た。一説によると、公知は勝麟太郎《かつりんたろう》に招かれて幕府の洋式軍艦を見学し、その精巧なのに驚き、これでは到底攘夷はできぬと悟って、転向しかかったのを同志に知られ、闇討ちを食ったのだともいわれている。

この種の運動には、こういったリンチ事件がつきものである。下手人が敵だか同志だかわからぬ点で、下山《しもやま》事件を想わせるものがある。

二枚舌の岩倉具視

この時代の公家きっての実力派で、しかも最大のクセモノは、何といっても岩倉具視であろう。百五十石とりの平公卿で、家を賭場《とば》にしてテラ銭をかせいだこともあるといわれるくらい困っていたことは前にものべた。そういう環境に育っただけに、かれは徹底した現実主義者で、機会主義者で、そして謀略家でもあった。

具視は堀河《ほりかわ》家から養子にきて岩倉家をついだのである。養祖父の具集《ともあい》は竹内式部《たけのうちしきぶ》や高山彦九郎《たかやまひこくろう》と肝胆《かんたん》相照らす間柄だったので、具視もその影響をうけた。

具視ははじめ、関白鷹司政通のところへ歌を習いに通ったが、目的は別なところにあった。政通にその才を認められて、その推輓《すいばん》で侍従の職につき、天皇に直接接することのできる身分になったのが出世の緒《いとぐち》である。それにかれの実妹紀子《もとこ》は掌侍をつとめ、天皇の子を二人も生んでいる。そんな関係で、かれは宮中で大きな発言権をもつようになったのである。

当時の〝志士〟の中には、攘夷は実行しがたいことを百も承知しながら、倒幕の戦略としてこれを唱えるものが少なくなかった。具視はもとより目的の前には手段を選ばぬ男である。というよりも何がほんとの目的だか自分でもよくわからなかったのかもしれない。

徳川家康は石田三成《いしだみつなり》を手なずけて三成が乱を起すように仕向けたといわれているが、この故智にしたがって、幕府と朝廷を離間し、「徳川慶喜をして三成たらしむる」というのが具視のねらいだった。かれは「時と場所によると二枚の舌も使いかねまじき御方」であった。

その他正親町三条実愛《おおぎまちさんじょうさねなる》、大原重徳《おおはらしげとみ》、沢宣嘉《さわのぶよし》なども、公卿としては政治的手腕を揮《ふる》った方である。

要するにかれらは、立場や主張は多少ちがっていても、急に値が出はじめた天皇株をなるべく高く売りつけ、自分たちもひともうけしようという番頭たちだと思えばまちがいない。その証拠に、かれらはそれぞれ幕府をはじめ、各藩の大手筋とひそかに、あるいは公然とつながっていた。

天皇をカツぐ薩摩と長州

武家ではまず水戸《みと》斉昭《なりあき》だ。かれは尊皇攘夷の本山のようにいわれているけれども、それに限界のあることは、資本家や貴族出身の革命思想家に限界があるのと同じである。貧しいひねくれた分家として、本家への対抗意識から皇室に力瘤《ちからこぶ》を入れたとしても、本家に火がついてくると、本家あっての分家だから、狼狽《ろうばい》せざるをえなかった。将軍家に対する牽制《けんせい》に皇室を使って、それにいくらか深入りしすぎたという程度である。御三家という地位から、比較的言論の自由が保証されていたために、その言動が世間に派手な印象を与えたにすぎない。天皇株買付の出足は早かったが、いざとなると尻《しり》ごみをした。そのため藩内がいつも二派にわかれて、絶えず紛糾した。本家の大番頭井伊《いい》直弼《なおすけ》を桜田門外で斬るものがこの藩から出るかと思うと、一方では自分のとこの御曹司慶喜を本家の相続人にすえる猛運動をするといったような、際どい芸当を演じた。

薩摩の島津家となると、地理的にも実力の上からも、もともと幕府と朝廷の双方に対して、半独立国であった。島津斉彬《なりあきら》の養女篤子《あつこ》が十三代将軍家定《いえさだ》に嫁《か》したとき、水戸の斉昭は、越前の松平慶永《よしなが》への手紙の中で、

「東照宮御敵の家来の娘を御台所《みだいどころ》にして、将軍の御腹始め御旗本の娘共がそれにおじぎ致し候ても、自分に益さえあればよろしと存じ候ような廉恥《れんち》もなき世態と相成候」

と嘆いている。本家も屋台骨が傾いてくると、番頭の方が強くなり、その娘を迎えて補強工作をしなければならぬというところまで、そのころすでにきていたのだ。

琉球を併合して、外国との密貿易などもやっていた島津が攘夷を口にするのもおかしいが、それだけにその態度はいつも日和見《ひよりみ》主義であった。島津久光《ひさみつ》にしても終始公武合体主義者で、青蓮院宮や〝薩州関白〟といわれた近衛忠熙と組んで、ずっと長州派を抑えてきた。久光の眼から見れば、尊皇攘夷を唱えて東奔西走している連中は、

「殊に年若の面々、容貌《ようぼう》異様にして、放恣《ほうし》のものどもこれあり、（このような）異様異風にては武士とは申すまじく候」

と思っていたのだ。当時の〝激徒〟たちは、今の左翼の闘士たちと風貌の点でも似たところがあったらしい。こうした見地から、自藩の過激分子にもしばしば弾圧を加え、斬ったり、

流したり、押しこめたりした。こんなふうで、天皇にも非常に信頼されていた。かれの立場は、今でいえば法政大学学長大内兵衛《おおうちひょうえ》というところであろう。

長州となると、これははじめから幕府の敵であった。関ケ原の役の敗戦で、毛利《もうり》輝元《てるもと》は石田三成につぐ元兇と見られ、八か国百二十万石の大大名から、一挙に防長《ぼうちょう》二州、三十六万九千石に蹴《け》落《おと》された。その恨みは容易に消えるものではなく、江戸の方に足をむけて寝るということが藩の風習にまでなっていたといわれるくらいである。

毛利家の当主慶親《よしちか》も、はじめは開国論に傾いていたが、桂小五郎《かつらこごろう》（木《き》戸《ど》孝允《たかよし》）の東条英機《とうじょうひでき》ばりの攘夷断行論を採用してから、がぜん志士たちの間の人気者となった。つねに島津の対抗馬として行動し、しばしば島津に出しぬかれてひどい目にあいながらも、明治維新に島津とともに複勝の形でゴール・インすることができた。

キャスティング・ヴォートを握る土佐

土佐の山内容堂《やまのうちようどう》は終始調停派の立場にたち、薩長の争いの間にあって漁夫の利をねらっていた。かれは開明派の後《ご》藤象二郎《とうしょうじろう》と尊攘派の板垣退助《いたがきたいすけ》を巧みに使いわけて、下層部出の激徒をおさえ、なるべく穏かな解決に導こうとした。これにあきたらなくて脱藩した中岡慎太郎《なかおかしんたろう》、坂本竜馬などは、薩摩と長州、幕府と朝廷の間にあって、自由に、個人的に、あるいはブローカー的に活躍した。それで大きな役割を果しえたというのも、土佐藩そのものがキャスティング・ヴォートをにぎる立場にいたからである。最後にかれらがうった最大のお芝居は慶喜の〝大政奉還〟で、これで、武力による討幕の名義が失われた。これが一日おくれれば、薩長に裏をかかれて、天下の形勢が一変するところであった。土佐藩のこういった性格は、同藩が家康以来幕府と親密な家柄であったということよりも、特にこの藩に早くから発達していた商業主義に基づいていると見るべきであろう。あまりイデオロギーにこだわらないで、万事ソロバンで行ったのである。

ワン・マン井伊直弼

つぎに、幕府側の代表選手であるが、この時代における最大の傑物は、何といっても松平容保《かたもり》である。藩祖保科正之《ほしなまさゆき》は家康の孫だから、押しも押されもせぬ親藩であるうえに、鳥羽《とば》伏見の戦いで薩摩の挑発にあって、〝賊名〟をきせられ、幕府派諸侯の中で一番貧乏籤《びんぼうくじ》を引いた男であるが、時勢を見る眼があって、決して幕府一辺倒でなかった。水戸の斉昭などのように、いい気になって天皇株を買いすぎては時々ベソをかくというようなこともなく、天皇にも非常に信用があった。思想的な立場は土佐の山内容堂などとほとんど変りがなかったけれど、親藩というのがたたって、ひどい目にあった。

プロレタリア革命に際し、親が職工であったというだけで幅をきかせたり、ブルジョアや貴族出身であるというので、本人の思想や立場を無視して処刑されるというようなことが、ドサクサまぎれに起らないとも限らない。現に敗戦後の日本で行われたパージなども、戦時中の地位と肩書によって、一定の枠の中に機械的に入れられた形である。

これに反して徳川家の最後のワン・マンとして驚くべき独裁的な威力を発揮し、天皇派の勢力に最後の痛撃を加えた後、自らも兇刃にたおれたのが井伊直弼である。このころの徳川家の内部は、朝廷や外国への対策、継嗣《けいし》問題などで紛糾し、その間に老女歌橋《うたはし》を中心とする大奥の暗躍も加わって、蜂の巣をつついたような状態にあった。

そこへ大老として迎えられた直弼は、思いきって大胆な処置をとった。それがかえって幕府の崩壊を早める結果となったのであるが、あすこまで行けばあの手しかなかった、ともいえよう。

このとき天皇が幕府に対して下した勅諚《ちよくじよう》は、安政条約の善後策を講じるために、三家、三卿《さんきよう》をはじめ、外様《とざま》譜代《ふだい》をふくめた全国諸大名をあつめて大評定をせよというのであって、これは明らかに幕府不信任というよりも、幕府に対する宣戦布告に等しい。ここまで追いつめられてくれば、直弼でなくても、おとなしくこれに屈服するか、断乎《だんこ》これと戦うか、どっちかを選ばざるをえなかったであろう。

ドル買いの先駆者

いわゆる〝安政の大獄〟は、被害者が青蓮院宮をはじめ太閤《たいこう》鷹司政通以下の宮廷首脳部、水戸の徳川斉昭以下の親藩、雄藩の当主、当代の人気者である勤皇志士の大部分をふくんでいたものだから、全社会に与えたショックの点では、昭和初年の「三・一五」や「四・一六」の比でなかった。もっともほんとの責任者である上層部は、閉門、押込め、隠居の程度であったが、水戸藩の鵜飼幸吉《うがいこうきち》の如きは、勅諚を伝達したというだけで、獄門の極刑に処せられている。これは藩主の身代りに家臣を槍玉《やりだま》にあげたのであって、封建時代にはよく用いられた刑罰の手だ。

ところで直弼という男は、ただ傲岸不遜《ごうがんふそん》なワン・マンであるばかりでなく、財政面においてもぬけ目のないところがあった。幕末から明治にかけて新政府財政の実際を担当した由利《ゆり》公正《きみまさ》の述懐によると、当時日本の小判は純金分が多く、一分銀《いちぶぎん》四個で小判一個と交換すると、英貨にして十三シリングの利益があるというので、日本の金がどんどん外国へ流れた。これに気がついた由利は、長崎奉行を訪ねて、金銀の比価に修正を加える必要を説いた。だが、そのときすでに奉行は、有名な蘭医《らんい》シーボルトから同じことを教えられ、さっそく急飛脚を出して幕府に進言ずみであった。

この進言をうけとった大老井伊直弼は、それをたれにも知らせなかった。さっそく腹心の商人を手先に使って、ひそかに諸国の小判を買占めたところをみると、かれは典型的な〝近江商人〟でもあったわけだ。後年三井のドル買いが大問題になり、そのため三井財閥の総帥団琢磨《だんたくま》が血盟団員に射《う》たれるという事件が起った。国際為替《かわせ》市場における貨幣価値の不均衡を利用して私益を計るということの先鞭《せんべん》をつけたのは直弼で、この点からいってもかれは当然葬られていい男である。もっとも、こういう男ならこそ、破産寸前のような徳川コンツェルンにのりこんで、憎まれ役を一人で引きうけ、あのように思いきった大手術をやってのけたのだともみられないことはない。国家でも、会社でも、末期は必ずこういう人物が登場してくるものである。

〝尊攘党〟アジテーター

三百年の夢は破れて

新しい革命的な勢力というものは、つぎの時代の主体となる新興階級からいつも出てくるとは限らない。少なくともその初期においては、旧階級の中の不平分子、没落分子、あるいはこれに寄生している層から出たものがまずイニシアティヴをとってこれを推進するというのが、あらゆる時代、あらゆる国を通じて大きな変革に見られる共通的な傾向だといってよい。対抗意識というものは、力と力の間の距離の大きさよりは、むしろその近さによって強められることが多い。

マルクスは富裕な弁護士の息子だった。その相棒のエンゲルスは紡績工場主の家に生れ、後にその経営者となり、そこから上る利益でマルクスの生活を支えた。エンゲルスの全生涯はマルクスへの協力にささげられたというよりも、マルクスへの投資で一貫したともいえる。クロポトキンもバクーニンも、ロシアの貴族出身である。レーニンの父は小学校の校長だった。

日本でも、現在共産党や社会党の幹部になっているのは、徳田球一《とくだきゅういち》、野坂参三《のさかさんぞう》以下ほとんど大学出のインテリである。大ブルジョアや名門の子弟も少なからず混じっている。

企業家の中には、全企業組織そのものを崩壊に導くような運動や個人に投資するものも珍しくない。それは単純な理想主義から出ている場合もあれば、より大きな配当をねらい、他の同業家が恐れをなして尻《しり》ごみするような対象に向って、冒険的な投機に乗り出してくるという場合もある。そのことは、個々の思想家、学者、社会運動家の場合にもそのままあてはまる。その結果、単なる理想主義、もしくは純真な犠牲的精神から出発したものが、思いがけない配当にありつくということもあれば、投資もしくは栄達《えいたつ》（これも一種の投資だ）の対象として選んだものが、つい深入りして、それから抜け出せなくなっているうちに、ミイラとりがミイラになってしまう場合もあろう。

明治維新の尊皇思想家や志士たちも、現在私たちの身辺で演説したり、宣伝文を書いたり、アジビラをまいたり、火炎瓶を投げたりしている人物、私たちが郷里や学校を共にして、非常によく知っている人物とだいたい同じだと思えばまちがいない。時代のスクリーンを隔ててみる美しい衣裳《いしょう》や、後におくられた位階勲等《いかいくんとう》やさまざまな讃辞《さんじ》などという包装紙を解いて、裸にしてよくみれば、今の人間と別に変りはないのである。別に私はかれらを故意に傷つけようとは思わぬが、なるべくありのままの人間像を描いて、かれらが皇室をめぐる歴史の転換期に、果してどういう役割をしたかを検討してみたいのである。

さて、外国船がしきりに日本の周辺にあらわれるようになってくると、幕府も次第に末期的症状を呈し、対皇室というよりも皇室をかつぐ有力な諸藩との争覇戦がいよいよ決戦の近きことを想わせる段階に入ってくる。これを裏から見れば、将軍家の権力によって抑えつけられていた封建社会の内包する矛盾が露顕《ろけん》し始めたことを意味する。それとともに、これまで個人的に、小口に買われていた皇室株に対しても、有力な大手筋が動き出してくる。

この方の大手筋は、なんといっても水戸家である。光圀から八代目の斉昭は、稀代《きたい》の好色将軍家斉の第四十七子恒之丞のために、というよりもその持参金のために、危うく相続権を失うところであった。かれが光圀の志をついで、久しぶりに水戸の尊皇思想に活を入れた原因も、案外こういうところから出ているのかもしれない。

つぎに前代の尊皇思想は、主として神道からくる復古主義に基づいていたのに反し、この時代にはそれが国防主義から発している。西欧諸国家間の植民地獲得競争が次第に活発になり、これにつられてアメリカやロシアも動き出し、日本の周辺を侵してきた。これに対して、ただこれまで通り貝の蓋《ふた》を閉じておれば安全だといったような幕府の態度は、あまりに無為無策であった。危険を感じ出した当時の知識人や冒険家は、国防の必要を力説したが、それにはどうしても全日本人の精神的結集が先決問題であり、そのための中核体になるものが必要になってきた。相変らず鈍感かつ無関心でことなかれ主義の幕府にあいそをつかした連中が、その代替物を皇室に求めたわけだ。

文政の竹槍特攻隊

したがって、この時代の〝尊皇〟は攘夷《じようい》ときりはなすことのできないもの、むしろ後者のために必要欠くべからざるものとして登場したのである。この場合にもまた水戸家が真っ先きに、そして一番熱心に、これを唱え出した。というのは、水戸の海辺がいちはやく外国人に侵されたからである。

文政七年イギリスの捕鯨船員が常陸《ひたち》の大津浜《おおつはま》に上陸したというニュースが伝えられたとき、斉昭のブレーンであった藤田幽谷《ゆうこく》は次男の東湖《とうこ》(当時十九歳)を呼んで、これからすぐ大津に行って、「臂力《ひりよく》をふるい、夷虜《いりよ》をみなごろしにし、しかる後、従容《しようよう》官について裁断を請うべし」といった。そこで藤田父子は、これが今生《こんじよう》の別れだというので、相抱いて泣いた。ところが、いよいよ東湖が家を出て行こうとする段になって、イギリス船はすでに去ったという知らせが入った。

これはまさに竹槍《たけやり》的特攻精神の発露である。

この気風は、この地方では昭和時代にまでもちこされ、井上日召《いのうえにっしょう》や橘孝三郎《たちばなこうざぶろう》などの言動となって再生されている。

斉昭の尊皇論

しかし、水戸家がどんなに大手筋だといっても、決して皇室株に家運を賭《と》していたわけのものではない。皇室は水戸家の縄張りだといったような意識から出ていることは明らかだ。斉昭の尊皇論はあくまで幕府の存続を前提としたものである。いわば徳川が頭で、天皇は帽子だ。そして帽子の必要を力説しているにすぎない。それというのも外国の火の粉がふりかかってくる危険を感じ出したからである。かれは、幕府を脅かすものとして公家《くげ》、諸侯、流民《るみん》、夷狄《いてき》をあげているが、それらの危険を除くためにも尊皇が必要なのである。

これは後の話だが、神武《じんむ》天皇の御陵が荒れはてているというので、斉昭は東湖と相談のうえ、その修理を計画し、幕府に建白《けんぱく》した。するとその直後に大塩平八郎《おおしおへいはちろう》の乱があった。これをきいて斉昭はつぎのようにその先見を誇っている。

「大坂の奸賊《かんぞく》容易ならざる企ていたし候にも、果して京都のことを申し草にいたし候いき。万一かれ奸賊、山陵修復などを企て候わば、なおもって容易ならず候ところ、その儀はなく、昭代《しょうだい》の威霊《いれい》と存じ候」

世の中がだんだんと物騒になってきて、各地で盛んに一揆《いっき》や暴動が起り出した。今のところ〝暴民〟には大した実力はないが、これが諸侯特に皇室と結ぶようなことがあれば、それこそたいへんなことになる。しかし幸い水戸家では古くから皇室の方はちゃんと手なずけているから、まず大丈夫だ、といって手放しで安心できないというのだ。

これまで幕府ではほとんどかえりみず、水戸家だけが一手で買い方にまわっていた皇室株に、近頃メキメキ値が出てきたのだから、斉昭の得意想うべしである。

手代学者

藤田幽谷、東湖父子は、この時代の勤皇派の中では重きをなしていたが、それも水戸家の手代《てだい》として、お店《たな》の方針にしたがって、比較的大量に、手堅く皇室株を買っていたというにすぎない。大津浜事件の際は少々あわてすぎて、どうも「昔から学者は畏《おそ》れすぎ、武人はあなどりすぎる」と斉昭にからかわれた幽谷は、そのように「よそ〳〵しく仰せられ候こと」は「文運衰廃《ぶんうんすうはい》の兆《きざし》」だといってすねてみせるといった程度である。それに幽谷は大衆というものを全然信用しない。攘夷戦術について同藩の中で論争が起ったとき、幽谷は焦土ゲリラ戦を排撃してこういっている。

「赤人（外国人）ども天主《てんしゅ》の邪教をもって愚民をすすめ、巧言飴《こうげんあめ》の如く、くらわしむるに利を以《もっ》てせば、飢寒《きかん》に迫り候愚民は申すに及ばず、利を見て義を知らざるの人は、恐らくは前徒《ぜんと》戈《ほこ》をさかしまにするようまかりなるべく候」

この〝愚民思想〟は、水戸藩の伝統だともいわれているが、太平洋戦争後の日本の実態は、遺憾ながらある程度これを実証したとも見られないことはない。幸いにして前徒（前線の軍人）があちらの指揮下に入って味方に発砲するという例は日本内地では見られなかったけれど、チョコレートで〝鬼畜米英〟がすっかり好きになったなどというのはまだ無邪気な方で、「利を見て義を知らざる」ものにいたっては、上は総理大臣以下、日本の上層階級に特に多くあらわれた。

大衆詩人

幽谷の子の東湖は、生涯のうちに三度死に直面したというのが自慢のタネである。第一回は前にのべた大津浜事件の際で、第二回は、継嗣問題で禁を犯して江戸に赴き斉昭擁立運動を行った際、第三回は、斉昭が幕府から隠居謹慎を命ぜられた際である。それよりも勤皇志士の間で特に東湖が有名になったのは、かれの詩文のもつ大衆性である。

当時勤皇思想とともに漢文熱が非常な勢いで台頭し、普及した。〝やまとことば〟は復古思想の鼓吹《こすい》には役立つが迫力が乏しい。時代が実戦の段階に入って士気を鼓舞する必要が生じてくると、漢文の男性的な素朴さ、簡潔さ、強さ、その変化に富んだ格調が喜ばれ、それが内容的にのみならず感覚的にも、かれらの生活を支配するにいたった。

支那《しな》事変に出て行く日本軍の首途《かどで》に際し、「祝出征」「祈武運長久」などと、漢文のスローガンをかかげて見送るという矛盾もそこから生れた。

後年マルクス主義の台頭とともに、マルクス主義的表現が、一つの規格のようになって左翼学者層の間を風靡《ふうび》したが、この時代には一種独特の日本式漢文がその役割を演じた。それは眼に訴えるばかりでなく、耳から入る場合にも、青年のヒロイズムに訴えて行動へ駆り立てるのに都合のいい行進曲的なリズムをもっているからだ。

そうした面において、東湖はすぐれた作詞、作曲家であり、また指揮者《コンダクター》でもあった。かれが水戸家を背景にして、全勤皇派を演出する上に占めた地位と役割は重要なものであった。かれらのつくった「正気《せいき》の歌」や「回天《かいてん》詩史」などは、たいしたもので、とくに「正気の歌」はかれら同志の宴席はもちろん、会合、離別には必ずといっていいくらい歌われたものである。

生きてはまさに君冤《くんえん》を雪《そそ》ぎ
また綱威《こうい》を張るを見ん
死しては忠義の鬼となり

極天皇基《きよくてんこうき》を護《まも》らん

これを共産党の「赤旗の歌」の一節と比べてみるがよい。

高く立て赤旗を
その陰に死を誓う
卑怯《ひきよう》もの去らば去れ
われらは赤旗守る

内容がそっくりであるばかりでなく、どっちを歌っても、その場ですぐ決起したくなる点も変りがない。

蓄妾礼讃学者

会沢正志斎《あいざわせいしさい》は幽谷の一番弟子である。十歳にして十八歳の幽谷に弟子入りをして、八十二歳まで生きたというのだから、この学派の大番頭である。かれが幽谷に弟子入りした翌年にラックスマンというロシアの使が根室《ねむろ》にきた。日本が西夷《せいい》の手に移れば、天地はたちまち長い夜となるであろうと幽谷にいわれ、それからさっそく泥土《でいど》で夷の人形をつくり、毎日これをむちうったという。その後大津浜事件に際し、会沢が上陸したイギリス人の取調べを行い、「新井筑後守《ちくごのかみ》（白石）がローマ人を詰問いたし候以来の手際《てぎわ》」だといって幽谷からほめられている。

水戸学の骨子は、大義名分論と排外思想であるが、それを極端におしすすめたのが会沢の「新論」で、その要旨は、〝大地の首〟に位する日本人を〝禽獣《きんじゅう》〟たらしめぬために攘夷を断行すべしという点につきる。また「西荒蛮夷《ばんい》（西洋人）が一夫一婦を唱えるのは、〝陽一陰二〟の義を知らず、また祖胤《そいん》を重んじ、継嗣を広むることを知らずして、夫婦の倫《みち》を乱るなり」といって、大いに蓄妾《ちくしょう》を奨励している。

かれの実践綱領も、帰するところは国防であり、攘夷であり、富国強兵である。当時諸国から水戸へ水戸へと草木のなびくようにあつまった尊皇思想家たちは、争ってこの「新論」を求め、国もとへの土産とした。筑前《ちくぜん》の平野国臣《ひらのくにおみ》は、これを読んで、その日から夕バコをやめて武芸をはじめたと日記に書いているし、久留米の真木和泉《まきいずみ》は、やはり、本書に刺激されて、わざわざ水戸くんだりまできて正志斎に入門した。嘉永《かえい》五年、本書はついに孝明天皇の手にわたった。

現代でいえば、レーニンの「帝国主義論」や「国家と革命」というところであろう。

便乗作家・頼山陽

水戸派とは別に、ひろく文名をうたわれたのは頼山陽《らいさんよう》であるが、かれは詩人もしくは大衆文芸家の中に入れるべきである。非常な早熟の天才型ではあったが、私生活はかなりデタラメで、とくに男女関係の点でひどかった。それもかなり大っぴらにやったらしい。

山陽が若いときに厄介になった菅茶山《かんちゃざん》の如きも、山陽にはよほど手を焼いたと見えて、伊《い》沢蘭軒《ざわらんけん》宛の手紙の中で、その無軌道ぶりをすっかり暴露している。

一、前年久太郎（山陽の本名）、芸州公府の贋《にせ》手形をいたし候ことあらわれ、入牢《にゅうろう》厳科ともあるべく候ところ、狂気と申し立て檻《おり》へ入れ、あたまをそりて坊主にし、ようようくことをまぎらし候由、そのうち狂気快《こころよ》く見え候故、檻を出し申したき願いにて、また髪をたて候よし

一、去々年か、士家の妻か後家かを姦通《かんつう》いたし、その絵すがたをかけ物にいたし、自身詩にて賛をし、ここかしこもちあるき候よし、そのこと大評判、また官裁にもかかるべきところを晋帥《ときのり》たのまれ、季布《きふ》広柳《こうりゅう》の車の心にて引きうけ候。然《しか》るを来ると三月もたたず晋帥をおとし入れんと計り候

一、備前《びぜん》某という豪家へ金をかりに遣し、これも贋状にて取出し候よし、この類は処々にて多く候ことに御座候

これでみると、山陽という男は公私文書偽造、詐欺、姦通などの前科を何犯かさねているかわからない。それも決して若気のいたりといったような性質のものではなく、この傾向は

生涯改まっていない。かれの残した手紙を分類してみると、飲食に関するものが六割、書画骨董《こっとう》と潤筆《じゅんぴつ》など金銭に関するもの二割、あと二割が学問に関するものであるが、それも四十歳後にはほとんど見当らない。この女たらしに、当時の有名な女流作家がずいぶん引っかかっているから不思議である。

それでも「日本外史」その他著作の上では、山陽は大いに勤皇思想を鼓吹《こすい》して、当時の知識大衆に甚大な影響を与えた。死後その功によって従三位を贈られている。

山陽の人と作品は、〝文は人なり〟とは必ずしもいえない一つの有力な例証である。かれの勤皇思想も明らかに眉唾《まゆつば》もので、当時の風潮に便乗したにすぎない。とはいえ、かれの著作によって天皇株が大いに上ったのである。現代にも、山陽的な人間がいくらもいることは改めていうまでもない。どんなつまらぬ人物によって説かれた場合でも、イデオロギーそのものが時代の性格にマッチしさえすれば、思いがけない大きな役割を果すこともありうるという一つの見本である。

尊皇攘夷実戦派

しかし佐久間象山《さくましょうざん》、吉田松陰《よしだしょういん》あたりから、尊皇攘夷は単なる思想的啓蒙《けいもう》期や悲憤慷慨《こうがい》期を脱し、実践というよりはむしろ実戦の段階に入ってくる。天皇株はいつのまにか市場に堂々と上場され、そのときどきの情勢で高低の波はあっても、見逃すことのできない花形株となってしまった。

この時代の討幕運動を共産主義運動にたとえていうと、だいたい大正の末期に相当する。山県大弐《やまがただいに》、藤井右門《ふじいうもん》などが処刑されたのは、幸徳秋水《こうとくしゅうすい》の〝大逆事件〟に似ている。〝陰謀〟を行った具体的な証拠が何一つないというよりも、〝陰謀〟の事実そのものがほとんどなかったにもかかわらず、権力階級は将来の可能性をおそれ、威嚇的な効果をねらって極刑に処したのである。

その後明治の末から大正のはじめにかけて、〝社会主義〟という言葉そのものがいけないという時代が相当つづいた。しかし第一次世界大戦末期に起ったロシアやドイツの革命が日本の大衆に大きな刺激をあたえ、合法、非合法の社会主義団体がいたるところにできた。〝非合法〟といっても、治安維持法ができてからに比べれば、実にのんびりしたものであった。またこの時代の社会主義者には、かれら特有の英雄主義と自己陶酔に浸っているものが多かった。自分たちは知識人の中でも選ばれたもの、特別に高い思想の持主である、といったような一種貴族的な特権意識をもっているものさえ少なくなかった。いわば芸術家に近い存在であり、事実かれらの中には芸術家気質《かたぎ》のものが珍しくなかった。関東大震災の犠牲になった大杉栄《おおすぎさかえ》の如きは、貴族性と芸術家気質の強い革命家であった。

〝安政の大獄〟前の尊皇攘夷派の世界は、治安維持法が出る前の反資本主義と似ている点が多い。この時代の偉大な啓蒙家であり、先覚者であり、若い行動派にとっての助言者であった佐久間象山には、どこか長谷川如是閑《はせがわにょぜかん》を想わせるところがある。狂信的な攘夷派の松陰が海外への密航を思いついたのも、象山に啓蒙されたからである。悪くいえば、田舎者でバカ正直な松陰が、象山のおだてに乗ったのだともいえる。その後で象山自身も兇刃《きょうじん》にたおれたけれど、如是閑の方はその筋の取調べをうけるとはっきり転向の実を示して助かった。これは二人の性格や役割の相違よりはむしろ時代の相違に帰すべきもので、如是閑も徳川時代の人であったならば、若い層に与えた影響の大きさからいって、やはり処刑か暗殺は免れなかったであろう。

松陰の獄中座談会

象山の弟子の松陰は天才的なオルグであった。イデオロギー的にいっても相当水準の高い、少数ではあるが強力的な〝尊攘結社〟をはじめてつくったのは松陰である。松下村塾がそれだ。

「首を刎《は》ねられ候身分に候えば、獄中にて必ずしも書を読むに及ばず」といったような環境にあって、しかもなお松陰は、「たとえ獄中にありとも、敵愾《てきがい》の心一日として忘るべからず。

いやしくも敵愾の心を忘れざれば、一日も学問の切磋《せっさ》忘るべきに非《あら》ず」という態度を持したのは、共産党員の中にも類が少ないくらい徹底したものである。こんなふうだから、かれは獄中でも囚人を相手に、座談会、読書会、研究会などを行って、かれらに大きな影響をあたえている。

松下村塾の門人はかれこれ三百人あった。これが後に幕府をくつがえした〝日本尊攘党〟の中核体となって活躍したことは、ここで書きたてるまでもない。

勤皇テロリスト

真木和泉は、久留米の水天宮《すいてんぐう》の神官の子だけに、より純真で、狂信的で、献身的な尊攘派の使徒であった。こんなのは結局テロリズムに行くほかはない。久留米から水戸まで行って会沢正志斎に弟子入りしたかと思うと、中国で阿片《あへん》戦争が始まったときいて、〝水戸留学〟を三十日で切りあげている。

真木は、過激な議論やテロ未遂で何度もつかまっているが、人間が純真だから非常に人気があった。病気になったとき、孝明天皇から見舞金として白銀十枚をもらい、その金で同志をあつめて床上げ祝いをしている。文久三年の大和行幸《ぎょうこう》も実はかれの案で、何から何まで、楠木正成《くすのきまさしげ》の真似をしないとおさまらぬ男であった。

〝夷賊《いぞく》〟が浪華《なにわ》の海に侵入したときの親征軍編成に関し、真木が関白鷹司輔煕《たかつかさすけひろ》を通じて天皇に献じた計画書を見ると、さすが神主の子だけに、兵隊の服装や旗、太鼓、ホラ貝のことなどを細々と書いている。たとえば旗竿《はたざお》は塗りもので、力士にもたせるがいいといった調子である。天皇親衛隊は〝蛮器〟（火器）は一切用いてはならぬともいっている。

それにしても相手は、武器も優秀だし、駆け引きもうまいにちがいない。こちらは二百年も太平になれて士気も衰えている。しかもなお勝算があるとすれば、それはただ日本の国体、万世一系の天皇がおわします一点のみだ、というのが真木の根本思想である。

「すわ来寇《らいこう》すというやいなや、人数はそろわずとも、武器は備わらずとも、小敵大敵の差別なく、一歩にても踏み出させたまい、錦《にしき》の御旗《みはた》をひるがえし、おのれにくき禽獣め、一人にてものがさじと勇み進みたまわせなば、或《あるい》は兵粮《ひょうろう》なし、或は軍用金なし、艦なし、砲なしなど、身勝手のことばかりいいはしゃぎたるものも、あっぱれ御門《みかど》の親征したまえるに、器械などいうときにあらず、丸裸にてもお先に立ち、御楯《みたて》だにならましと、真の気前になりて防ぐべし。かくの如く人気一度振作《ひとたびしんさく》して死物ぐるいなるうちには、智慧《ちえ》才覚ある人も出て、種々の謀計をめぐらし、防禦《ぼうぎょ》の術も意外にできるべし」

実に見事な竹槍戦法である。これを前にのべた水戸派の愚民論と比較してみると、興味深いものがある。どちらも真理で、日本人気質の二つの半面を語ったものだといえよう。

元治《げんじ》元年の蛤御門《はまぐりごもん》の変に、長州軍の一部隊長として参加した真木は、敗れて天王山《てんのうざん》に退き、そこでかれらしい最期をとげた。「京師《けいし》を去るに忍びず、陣するところの天王山に屠腹《とふく》し、陰に至尊を護らんと欲するなり」といっている。恐らくこの〝天王山〟という名が気に入ったのであろう。

その後まもなく、このときの敵味方が手をにぎったところを見ると、一番バカをみたのは真木たちである。大きな歴史の転換期には、こういう純真な犠牲者がいつでも必ず出るものである。

この少し前から、幕府の尊攘派取締りは、いよいよ峻厳《しゅんげん》の度を加えてきた。治安維持法に基づく最初の全国一斉検挙の行われたのは昭和三年だが、この〝三・一五事件〟に相当するものが〝安政の大獄〟である。

膨大な〝血〟の予備軍

天皇のレジスタンス

孝明《こうめい》天皇は、四人の腹から六人の子供を生ませたが、そのうち五人までが三歳以下で亡くなっている。無事に育ったのは祐宮《さちのみや》すなわち明治天皇ただ一人で、皇胤《こういん》が一時非常な危険に瀕《ひん》したことは前にのべた。かりに祐宮も育たなかったとすればいったいどういうことになったであろうか。

今となってはこれに的確な解答を与えることはむずかしい。しかしいくらかその手がかりになる文献がないわけではない。

安政六年（一八五九）幕府が勅許《ちょっきょ》をまたずにアメリカと条約を結んだときに、天皇は「誠にもって存外の次第、実に悲痛など申し候事にこれなく、言語につくしがたく候」とばかり憤慨して、関白九条尚忠《くじょうひさただ》につぎのような手紙を出している。

「この一大事の折柄、愚昧統仁《ぐまいおさひと》（天皇の名）なまじいに帝位におり、世を治め候事、所詮《しょせん》微力の及ばざる事、またこのまま帝位にありて聖跡《せいせき》を穢《けが》し候も実に恐懼《きょうく》に候間、英明の人に帝位をゆずりたく候。さしあたり祐宮（明治天皇）これあり候えども、天下の安危《あんき》にかかわる重大事の時節に幼年のもの（このとき祐宮は八歳）にゆずるも本意なきにつき、伏見（貞教《さだのり》親王）有栖川（幟仁《たかひと》、熾仁《たるひと》両親王）三親王の中へゆずりたく存じ候。この段各々存意承りたく候事」

これは明らかに幕府に対する厭《い》やがらせである。この場合に限らず、幕府に対して気に入らぬことがあると、天皇はいつも譲位をほのめかす。この時代にはこれが天皇にとってほとんど唯一のレジスタンスの手段であったのである。このときは九条関白以下、左大臣近衛忠《このえただ》熙《ひろ》、右大臣鷹司輔熙《たかつかさすけひろ》、前内大臣三条実万《さんじょうさねつむ》などが天皇をなだめて、やっと思いとどまらせた。

そして関東から大老を呼びつけて糾問《きゅうもん》することに一決した。ところが、大老の井伊直弼《いいなおすけ》は忙しいといって、代りに老中の間部詮勝《まなべのりかつ》をよこすといってきた。

これをきいて天皇はなおさら憤慨し、またも譲位するといい出した。こんどは三条の提案で、水戸を中心とする大藩の力によって幕府を抑える方針で行くことになった。

ところで、もしもこのとき孝明天皇がほんとに譲位したとすれば、どういう候補者があったであろうか。さしあたり考えられるのは孝明天皇の兄弟姉妹である。天皇の父仁孝《にんこう》天皇は十五人の子供を生んだが、そのうち育ったのは淑子《すみこ》内親王、孝明天皇、親子《ちかこ》内親王（和宮《かずのみや》、後に徳川家茂《いえもち》に嫁《か》した）の三人しかいない。淑子内親王は桂宮《かつらのみや》をついだが出家しているし、親子内親王は当時十四歳、おまけにいずれも女だから、この際問題にならない。

直系の方がこの通りだとすれば、宮家の方から候補者を求めるほかはない。孝明天皇が亡くなった慶応二年（一八六六）現在で、宮家というのは、伏見宮、有栖川宮、閑院宮《かんいんのみや》、桂宮の四家しかなかった。

〝血〟のスペア

伏見宮についていえば、前にあげた孝明天皇の手紙に出ている貞教親王は文久二年に亡くなっている。その弟の嘉彰《よしあき》親王は後に小松宮彰仁《こまつのみやあきひと》親王となった人だ。弘化三年生れで明治天皇より七つ年上だから、ちょうどいい年輩である。これと一つちがいの弟の能久《よしひさ》親王は、後に北白川宮を創《はじ》めたが、これまた有力な候補だった。ほかにもまだ王子は沢山いたが、いずれも若すぎた。

有栖川宮の方は、当主幟仁親王は当時五十四歳の分別ざかり。その弟で大政奉還後征討大総督になった熾仁親王も三十二歳で、いずれもこの難局に処しうる年輩である。

閑院宮は、後に元帥になった載仁《ことひと》親王が伏見宮からきて家をついだのは明治五年で、このときはやっと三歳だった。先代の愛仁《なるひと》親王は天保十三年に亡くなっているから、前にあげた桂宮とともに、全然圏外にあったといっていい。

これらと別に、出家していたのが還俗《げんぞく》して国事に奔走した山階宮《やましなのみや》、中川宮などというのがいた。いずれも伏見宮貞敬親王の子供である。

山階宮は、はじめ勧修寺《かじゅうじ》に入って済範《さいはん》入道と名乗ったが、安政の末ころから諸国の志士がこれに目をつけて、いろいろと引っぱり出し運動をはじめた。とくに熱心なのは薩摩藩で、後に明治天皇の歌の師匠になった高崎正風《たかさきまさかぜ》（その頃は佐太郎）を宮の専属用人につけて、万一の場合にそなえたくらいだ。そこへ土佐の藩主山内容堂も乗り出してきた。この宮がわびしい独りぐらしをしているのを見て、夫人をお迎えになってはどうかとすすめたところ、すでに身をもって国に許したる以上、妻を迎えて何かせんと答えたとかで、容堂は大いに惚《ほ》れこんだ。そしてこの宮のことを盛んに宣伝し、朝廷にも推輓《すいばん》これつとめた結果、ついに還俗の勅許をえて、山階宮と号し、常陸太守晃《ひたちたいしゅあきら》親王と名乗ることになったのである。

中川宮も天保九年出家して、一乗院に入り、のち粟田《あわた》の青蓮院に移ったので、粟田宮とか青蓮院宮とかいった。外船渡来などで天下騒然となってくると、じっとしておれなくなり、しばしば御所に参内して孝明天皇のブレーンとなった。還俗して賀陽宮《かやのみや》と名乗ったが、後に明治政府に対する反革命陰謀の盟主にかつがれて、一時親王号も宮号もとりあげられ、官位をうばわれて安芸の国に幽閉された。しかしまもなく許されて久邇宮《くにのみや》を創始した。

このほかにも、伏見宮邦家《くにいえ》親王の子で、やはり還俗して慶応四年の関東征討軍編成に際し海軍総督に任ぜられた聖護院宮嘉言《しょうごいんのみやよしこと》親王などというのもいたが、この宮はまもなく亡くなった。

結局、明治天皇にかわる皇位継承候補者として有望だったのは、伏見宮の嘉彰、能久両親王、有栖川宮家の幟仁、熾仁両親王、還俗組の山階宮、中川宮、聖護院宮の七人ということになるが、このうち五人までが伏見宮の出である。

しかし幸いにして明治天皇という一筋の、しかもはじめは非常に弱々しかった線によって皇室の〝血〟は危うくつながり、大正、昭和にうけつがれたのである。もしもここできれていたならば、〝宮家〟という皇室の傍系組織がものをいうところだったのである。しかしそうなると、有望な候補者の一人々々に有力なスポンサーがついて、猛烈な競争が展開されたにちがいない。

藤原氏の全盛時代にもそういう前例があった。しかしこの時代には、背後勢力はすべて藤原一族で、いずれも京都に住んでいる同族間の争いにすぎなかった。これに反して明治維新の場合には、スポンサーは徳川幕府をはじめ、水戸、薩摩、長州、土佐などという名だたる大大名である。かれらは諸国に散在し、しかもそれぞれ優勢な兵力をもっているのだから容易なことではおさまらなかったであろう。したがって、その際前にあげた親王たちの中でたれが優勝したであろうかということは、たれがどういう勢力に擁せられて立つかということによって決定するのである。

ここで、はっきりさせておかねばならぬのは〝宮家〟という概念である。明治以前の宮家は、明治以後の宮家と比べて、かなり性格のちがったものだった。本家に対する分家、〝血〟のスペアである点において変りはないが、本家との関係が時代によってずいぶんちがってきているのである。

准天皇家

〝親王〟というのは、はじめは天皇の兄弟と子供に限られていた。しかし、第四十七代淳《じゅん》仁《にん》天皇（七五八）のときに天皇の孫で帝位をついだ人が出たため、その兄弟姉妹がすべて親王ということになった。こんなふうに飛び入りが出ては困るというので、その後は〝親王宣《せん》下《げ》〟すなわち指名されたものでないと、親王を名乗れないことになった。そこで第七十七代後《ご》白《しら》河《かわ》天皇（一一五五）の皇子以《もち》仁《ひと》王のように、皇子でいて死ぬまで王ですごした人もあれば、反対に二世、三世でもどしどし親王になれた。

また王というのは天皇の孫から四世までで、昔は皇親《こうしん》の数は今日われわれが想像するよりずっと多かった。もっとも多かったのは第五十六代清《せい》和《わ》天皇（八五八）の頃で、王禄《おうろく》という特別手当をもらっているものだけでも、総数五百を越えた。もっと員数を制限されたいと、当時豊前王《とよさき》というのが朝廷に奏請した記録が残っている。これらは京都およびその付近に住んでいた皇親たちで、地方にいたものを加えれば、たいへんな数になったろう。

後には民間でも、子供の名に勝手に〝王〟の字をつけるのが流行した。平維盛《たいらのこれもり》の幼名は松王というが、「源平盛衰記」などには、この種の名前がいくらも出ている。

中世以後になって親王に〝法親王〟〝入道親王〟〝定親王〟の三つの種類ができた。〝法親王〟とは出家後に親王宣下のあったもの、〝入道親王〟とはすでに親王宣下をうけた後に出家入道したもの、〝定親王〟は代々親王を名乗れる資格をもつ宮家のものをいうのである。平安朝以後、皇族で姓を賜わって臣下に降《くだ》るものや、出家入道するものが多くなってくる一方では、親王号を世襲するものが出てきた。これらは宮家と称し、天皇家とは別に、分家というよりも准天皇家のような形で半ば独立し、ときには天皇家と競争の立場に立ったことも珍しくなかった。

宮家の歴史

一番古い宮家は大炊《おおい》御門宮《みかどのみや》で、高倉《たかくら》天皇の皇孫《こうそん》から出たが、まもなく絶えた。つぎは六条《ろくじょう》宮《のみや》で、第八十二代後鳥羽《ごとば》天皇（一一八三）の皇子から発し、二代で終っている。そのほか岩倉宮、鎌倉将軍宮、常盤井宮《ときわいのみや》、木寺宮《きでらのみや》などといろいろできたが、いずれもあまり長つづきしなかった。

後世まで残ったもので一番古いのは伏見宮で、崇光《すこう》天皇（北朝三代・一三四八）の皇子栄仁《よしひと》親王からはじまり、最後の博恭《ひろやす》王まで二十三代つづいている。ちょっとした天皇家である。

つぎの桂宮ははじめは八条宮《はちじようのみや》といい、第百六代正親町《おおぎまち》天皇（一五五七）の皇孫で豊臣秀吉の猶子になった智仁《としひと》親王から出ている。今も国宝として残っている桂離宮は、もと〝桂お茶屋〟といって、秀吉がこの親王のためにつくったものである。この宮家は第百二十代仁孝天皇（一八一七）の皇女淑子《すみこ》内親王で絶えたことは前にのべた。

有栖川宮は、第百七代後陽成天皇（一五八六）の皇子で高松宮《たかまつのみや》といったのが初代で、その後いくたびか天皇家との間に〝血〟の出入りがくりかえされ、名前もしばしば変ったが、大正二年に亡くなった威仁《たけひと》親王で絶えた。大正天皇の第三皇子宣仁《のぶひと》親王がその後をついで、ふたたび高松宮に復したことは、たれでも知っている通りである。

閑院宮の場合は少し事情がちがっている。徳川六代将軍家宣の時代に幕府の最高顧問であった新井白石の建議により、幕府の方から朝廷に奏請して創立されたものだ。第百十八代後《ご》桃園《ももぞの》天皇（一七七〇）が亡くなったとき、その後に皇女しかなく、四代前の第百十四代中御《なかみ》門《かど》天皇（一七〇九）の弟直仁《なおひと》親王の孫をつれてきて皇位をつがせた。かようにこの頃はいわゆる〝皇胤《こういん》お手薄〟のどん底にあったので、天皇制の存在理由を認めるものにとっては、反対勢力である幕府側においてさえも、これを増強する必要が感じられたのである。この宮家の初代は第百十三代東山《ひがしやま》天皇（一六八七）の皇子直仁《なおひと》親王で、それから五代目の愛仁《なるひと》親王が天保十三年に亡くなって跡が絶えた。明治五年に伏見宮から載仁《ことひと》親王が入ってこれを再建した。もう一つ山階宮があったが、これは前にのべた。

宮家の大量生産

以上のべたように、維新前に十一の宮家があったけれど、明治まで残ったのは伏見、有栖川、閑院、山階の四家にすぎない。宮家の血が途中で絶えて、天皇家から直宮《じきみや》が行って相続した場合は、宮号を改めることになっていた。そのために桂宮などは何度も名前が変った。しかし、明治に入ると俄然《がぜん》宮家が大量につくられた。ざっとつぎの通りである。

華頂宮《かちようのみや》　明治元年創立。初代は伏見宮邦家の第十八子博経《ひろつね》。

北白川宮　明治三年創立。初代は伏見宮邦家の第二十二子智成《さとなり》。三代目成久の妃は明治天皇第七女房子。

梨本宮《なしもとのみや》　明治三年創立。初代は伏見宮貞敬《さだゆき》の第二十三子守脩《もりおさ》。その没後久邇宮朝彦の第四子守正《もりまさ》（守脩の甥《おい》）が相続。

久邇宮　明治八年創立。初代は伏見宮貞敬の第二十九子朝彦。もと青蓮院宮、中川宮、賀陽宮ともいった。現皇后良子《ながこ》は、朝彦の子邦彦《くによし》の第一女。

小松宮　明治十五年創立。初代は伏見宮邦家の第十三子彰仁。もと仁和寺宮、東伏見《ひがしふしみ》宮《のみや》ともいった。明治三十六年廃家となる。

賀陽宮　明治三十三年創立。初代は久邇宮朝彦の第三子邦憲《くにのり》。

東伏見宮　明治三十六年創立。初代は伏見宮邦家の第二十九子依仁《よりひと》。

朝香宮　明治三十九年創立。初代は久邇宮朝彦の第十七子鳩彦《やすひこ》、妃は明治天皇の第八女允子《のぶこ》。

竹田宮　明治三十九年創立。初代は北白川宮能久の長子恒久、妃は明治天皇の第六女昌子。

東久邇宮　明治三十九年創立。初代は久邇宮朝彦の第十八子稔彦、妃は明治天皇の第九女聡子《としこ》。

秩父宮《ちちぶのみや》　大正十一年創立。初代は大正天皇の第二子雍仁《やすひと》。

三笠宮《みかさのみや》　昭和十年創立。初代は大正天皇の第四子崇仁《たかひと》。

以上十五宮家の〝班位〟(格づけ)は、時とともに少しずつ変っている。

大正十二年には、1秩父、2高松、3伏見、4華頂、5山階、6賀陽、7久邇、8梨本、9朝香、10東久邇、11北白川、12竹田、13閑院、14東伏見の順であったが、昭和十五年には、1秩父、2高松、3三笠、4閑院、5東伏見、6伏見、7山階、8賀陽、9久邇、10梨本、11朝香、12東久邇、13北白川、14竹田、15華頂ということになっている。

現天皇家に万一のことがあった場合、この順序で帝位をつぐことになるのであろうが、これでみると、男系に重点がおかれ、女系の方は非常に軽く見られていることがわかる。明治天皇の皇女を妃に迎えた朝香、竹田、東久邇の三宮家とも、ずっと下の方に位している。

ところで、大正天皇直系の秩父、高松、三笠の三宮家を除いた十三宮家の創立者の〝血〟を調べてみると、全部伏見宮第十九代貞敬親王から出ていることがわかる。すなわちこれを図解すると次のようになる。

つぎの表を見れば明らかなように、伏見宮貞敬というのは、一つの新しい天皇家を創立したも同然である。いや、天皇家は一筋の〝血〟の線が縦に走っているだけであるが、貞敬から発した新皇室は十三本の〝血〟の線が同時に平行して流れているのだから、考え方によっては、この方がよっぽど強力で確実であるともいえよう。オリンピック競技か宝籤《たからくじ》で一等は一つもとれなかったが、二等、三等は合せて十三もとったようなものだ。

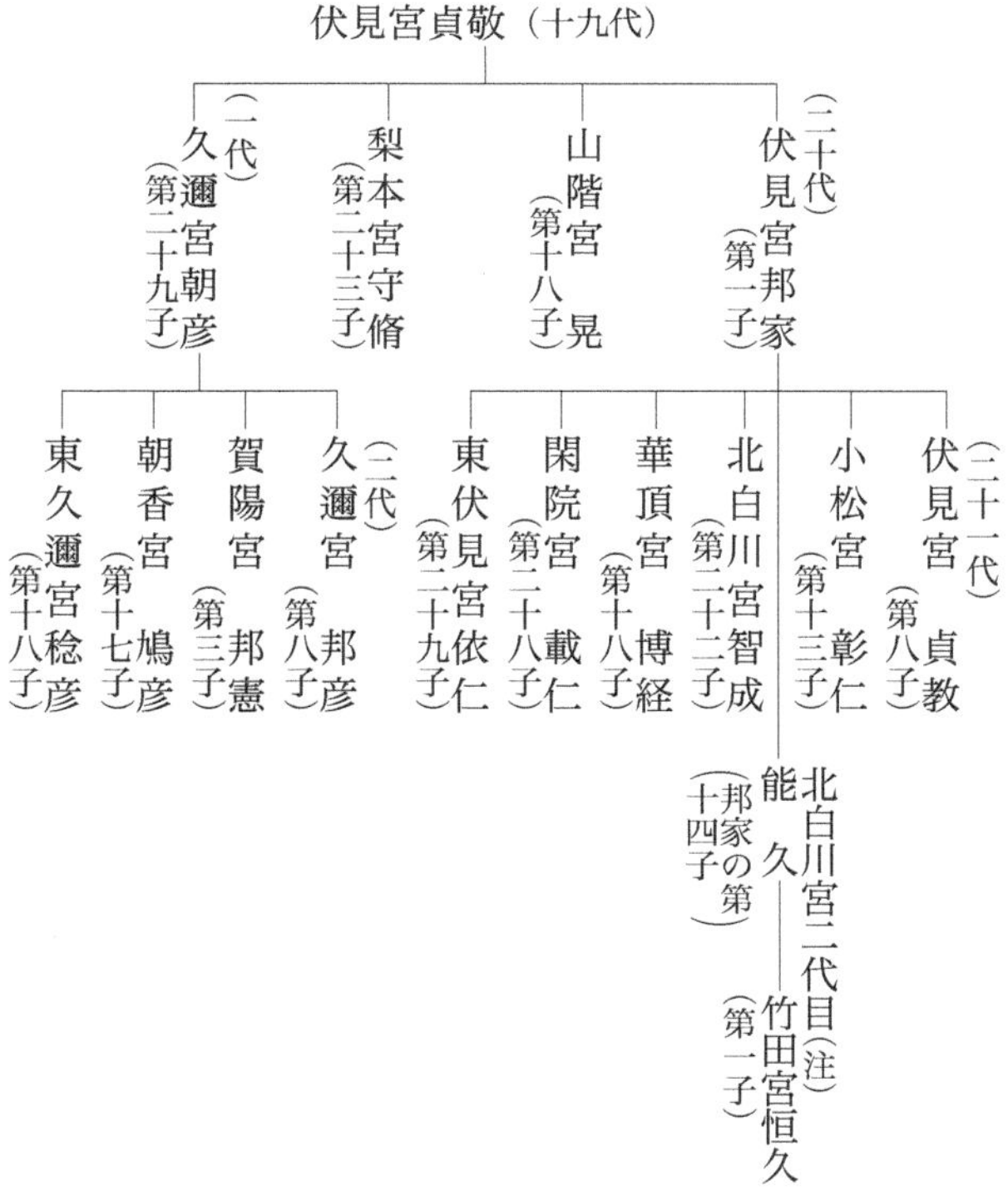

（注）北白川宮二代目能久は伏見宮邦家の第十四子で、北白川宮の創始者智成の兄であるが、弟の跡を継いだのである。能久の長子恒久が竹田宮を創立し、北白川宮は能久の第四子成久が相続した。

平民の血

どうしてこういうことになったかというに、現天皇家は大正になってようやく三人の男性後継者をえたが、その前の明治、孝明、仁孝とさかのぼって行くと、いずれも甚だしく〝皇胤お手薄〟である。これに反して伏見宮の方は、ここ数代にわたり驚くべき生産力を示した。まず貞敬についていえば、十四人の女から三十七人の子供をつくっている。そのうち十九人が女で、十六人が夭折《ようせつ》した。歩どまりはあまりいい方ではないが、何といっても総数が多いからこたえない。

貞敬の嫡子邦家、第二十九子朝彦がまた、この方面の能力はそのままうけついでいる。一説によると、邦家は五十人以上の子供をつくったともいわれているが、確かな数はつくった当人もよく知らなかったかもしれない。「雲上御系譜」に立派に登録されているものだけでも、八人の腹から三十人（うち男十七人）生んだことになっている。久邇宮を創立した朝彦の方は、五人の女から十八人（うち男九人）つくっている。

邦家の子の能久《よしひさ》（北白川宮）になると、さすがに明治人であり、しかも軍人として各地に転戦し、ついに台湾《たいわん》で亡くなっただけに、祖父の真似はできなかった。それでも四人の女から九人の子供をつくっている。

以上によって、宮家といっても、結局伏見宮の分流にすぎないことが明らかになったと思うが、つぎに大正天皇の直宮三家を除いた残りの宮家の創立者たちの母方の〝血〟を洗ってみると、さらに驚くべきことが発見される。というのは、かれらは一人の例外もなしに妾腹《しょうふく》から出ているということである。だが、こんなことで驚くのは現代人の常識でものを考えるからで、当時においては、というよりもこの世界においては、その方がむしろ常識だったのであろう。

つぎにこれら十一人を生んだ女を調べてみると、「雲上御系譜」には、〝御母〟としてつぎの通り出ている。

山階宮　晃（伏見宮貞敬の第十八子、〝御母芝某女〟）
華頂宮　博経（伏見宮邦家の第十八子、〝御母堀内某女〟）
北白川　智成（伏見宮邦家の第二十二子、〝御母某氏吉子〟）
梨本宮　守脩（伏見宮貞敬の第二十三子、〝御母某女〟）
久邇宮　朝彦（伏見宮貞敬の第二十九子、〝御母鳥居小路某女〟）
小松宮　彰仁（伏見宮邦家の第十三子、〝御母堀内某女〟）
賀陽宮　邦憲（久邇宮朝彦の第三子、〝御母泉亭静枝〟）

東伏見宮依仁（伏見宮邦家の第二十九子、〝御母某氏伊丹吉子〟）
朝香宮　鳩彦（久邇宮朝彦の第十七子、〝御母角田須賀子〟）
竹田宮　恒久（北白川宮能久の第一子、〝御母申橋幸子〟）
東久邇宮稔彦（久邇宮朝彦の第十八子、〝御母寺尾宇多子〟）

かように〝御母〟の方はほとんどすべて〝某〟がついていて、素姓《すじよう》のはっきりわかっているのは明治もずっと後になってからである。母方の〝血〟がどのように無視されていたかがよくわかる。しかしまた、こういった名もなき〝平民〟の血が注入されたお陰で、このようにたくましい生産力が生れたのだともいえる。現にそれをやかましくいって、〝腹〟の方も堂上家の娘に限るなどという窮屈な枠をつくった天皇家の方は、絶滅の一歩手前まできたのを見ても、何の特権もなしに自らの力で生きているものの強さというものが感じられる。

〝人民的〟な宮様

明治初年の皇室インフレ時代に新しい宮家が濫立されたのは、急に権力をえた、というよりも天皇制存続の必要性が強く再確認され、〝血〟のスペア・プールを急激に拡大する必要から出たものである。その際直系の方に〝血〟のストックがほとんどなかったので、やむをえず傍系である伏見宮の大量生産に依存せざるをえなかったのであろう。

明治天皇になって十五人の子供が生れたが、これまた十人まで早く亡くなった。おまけに五人育った中で四人までが女で、竹田、朝香、東久邇の三宮はそのために創立された。いわば養子分家のようなものである。もう一人の皇女は北白川宮成久《なるひさ》と結婚させて、一応片がついたわけである。

久邇宮朝彦の第十八子東久邇宮稔彦《なるひこ》、第十七子朝香宮鳩彦《やすひこ》などは、こういうチャンスでもなければ一生部屋住みで通さねばならなかったであろう。もっとも、これらは当人たちの意志に基づいてなされたものではなく、抗しがたい圧力をもって周囲から強制されたものと見てよい。東久邇宮妃の場合などは、お世辞にも美人とはいえぬタイプであった。それに稔彦自身も生母の身分が低く、生れるとすぐ洛北岩倉村《らくほくいわくら》の貧しい農家へ里子にやられ、そこで人民の子同様に成長し、後に宮家へ迎えられてからも、ひどい差別待遇をうけた。成人してフランスに留学した際、〝ご乱行〟甚だしく、宮内省で大いに気をもんで、何といわれても帰国しなかったが、その原因はそういうところにあるといわれる。一度でも〝人間〟として生きた経験のあるものは、神または人形として因習の箱の中に納められると、それに耐えられなくて、絶えず脱出の機会を求めていたにちがいない。日本の敗戦にのぞみ、未曾有《みぞう》の難局を収拾する重大な使命を負わされて、皇族としてはじめて内閣の首班にかれが選ばれたのも、全皇族を見わたして、かれに代る人物はいなかったからである。ということは、〝血〟の上でも生活体験の点でも、皇族の中では東久邇宮の中に、〝人民〟的なものがもっとも多くのパーセンテージを占めていたことを意味する。つまりかれが一番〝人間〟であったわけだ。その東久邇宮でさえも、その後いろんなものにかつがれて、多くの盲点を露呈したところを見ると、他の皇族たちのことは思いやられる。

天皇族と遺伝学

一口にいうと、宮家というのは、天皇制保存のための血液銀行であり、〝血〟の御料《ごりよう》牧場である。そこで特別に飼育されていたサラブレッドともいうべき皇族たちの大部分が解放されたという点からのみいっても、こんどの敗戦は大きな歴史的な意義があるのである。私はサラブレッドといったが、ほんとは雑種であって、馬や豚の品種改良に使われる〝純血種〟とは全然性格のちがったものである。なぜかというと、遺伝学においては、女系因子は男系因子と同様に、あるいはそれ以上に重視されているが、日本の皇室の〝血〟の保存においては、女系因子がほとんど無視されてきたことは前にのべた通りである。だが、今になって考えてみると、その方がむしろ、より〝科学的〟な処置であって、女性の〝血〟も男性同様に重んじて、狭い天皇族の中で同族結婚をくりかえしていたならば、今頃はもうとっくに亡びていたにちがいない。

逆に、天皇の〝血〟が入っているのは何も宮家ばかりではない。〝血〟の点からのみいえば、日本中の大部分が宮家である。

宮家問題から明治、大正時代までつっ走ってしまったが、もう一度幕末にもどって、皇室対徳川家の決戦に眼をむけることにしよう。

日本版〝王昭君〟

悲劇のヒロイン

昔、漢《かん》の時代（西暦紀元前一世紀）に匈奴《フンヌ》の王が漢と友好条約を結ぶにあたり、後宮の女を一人ほしいと申し出た。当時の宮廷には、皇帝が一々覚えきれないほど沢山の女がいて、どれをやっていいかわからなかった。今とちがって写真がなかったので、画工に命じて女たちの似顔を描かせ、一番醜いのを与えることにした。

蕃地《ばんち》へ行きたくない女たちは、画工に金をつかませて、なるべく自分を美しく描かせた。ところが、王昭君《おうしょうくん》というのがいて、これは素晴らしい美人だったが、根が正直すぎて画工に金をやらなかったものだから、ひどく醜い顔に描かれ、そのため選にあたった。これが世間の同情を呼び、詩や劇となって後世まで語り伝えられるようになったのである。

封建時代には、人間も〝もの〟であったが、その中で男は土地と結びついている労働力として、あるいは侵略に必要な戦具の一種としてあつかわれ、女は宝玉や勲章などと同じように、論功行賞や外交関係の贈答品に用いられた。王昭君の場合などはその一例である。これに似たことは日本でも盛んに行われていた。

ヨーロッパ諸国の皇室間には、結婚による〝血〟の交流が行われてきたが、それによって両国間の敵意をある程度まで緩和することができた。その代り両国間に戦争が始まった場合には、敵国から嫁してきたものは哀れな立場におかれなければならない。

日本は島国であるために、外国の支配者との間の〝血〟の交流というものはほとんどなかった。そのかわり国内の権力者たちの間に、〝血〟が各種の取引に用いられたことは前にしばしばのべた通りである。征服者が被征服者の妻や娘や侍妾《じしょう》を戦利品として、あるいは降服の賠償として受納した例は無数にある。

徳川の政権も末期に近づいて、朝廷との争覇戦がいよいよ大詰に入ろうとしたとき、それを回避するための最後の妥協案として取りいれられたのが、〝公武合体〟の一幕である。そこに登場した悲劇のヒロインが、孝明《こうめい》天皇の実妹和宮親子《かずのみやちかこ》である。幕府と朝廷の間の緊張を緩和するために、徳川十四代将軍家茂《いえもち》の妻として和宮が降嫁《こうか》するときまったとき、勤皇の志士たちがこれを王昭君の故事になぞらえたのも、当っていないことはない。

さきに二代将軍秀忠《ひでただ》の娘和子《かずこ》が後水尾《ごみずのお》天皇の女御として迎えられたのは、これによって成り上りの徳川家が、古いノレンをもつ皇室と形の上でも対等であるということを天下に誇示することが目的であった。こんどは立場がすっかり逆になって、こうでもしなければ、徳川政権は支えきれなくなったのである。約二百五十年を隔ててひとしく〝和〟の字のついた二人の乙女が、二つの権力間の人身御供《ひとみごくう》にあがったというのも、奇縁といえば奇縁である。当時和子は十四歳で、和宮は十六歳だった。

婚約を解消させる

難局収拾の唯一の手段としてこれを推進したのは井伊直弼《いいなおすけ》であるが、井伊にこの案を吹きこんだのは九条家の家臣島田左近《しまださこん》だといわれている。当時京都には、勤皇《きんのう》ブローカーがいろんな案をもって諸藩や公卿《くぎょう》たちへ盛んに売りこみを行っていたが、幕府側でも、有力な公卿の三太夫《さんだゆう》どもを手なずけて、これをおとりに宮廷内の情報をとったり、反幕派の切り崩しに使ったりしていた。そういった役割をもっとも巧妙に、大胆にやってのけたのが島田左近である。

左近は、神官の家に生れたが、京都に出て商人の手代《てだい》として公卿の家に出入りしているうちに、九条家の老女に見こまれてその婿養子に迎えられた。美男子の上に才気走っていたからである。その後自分も九条家に仕えて、諸大夫《しょだいぶ》に任ぜられた。元々九条家は井伊家と特別の関係にあったので、直弼が大老になるとともに、その手足となって公卿たちの間に睨《にら》みをきかせ、双方からのつけとどけで、その蓄財は十万金に達したという評判だった。遊ぶ方も派手で、〝今太閤《いまたいこう》〟とも呼ばれた。勤皇派の志士たちにマークされて、つけねらわれたのは当然である。

ある日、馴染《なじ》みの祇園の名妓《めいぎ》と会って差し向いで飲んでいるところへ、当時〝人斬り新兵衛《しんべえ》〟の異名をとった薩藩の田中《たなか》新兵衛ほか二名が斬りこみをかけた。それと察した左近が、はだしのまま庭へとびおりて、木戸から逃げようとするところをバッサリやられた。そしてその首が四条磧《しじょうがわら》にさらされた。

和宮は仁孝《にんこう》天皇の第十四子で、母は権大納言橋本実久《はしもとさねひさ》の娘経子《つねこ》である。六歳のとき、有栖川宮幟仁《みやはたひと》親王から習字の手ほどきをうけたが、その縁でその子の熾仁親王との間に婚約が成立した。

幕府ははじめ孝明天皇の第四子富貴宮《ふきのみや》をねらったが、当時やっと二歳で、いくら何でも若すぎるし、それにかの女はまもなく亡くなった。そこで婚約のあるのは承知の上で和宮の降嫁を求めたのである。

直宮が武家へ降嫁になるというのは、鎌倉幕府以来絶えてなかった。孝明天皇も気乗りがせず、いろいろと理由をもうけては断わった。これに対して、幕府側もここをせんどと頑張った。中途で井伊直弼が桜田門外で斃《たお》れたが、その後をうけた久世大和守《くぜやまとのかみ》広周《ひろちか》と安藤対馬《あんどうつしまの》守信正《かみのぶまさ》が必死の工作をつづけた。

朝廷側の一番有力な反対理由は、有栖川宮との婚約であるが、幕府にいわせると、和宮は丙午《ひのえうま》だから、有栖川宮の方でも困って解消を望んでいるにちがいない。ところが、家茂も丙午で、夫婦そろって丙午の場合は大吉であるというのである。それと同時に、有栖川宮に対しては島田左近を使って、この婚約を解消すれば、その代りに摂家もしくは御三家の娘をもらいうけ、将軍の養女ということにしてあなたの方にさしあげる。もちろんそうなれば宮家の生活は幕府の方で面倒を見るという申し入れをさせた。昭和の初めごろ、有名な新劇俳優が、その愛人であるこれまた有名な女優を、さる財界の巨頭にゆずり、その代償として洋行費などを支出させたというので、大きな波紋をまきおこしたことがある。

そこで有栖川宮でも、和宮との縁組延期を願い出た。名目は〝延期〟だが、ほんとうは辞退である。その理由は、同家の宅地が狭くて宮を迎え入れるだけの増築ができない、というのだからふるっている。これで婚約の方はウヤムヤの形で解消になってしまった。

嘆きの花嫁

しかし孝明天皇としては、何としてもまだ気がむかぬので〝蛮夷《ばんい》〟の徘徊《はいかい》する江戸などには危なくて大事な妹をやるわけにいかぬと断わった。これに対する幕府側の答弁が面白い。

夷人《いじん》のいる横浜《よこはま》と江戸とは八里も隔っているし、その間には六郷川《ろくごうがわ》といって舟でないと渡れない大きな川があり、夷人は勝手に江戸へ来られなくなっているから、その点心配ご無用というのである。

こうなると幕府も必死である。有力な反対派はたれかと探りを入れたところ、議奏《ぎそう》の徳大寺《とくだい》公純《きんいと》と和宮の生母の経子の実家である橋本家の当主だということがわかった。そこでまず徳大寺は議奏職を罷免したが、橋本家の方はそうはいかない。経子の叔母《おば》にあたる姉小路《あねのこうじの》局《つぼね》というのが上臈《じょうろう》として将軍家の大奥につとめているのを幸い、これをつかって橋本家の切り崩しを試みた。姉小路局はこっそり京都へ出かけて、橋本家に対し「天皇でさえも承諾されているのに、あなた一人が反対しているというのでは、おためによくありませんよ」と柔かく脅迫した。

叔母にこうまでいわれては、橋本家としても将来を考えて譲歩せざるをえない。それに姉小路局は反対派を片っぱしから買収した。そのため必要な品々を送れという飛脚は連日江戸城に達し、そのたびに種々な品を十五棹《さお》ほどに荷造りして送ったという。また〝実弾〟の方も、公卿に一万五千両、宮廷に五千両をバラ撒《ま》いている。あまり金がかかるので、寺社奉行の板倉周防守《いたくらすおうのかみ》というのが、いま持ち出しているのは軍用金だからそんなことに使われては困る、と井伊大老に警告した。井伊はこれを聞いて翌日板倉を馘《くび》にした。

幕府にしてみれば、これくらいの投資で朝廷との間に政治休戦が成立すれば安いものだから、和宮奪取工作に全力をあげた。

天皇の側近でぬけめのない岩倉具視《いわくらともみ》は、この間の事情をよく呑《の》みこんでいた。なるほど今幕府は弱っているが、まだ武力でこれを倒すというところまできていない。譜代大名は徳川の恩顧を忘れないで徳川方に回るだろうし、その他の大小名にしても、〝朝廷の御私戦〟として洞ケ峠《ほらがとうげ》をきめこむにちがいない。なかには徳川が倒れたなら、こんどはオレの番だという野心を起すものも出て来よう。ここのところは一応和宮を関東に与えて、実権をにぎった方がよいと天皇に献策した。かくて和宮降嫁は、幕府が必ず攘夷《じょうい》を実行するという条件で、天皇もこれを認めた。

しかし肝心の和宮は気がすすまない。見知らぬ江戸へ行くのを心細がって「幾重にもお断り申上げ候」と天皇に手紙を出している。これには天皇も困った。天皇にとって和宮は、妹といっても腹ちがいで、無理強いをするわけに行かない。一方徳川方では、話がきまったら一日も早くと急《せ》いてくる。

そこで天皇は、九条関白を呼んで、代りに第五皇女の寿満宮《すまのみや》をやってはどうかと考えたが、いくらなんでも二歳の赤ん坊では、幕府も承知する筈《はず》はない、いよいよ駄目なら自分が譲位するほかはあるまいと相談した。九条は驚いて、さっそく家臣の島田左近を呼んで対策を研究した。一方、京都所司代の方には、和宮が不承知だけれどいずれ何とか取り計う旨を伝えておいた。

島田は桂宮の家臣で塚田左衛門《つかださえもん》というのに頼み、和宮の乳母を口説かせた。塚田は乳母に、橋本家がこの縁談にあまり強引に反対すると同家のためによくないし、乳母自身も橋本家の味方をすれば永の暇になるということが、宮中の上層部できまったようなことをいった。

乳母がこのニュースを橋本家に伝えたことはいうまでもない。前に姉小路局からのおどかしも相当きいていたところなので、橋本家もついに陥落し、和宮は気の毒に孤立無援となった。斜陽族の美しい娘が周囲から攻め立てられて、新興成金のバカ息子のところへもらわれて行くというのは、メロドラマによくある筋である。映画だと、この辺で義侠心《ぎきょうしん》に富んだ青年がとび出してくるところだが、雲上界にはそういうことは起らない。

和宮もついにあきらめて、「天下泰平のため、誠にいやいやのこと、余儀なくおうけ申し上げ候事」と天皇に手紙を書いて承諾した。ただしその条件として、婚礼は明後年の父仁孝天皇の十七年祭を了《お》えてからのこと、結婚後も先帝の年祭ごとに京都へ帰れること、江戸城内でも万事御所風に行いたいこと、などがあげられている。女らしい、しかも激しいレジスタンスの精神が言外にあふれている。

反対派鎮圧策

幕府の方では、ぜひとも年内にといったが、来年の四月ということで一応妥協が成立した。ところが、すぐその後で幕府は、プロシャ、スイス、ベルギーとの条約に調印した。天皇はすっかり腹を立てて、縁談は解消するといったが、幕府は今より七、八年から十年の間には、必ず攘夷を実行すると誓って天皇を宥《なだ》めた。

十年後というのはずいぶん遠い話で、これなら婚礼を明後年にしたいという和宮の条件を通してもいいと天皇は考えたが、幕府の方は足もとに火がついたように急き立ててくる。天皇はやむなく九条を和宮のところへ遣わして、翌年四月挙式に同意させようとした。しかし宮は何としてもうんといわぬので、九条は困ったあげく勝手に、宮が同意したと天皇に告げた。あとでそれがバレて、九条は天皇から始末書をとられた。

ここでこんどは勾当内侍《こうとうのないし》の高野房子《たかのふさこ》が、天皇の命をうけて和宮を訪ね、皇后（藤原夙子《ふじわらあさこ》、後の英照皇太后《えいしょう》）も偶数の年に結婚されたが、あなたも来年は十六歳で偶数だから、ぜひ式をあげたがいいとすすめた。これで宮もやっと納得した。

ここにおいて朝廷は、有栖川宮から、和宮との婚姻辞退の旨を公表させた後、徳川家への降嫁を発表した。幕府の方でもすかさず、この縁組は決して徳川家の安全を図るために朝廷に強いたものではないというステートメントを出した。

だが、このことがひとたび世間にもれると、世論は沸騰した。特に〝尊攘派〟の志士たちはいっせいに決起し、朝廷や幕府に解消をせまった。かれらの敵である幕府の当主と、かれらのかついでいる大事な〝玉〟との間に〝血〟の結合が行われたのでは、仕事が非常にやりにくくなるからだ。

さっそく水戸の浪士たちが和宮降嫁の途中を待伏せして、これを奪還する計画を立てているという情報を入手して、幕府はあわてた。そこで、春には東海道筋の諸川が氾濫《はんらん》するからという口実のもとに、こんどは逆に幕府の方から秋まで延期を申し入れる始末であった。

一方朝廷内でも、この問題に関係しなかった公卿たちの間から、異議を唱えるものが続出した。側近の岩倉具視や千種有文《ちぐさありぶみ》は関東に買収されて天皇を欺いた、という非難の声がゴウゴウと湧き起った。

天皇は、この前の八十八人のデモを思い出し、またそういうことになってはたいへんだというので、中山忠能《なかやまただやす》に命じてこれを鎮圧させた。その際、中山は、さしせまった兵庫開港の勅許を延期すること、幕府に命じて和宮の御料を三千石に増させることなどを約束したが、それよりもかれらの不平を抑える上に一番きいたのは、関東からの献金を若干かれらにも均霑《きんてん》させたことであろう。

こうして一年半にわたってもみにもんだ末、和宮の関東下向《げこう》は、文久元年十月二十日京都出発、と決定した。このとき天皇は、終始これに関係の深かった岩倉と千種を宮のお供につけることにした。この降嫁の交換条件を幕府に確認させ、さらにこれが実行を見届けるのが、かれらに課せられた主たる役目であった。

天皇廃止の噂

だが、このほかにもう一つ別な秘密命令が二人に与えられた。それは非常に重大なもので、そのために天皇は出発に際してわざわざ宸翰《しんかん》と共に特別の心付を二人に与えている。その秘密命令というのは、つぎのようなものだ。

井伊直弼が殺された万延《まんえん》元年、老中安藤信正《あんどうのぶまさ》の部下で外国奉行をしていた堀織部正《ほりおりべのかみ》が、突然原因不明の自殺をとげた。その際「安藤対馬守に与える遺書」という怪文書が流布された。それによると、ひそかにハリスが天子を廃しようとしているのをきいて、閣下（安藤）も国学者に命じ、旧典を調べさせて、この問題を検討しておられるが、これは実に言語道断で、「ここにいたって涙雨の如く、鉄腸も裂けんとし、天下の人慟哭憤怨《どうこくふんえん》、皆閣下の肉を食わんと欲す。実に大逆無道《たいぎゃくむどう》、天誅《てんちゅう》はもとより免れがたい」という風に書かれていた。

この中に出てくる国学者というのが、塙次郎《はなわじろう》、前田《まえだ》健助《けんすけ》の二人で、かれらは安藤に頼まれて廃帝の研究をしたということになり、文久二年十二月、自宅にいるところを何者かによって〝天誅〟を加えられた。安藤が坂下《さかした》門外で襲われたのはその年の正月のことである。

だが、この〝遺書〟なるものが偽作であることは、その文書の調子を見れば明らかである。こういう激越な勤皇思想の持主が、当時の幕府で外国奉行などという要職についていたとは到底考えられない。恐らく勤皇派の浪士たちが、堀の自殺事件というものを巧みに利用し、かれの〝遺書〟を偽作して宣伝に用いたものであろう。動乱期にはよく用いられる手で、下山国鉄総裁の変死事件、重慶《じゅうけい》帰りの左翼文士鹿地亘《かじわたる》の事件などについても、この種の怪文書が盛んに流布されている。

こういった噂が、天皇の耳にも入って、大いに神経を尖《とが》らせたであろうことは、想像するにかたくない。そこで岩倉や千種が和宮の供をして江戸へ行ったついでに、事の真相を徹底的に究明して来いということになったのである。

千種、岩倉は、江戸へつくと、さっそく老中に会って「近頃関東では廃帝の古事を取調べているそうだが」と、単刀直入に突っ込んだところ、老中はあわてて、それはデマだと弁解につとめた。それなら、そういう企図は断じてなかったというあかしを立てよと具視はせまった。すると老中は、誓書をたてまつりますといったが、岩倉はこれをはねつけた。「いや、老中などというものはいつ代るかもしれぬからあてにならぬ。大将軍自筆の誓書をたてまつられたい」。老中の方では、そういう先例がないといって、容易に応じなかったが、岩倉の方で押しきった。

後に京都へ帰って、この将軍自筆の誓書をひらいて見ると、筆つきがたどたどしく、太い字や細い字が入り乱れて、いかにも幼稚だったので、天皇は笑いながら、これなら将軍が自分で書いたにちがいないといった。この功によって岩倉だけが〝御内々〟で、黄金一枚、巻物一巻を特別賞与として与えられた。

天狗も拝む嫁入行列

さていよいよ和宮降嫁の件が決定すると結納《ゆいのう》として正式におくられる品々のほかに、幕府から献上した金品は驚くべきものであった。朝臣一同に対しても一万五千両の金が贈られている。この運動が起ってからの運動費、途中で何回か天皇の意志が動揺した際、〝テコ入れ〟として使った金品などを総計すると、莫大《ばくだい》な額に上る。恐らく一女性のやりとりに用いられた金としては、日本史上における最高記録ではあるまいか。

結納もすんで、いよいよ和宮の出発ということになった。関東から〝お呼び迎えの供〟などとしてやってきたのは、老中以下二万人に達したという。途中の特別警備隊として、講武《こうぶ》所《しょ》から選ばれた剣道、柔道の腕きき五十人がこれに加わっていた。

和宮がこの結婚を承諾した条件の一つに、関東へも京都風の生活をもちこむ、という一条があるが、そのためか六畳二間に、化粧室、浴場、便所などそっくりそろっている京づくりの家を一軒そのままかついで行くことになった。これには五十人の人夫を要した。

道筋ははじめ東海道ということになっていたが、途中に〝薩埵峠《さつた》〟(去った)という縁起のよくない名をもったところがあるというので、木曽路《きそじ》から中仙道《なかせんどう》を行くことにした。もっともこのコースにも板橋《いたばし》の〝縁切り榎《えのき》〟があることに後で気がついたが、これは古くから知られた名木なので伐《き》り倒すわけにもいかない。そこでその木は、葉一枚も見えないように、全体を菰《こも》でくるんでしまい、またその下を通らなくてもいいように、そこだけ別に新しい道をつくらせることにした。

何しろ将軍家へ天皇からお嫁がくるというのは、鎌倉幕府以来初めてのことである。しかも今や危殆《きたい》に瀕《ひん》した幕府にとってカンフルをうつことになるのだから、幕府としては、文字通り到れりつくせりのサービスをした。京都を発して江戸につくまでの間、和宮の食膳《しょくぜん》にそなえられる鯛《たい》の大きさが、最後まで寸分狂わなかったというから、他は推して知るべしである。行く先々の井戸水なども全部検査した。

このとき京都の三条橋詰に立てられた高札《こうさつ》の文句が面白い。

「このたび和宮様関東御下向につき、士農工商をはじめ、天狗《てんぐ》以下の鳥獣にいたるまで拝むべきものなり」

行列が通っている間、十五歳以上の男子は厳重に通行を禁じられた。町家では男はみな奥へ追いこんで、女だけが軒先の土間にならんで拝観した。

終戦後、天皇が地方を旅行するごとに、その土地の道路が、見ちがえるほどよくなるので、「天皇は箒《ほうき》なり」などとプラカードに書かれたりしたが、この場合も、この長距離の道路改修が、作事《さくじ》奉行つききりで事前に行われた。それやこれやで、沿道の住民は、労力を徴発されてひどい目にあった。

さらにこの行列となると、それはたいへんな人数なので、雲助や従来の助郷《すけごう》組織だけで間にあうものではない。その辺の男という男はすべて呼び出され、役《やく》を課せられた。庄屋《しょうや》の倅《せがれ》などでそうした労働に耐えないものは、金を出して代りを雇わねばならず、少し身分のあるものだと、一人あたり少なくとも三両近くの負担になったという。

さてこの行列は、十月二十日に京都を発《た》って、江戸につくまで二十五日かかっている。一日平均五里くらいのスピードで進んだらしい。途中で名所旧跡にくると、添番《そえばん》のものが、駕《か》籠《ご》のうしろから、「右に見えまするは」といった調子で説明するのを雲上人は簾《すだれ》の中から眺めていたのである。当時これを〝真景《しんけい》呼び〟といったが、今の観光バス・ガールの先駆である。

和宮は途中で歌をたくさん詠んでいる。その中には十六歳の少女とは思えぬほどすぐれたものがある。美濃国《みののくに》呂久川《ろくがわ》の渡しで、

落ちて行く身と知りながらもみじ葉の人なつかしくこがれこそすれ

と詠んだが、その心境はまったく王昭君そっくりである。

江戸につくと、ひとまず田安門内の清水家におちついて、ここでしばらく休んだうえ、お輿入《こしい》れは十二月十一日に行われた。そのときは江戸城まで、御所車の通る道幅だけ、檜《ひのき》の板をしきつめたという。

鶺鴒の契り

婚礼は翌文久二年二月十一日、これまた盛大に行われた。民間でも少し落ち目になると、こういうことをかえって派手にやるものである。式場の席はつぎのようになっていた。形からいうと、和宮が主人で、将軍は客分ということになっている。待上臈《まちじょうろう》はいわば総監督で、双方にコーチャーが二人ついている。将軍は右から、宮は左から入って、待上臈の案内で同時に着席し、それから三々九度の盃《さかずき》がかわされるのであるが、盃に酒をつがれるのも宮の方が先である。宮が京都を発つ前に、天皇から〝親王宣下《しんのうせんげ》〟をうけてきたので、こういうことになったのであろう。

式は正午すぎから始まって、すっかり終ったのは夜の四つ時（十時）だというから、ずいぶん悠長なものである。その間に花嫁は何度も服装を改めた。

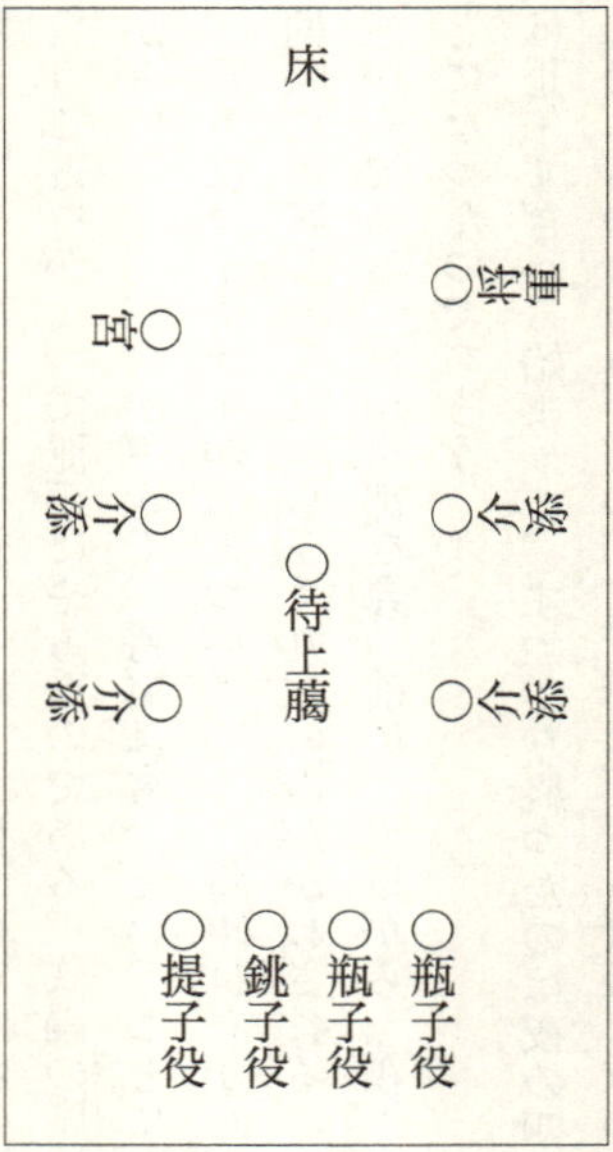

いよいよお床入《とこい》りというときには、最後のお召替えがあって、将軍と宮は寝所になっている小さな座敷に入る。ここの床には、「鶺鴒《せきれい》の台」というものが飾ってある。これは一羽の鶺鴒が嘴《くちばし》を閉じて高い岩の上に、もう一羽は嘴を開いて低い岩に相対してとまっている形を見せたもので、鶺鴒によって初めて男女関係を教えられたという日本の神話に基づいている。そのころ上層階級では、性教育のために、寝所の飾りとして盛んにこれを用いたものである。

将軍は白羽二重の二枚重ね、宮は紅白の平絹を重ね、相対して坐《すわ》ると、双方の介添《かいぞえ》が瓶子《へいす》を把《と》って〝お床盃〟というものが行われる。ここでは、宮もすでに将軍の妻だから、将軍の後で盃をうける。

これがすむと、介添はつぎの間に退き、待上臈だけが残って最後の注意を与える。その後で上臈は屏風《びょうぶ》の外にひきさがり、そこで待機する。しばらくして、祝儀は目出たく相すんだということを介添に伝える。

このとき将軍も宮も年齢は満十五年九か月で、そのころの上層階級の習慣からいうと、決して早い方ではなかった。かくて二百五十年間対立関係にあった〝血〟が、せまりつつある破局を前にして溶けあったのである。

姑気質〝大奥〟版

これから将軍夫人として宮は新しい生活に入ったのであるが、そのころ江戸城の大奥には、天璋院《てんしょういん》という厄介な存在がいた。かの女は前将軍家定《いえさだ》の三番目の夫人で、二十一歳で結婚、二年後に未亡人になった。それに家定は性病を患っていたともいわれ、そのためか、相当のヒステリーではあったが、大奥ではたいへんな勢力をもっていた。利口だといってもやはり女で、かくまでして宮を迎え入れねばならぬ将軍家の現実を十分に認識することができなかった。よくある姑《しゅうと》と嫁の対立からさらに発展して、将軍家と天皇家、武家と公家、江戸と京都の権威争いとなった。当人たちよりはむしろ両派の側近たちによって、この抗争は激化するばかりであった。

このころの将軍家は、朝廷に比べて格式は低いが、実力はまだはるかに上だと考えていた。旧家出の嫁が、実力ではひけをとらぬと思いこんでいる新家の姑のインフェリオリティ・コンプレックス（劣等感）のために、ひどい目にあったわけである。こういう場合はむしろ、嫁の身分の決定的に低い方が円満に行く可能性が多い。今の天皇兄弟の妃の中で秩父宮《ちちぶのみや》妃が貞明《ていめい》皇后に特別に愛されたというのも、かの女がただ一人の平民出であったからだといわれている。

天璋院と和宮の間は、すでに初対面からいけなかった。宮が挨拶《あいさつ》に行ったとき、天璋院は広間の中央で、三つ重ねの座蒲団《ざぶとん》の上にどっかと坐り、宮ははるか末席に座蒲団もなしに坐らされた。それで宮は自分の部屋に帰ると、ワッと泣き伏した。

この情報はすぐに京都に達した。九条関白はそのときの模様を図解までして天皇に示したので、天皇はカンカンに腹を立てて京都所司代を通じて詰問《きつもん》した。所司代の方では、天璋院はたまたま風邪気味だったので、と苦しい弁解をした。

和宮の方でも、姑へのお土産の包紙に「天璋院へ」などと書いた。これは宮の責任ではないが、宮の周囲にはそういう気持があったことは争えない。

徳川家でも前に家斉の第三十四子溶姫《ようひめ》が加賀の前田斉泰《まえだなりやす》に嫁した際、前田家では莫大な金をかけて今の東大構内に〝御守殿《ごしゅでん》〟をつくってこれを迎えた。〝赤門〟はそのころの名残である。姫についてきた女中たちは大奥時代の口ぐせで、主人の夫である前田加賀守を「加賀、加賀」と呼びすてにした。姫がこれをきいて、「それは身の殿のことか」といったという笑い話さえ伝えられている。

これに似たことが、こんどは将軍と宮との間に起ったわけである。勝海舟《かつかいしゅう》の回顧録によると、ある日かれが宮と天璋院の二人を自邸に招いて食事を出したところ、女たちは互に相手の給仕をするといってゆずらず、飯櫃《めしびつ》をはさんで睨みあいとなった。そこで海舟は、櫃を二つ出させ、一つずつ傍へおいて、天璋院は宮の給仕をし、宮は天璋院の給仕をすることにして、やっとおさまりがついたという。

また和宮グループの江戸城における生活は、すべて御所風たるべきことという約束に基づいて、身辺の家具調度はもちろん、言葉遣い、立居振舞、身分、職制、風俗習慣などことごとく京都式で行くことになった。郷に入って郷に従わぬのだから、天璋院以下大奥連中にとっては、この上もなく不愉快であり、目障りだったにちがいない。

さらにもう一つ、孝明天皇から出された条件に、「和宮は生涯すべて火を清め候事につき、大奥向同居の方これあり候ては差支え候事」というのがあって、これを口実に、姑との同居が拒否された。といってまさか将軍の方で出て行くわけにもいかぬから、天璋院の方で二の丸へ退いた。

この一事をもってしても、この段階において皇室の地位がいかに高められてきたかがわかる。古くから将軍家に仕えているものの目から見れば、宮の方が一種の〝成り上りもの〟として映ったであろう。当時かれらが、もともと宮は江戸に居つく肚《はら》がないとか、将軍を愛してはならぬといいふくめられてきているのだとかいったデマをとばしたのも、考えてみると無理もないわけである。

「君もろともに渡らましものを」

それにまた将軍家継嗣《けいし》問題というのがからんでいた。紀州出の家茂は一橋慶喜《よしのぶ》と争って勝ったのだが、和宮が迎えられて、その腹から家茂の子が生れたとすれば、これが将軍家を継ぐのは決定的で、慶喜の浮び上るチャンスはないといっていい。そこで一橋派は天璋院派と合流して、口さがなさにかけてはひけをとらぬ京都派との間に、すさまじい暗闘やデマの応酬が行われたのである。

だが、初めはどんなに気のりがしなかったにしても、夫婦としての生活をつづけているうちには、自然と愛情が湧いてくるものだ。それに衰えたといっても将軍家の威力は、まだまだ相当なものである。和宮にしても、京都時代には想像もできなかったような豪奢《ごうしゃ》な生活に入って見ると、まんざら悪いものでないと感じてきたにちがいない。

ある日、家茂、和宮、天璋院の三人がそろって浜《はま》離宮へ遊びに行った。その帰りに、座敷から庭へ降りようとすると、女たちの履物は沓石《くつぬぎいし》の上にちゃんとそろえてあったが、将軍のはぬぎっぱなしのままになっていた。

これを見てお付きのものがハッとしたとき、いちはやく宮がとびおりて、家茂の履物をそろえた。何でもないことのようだが、宮もどうやら〝妻の座〟にすわったということがこれで証明され、周囲のものもようやくホッとしたという。

だが、この結婚生活も、慶応二年七月、家茂が長州再征の途中大坂城で病死するまでの五年半しかつづかなかった。その間孝明天皇の周囲は公武合体派で固められていて、長州を先頭とする討幕派の乗ずる隙を与えなかった。この点で和宮の存在は、幕府で大騒ぎをしてもらいうけただけの効果があったともいえるし、またそのころはまだ革命的気運が熟していなかったのだとも見られる。

家茂の死後五か月たって、孝明天皇も亡くなった。将軍は脚気衝心《かっけしょうしん》で、天皇は疱瘡《ほうそう》となっているが、どちらも突然発病して急に死んだので、毒殺説が出るわけである。いずれにしても、これで和宮が徳川家にとどまる必要も意義もほとんどなくなったわけであるが、そこはやはり儒教道徳をたたきこまれたこの時代の女らしく、

三つ瀬川世のしがらみのなかりせば君もろともに渡らましものを

と詠んで尼になり、静寛院《せいかんいん》と称した。ときに宮は二十一歳。

家茂の後をついで十五代将軍となった慶喜は、なおも公武合体の立場をつづけようとしたが、時勢はそれを許さず、幕府と朝廷の双方に容《い》れられなかった。たまたまその年は数《かず》の子の出まわりが少なかったので、〝和《かず》の子がなくて二心《にしん》が役に立ち〟と皮肉られた。和宮に子供がなくて、態度のはっきりしない慶喜が相続したことをいったものだ。

傷心のめぐりあい

その後、情勢は急テンポに変転して、慶応四年の鳥羽伏見戦で徳川家はついに〝朝敵〟のレッテルをはられた。大坂城を脱出して命からがら江戸に帰った慶喜は、静寛院にすがって、朝廷へのとりなしを願った。一度断わった宮も、姑である天璋院の折入っての頼みをいれ、慶喜宥免《ゆうめん》運動に乗り出した。

和宮は、お付きの上﨟を使者に立て、生母の実家である橋本大納言のところへ、どうしても徳川家をとりつぶすなら、自分としてもこれを見殺しにはできない、という意味の手紙を送った。これを見た橋本は驚いて、岩倉具視に相談した。

その前に岩倉は、関東に征討軍をさしむける一方、敵方の軍事総裁である勝安房《かつあわ》の方に裏から手をまわし、和宮を京都へとりもどす工作を行っていた。宣戦布告をしておきながら、人質をもどせなどという虫のいい要求は、戦国時代などでは考えられないことである。こういうこみ入った情勢のもとに、和宮からの使者は、「慶喜宥免は望みなきに非《あら》ず」という岩倉からの返事を土産に、江戸に帰ることができた。

しかし、その間にも征討軍は東海、東山、中仙の三道から江戸におしよせた。朝廷では、和宮の安否を気づかって、京都へ帰るよう何度もすすめたが、宮は「一身の存亡は当家（徳川家）存亡にまかせ候心得に候」といってきかなかった。そしていよいよ征討軍が江戸にせまってくると、

「孝を立てんと致せば不義に当り、義を存じ候えば不悌《ふてい》になり、まことに一身如何《いかが》いたしよろしく候哉《かな》」

という手紙を、慶喜の手紙にそえて橋本に送った。

そうこうするうちに、征討軍の先鋒《せんぽう》は早くも川崎《かわさき》に達した。和宮はお付きの上臈に家来五十一名をつけて、攻撃中止の嘆願書をもたせてやった。この上臈の一行が品川《しながわ》までくると日がくれたので宿をとろうとすると、宿屋も現金なものだ。徳川方に宿を貸して後に官軍からにらまれては災難だというので、どこも泊めてくれない。一行はやむなく近江屋という妓楼《ぎろう》に上ったが、そこの蒲団は穢《けが》らわしいと、座敷に駕籠のまま上りこみ、その中で一泊した。

翌日、一行は六郷川を越えて、川崎まで進出してきた薩軍の先鋒にたどりついた。さっそく、

「静寛院さまのご名代として総督にお目にかかりたい」

と申し入れた。しかし田舎《いなか》ものの薩摩兵に、〝静寛院〟といってもわかる筈がなく、ここは坊主や女のくるところではないと、銃口をさしむけられる始末である。

これに驚いて一行が逃げ出そうとしたとき、たまたま薩軍の中に一行のお附《つき》武士の一人と顔見知りのものがいて、それから連絡がつき、橋本実梁《はしもとさねやな》に会うことができた。橋本は和宮の従兄にあたり、かれを東海道の総督兼鎮撫使《ちんぶし》に選んだのは、宮のために万事都合がよかろうという岩倉の指金《さしがね》から出たものだという説もあるが、これはあまりうがちすぎた見方であろう。

それよりも、このときの征討軍大総督は、和宮のかつての婚約者有栖川宮熾仁《たるひと》親王であるという事実の方がはるかに劇的である。ひとたびは結ばれようとした運命の糸を、抗しがたい権力のために無残にも解きはなされた二人が、今は相争う二つの陣営にわかれて対峙《たいじ》する身となったのである。そしてその一方が、同じ〝血〟にすがって救いを求めてきたのだ。

これとほぼ時を同じくして行われた西郷隆盛と勝麟太郎《りんたろう》(安房)の外交折衝《せっしょう》が順調にすすみ、官軍の江戸入城はほとんど無血に近い形で行われ、徳川家もつぶされず、慶喜も終りを完《まっと》うしたことについてはここで改めて説明するまでもない。

明治十年、和宮は亡夫家茂と同じ脚気衝心で亡くなった。遺言にしたがって遺骸《いがい》は徳川家の廟所《びょうしょ》である増上寺《ぞうじょうじ》に葬られた。

天皇コンツェルン完勝す

王政復古に不賛成の孝明天皇

官軍に猫も杓子《しやくし》もくるはずだ狆《ちん》と豚とでできたまちがい

〝狆〟（朕《ちん》）とは孝明《こうめい》天皇の後をうけて、十五歳で即位した明治天皇のロボット性を諷《ふう》したもので、〝豚〟とは将軍家茂《いえもち》の後見職で、家茂の死後徳川十五代将軍となった慶喜を意味している。慶喜は当時の典型的な知識人で、いちはやく西欧文化の優位を認め、油絵を学んだり、豚肉の入った西洋料理にも率先して箸《はし》をつけたりしたので、生家の〝一ツ橋〟に引っかけて〝豚一〟という綽名《あだな》で呼ばれていたものである。

右の川柳の中には、天皇と慶喜の双方に対する江戸市民の不満の意が端的に表現されている。時代の変革の本質を正しくつかむことのできなかったかれらの頭に、新しい事態が〝まちがい〟として映じたのも無理はない。

いずれにしても、家茂と孝明天皇の相次ぐ死によって、これまで比較的平衡を保っていた朝幕関係に狂いが生じた。将軍家においては、二十一歳の病弱な青年に代り、四十歳の分別ざかりで、かなりはっきりした個性と独自の判断力をもった男が登場したのに反し、天皇家においては逆に、いろいろと失敗を重ねながらも多年難局に処してきた、我意の強いヴェテランがたおれて、その後に銃声をきいて卒倒するような青年が擁立されたのである。かくて前者は守勢、後者は攻勢の立場に立たせられたが、前者は将来の見透《みとお》しが利くだけに、たたかわずして敗北者となり、後者は勝利をあせる積極派にとって非常に便利な存在となったのである。ここにおいて時代は急旋回して、新しい段階に突入した。

「関東への委任、王政復古の両説これあり、これも暴論の輩《やから》、復古を深く申し張り、種々計略をめぐらし候えども、朕においては好まず、初めより不承知と申しおり候」

というのが、孝明天皇の基本的な考え方で、かれは最後までこの思想から脱却することができなかった。十万石の一大名程度の環境で育ったかれは、いきなり全日本を支配する権力をにぎれといわれても、自信がもてなかったにちがいない。要するにかれは決して革命家でなかった。かれの側近にしても、老齢のものや身分の高いものはすべてそうであった。

天皇暗殺説

そのころ出た〝勅諚《ちょくじょう》〟の中には偽物や部分的に改竄《かいざん》されたものが多かった。というよりも、天皇自身の頭が絶えず動揺していたので、「真実の朕の存意」なるものがどこにあるのか、自分でもわからなくなってしまったのではあるまいか。

そうこうするうちに、幕府は長州再征の失敗によって、完全に威信を失った。そのために長い間啀《いが》みあっていた薩長の連携も成立した。

朝廷の討幕派にとっては絶好のチャンスである。まず岩倉具視が動き出して、さしあたり長州に亡命していた討幕同志のパージ解除の策謀から手をつけた。その結果、二十二人の公卿《くぎょう》が結束して、かつての〝八十八人建奏《けんそう》事件〟の二の舞いを演じるところまで発展した。しかしこんどもまた天皇から、

「今日卒然《そつぜん》党を結んで来り迫る。何ぞ不敬なるや」

といった調子の凄《すご》い一喝を食い、首謀者と目された中御門経之《なかみかどつねゆき》、大原重徳《おおはらしげとみ》以下、閉門、謹慎の処分をうけた。同じく槍玉《やりだま》にあがった正親町三条実愛《おおぎまちさんじょうさねなる》は、

「一身において毫《ごう》も恥ずるところなし。畢竟《ひっきょう》、愁国慷慨《しゅうこくこうがい》より起るところは神人のよくよく知るところなり」

と、不貞《ふて》くされている。恐らく、討幕公卿の多くは心の中で、「このわからずやめが！」と舌打ちをしたにちがいない。

それから数か月後に、天皇が急に亡くなったものだから、暗殺説も出るわけである。風呂《ふろ》

場で刺殺されたという説と、岡本肥後守《おかもとひごのかみ》という典医が抱きこまれて〝献毒〟したという説もあるが、どっちも決定的な根拠があるわけではない。

終戦後になって、京都市に保存されていた資料の中に、当時祈禱師《きとうし》として多くの信者をもっていた日蓮宗《にちれんしゅう》の僧侶《そうりょ》の日記が発見された。それによると、天皇が急病だというので、あわてて御所にかけつけたとき、天皇の顔には紫の斑点《はんてん》があらわれて虫の息だったという（一説によると、その前の日に岩倉が天皇に新しい筆を二本献上したが、その穂先に毒が含ませてあったのだともいわれている。天皇は筆をとるといつもなめる癖があったからだ）。

アーネスト・サトーはその「日本滞在記」の中で、

「風評では崩御の原因は天然痘だといわれたけれど、幾年か後に、私は裏面の消息に精通する日本人から、帝《みかど》はたしかに毒害されたのだと教えられた。……東洋では偉い人の死因を毒殺だとすることは、きわめて普通である」

と書いている。毒殺ならなおのこと、自然死でも、幕府と朝廷をつないできた強い環《わ》は、これで外れてしまったことになる。

その後に立った明治天皇は、やっと十五歳だったので、時の関白二条斉敬《なりゆき》が摂政に任ぜられた。二条家は、家康以来の徳川派だから、これと中川宮が手をにぎれば、討幕派をある程度抑えることができたろうが、それも当時の情勢からいって、結局は永つづきしなかったのであろう。というのは、新帝の即位とともに、討幕派の猛者《もさ》連が追放解除の恩典に浴して、いっせいに復帰してきたからである。

討幕戦線の統一

この段階において特に興味があるのは、その後の岩倉具視の動きである。建奏事件で失敗したかれは、これまでの公武合体主義を改めて、武力による討幕という方向に転じた。それにはどうしても実力のある雄藩と組まねばならぬと考えて、薩藩の井上石見《いのうえいわみ》あてにつぎのような手紙を出した。

「良禽《りょうきん》は樹をえらんで栖《す》み、良士は主をえらんで仕うと申す古言もこれあり。豊太閤《ほうたいこう》のお微賤《びせん》の時において、当時の豪傑武田、上杉、今川諸氏をかえりみずして、いまだ大国を領せざる織田氏に仕うる如きは、小子のもっとも感服するところにこれあり候。しかして小生の貴藩に依頼するもまたこの意にほかならず候」

これは明らかに薩藩に対する岩倉自身の売りこみであるが、雄藩中のナンバー・ワンを相手にこういうことをいっているのだから、少々滑稽《こっけい》である。しかしこれによってかれは、薩藩をスポンサーとしてつかまえることに成功した。

つぎは三条実美《さねとみ》の率いる左派との連携である。これは土佐の中岡慎太郎《なかおかしんたろう》に頼んで橋渡しをしてもらった。社会党右派の策士西尾末広《にしおすえひろ》が、左派委員長の鈴木茂三郎《すずきもさぶろう》に提携を申しこんだようなもので、三条は初めは「岩倉ごとき大奸《たいかん》と大事を図《はか》るはいさぎよしとせず」といって相手にしなかったが、東久世通禧《ひがしくぜみちとみ》のすすめで、しぶしぶながら承諾した。これで朝廷側の討幕体制は一応とととのったわけである。

徳川慶喜は、家茂の生きていたころから幕府の後見職として、松平慶永《まつだいらよしなが》や島津久光《しまづひさみつ》と呼吸のあった政治を行ってきたが、将軍家をつぐとともに、極端な反動政治を行った井伊直弼の遺領から十万石、その後継閣老であった安藤信正から二万石を削り、さらに久世広周《くぜひろちか》、酒井忠義《さかいただあき》、間部詮勝《まなべあきかつ》なども それぞれ処分して、朝廷の反幕思想緩和の政策をとった。それと同時に、条約調印を既成事実として承認させようというのがねらいである。前に手柄を立てて褒められた特高警察官が、その後政府の方針が変ったために処分されたようなものだ。

一方でまた慶喜は兵制改革を断行し、フランス人教師を雇って洋式訓練などを行って、相当腕の冴《さ》えたところを見せた。これを見て朝廷側では、慶喜を一時非常に高く評価した。例えば岩倉は、「軽視すべからざる勁敵《けいてき》なり」、木戸孝允《きどたかよし》は「家康の再来ならんか」、さらに大久保利通《おおくぼとしみち》にいたっては、「ついには幕府の朝権を掌握するにいたらん」とまで脅威を感じた。

だが、慶喜の聡明《そうめい》をもってしても、大勢はどうにもならなかった。幕府の長州再征の失敗によって、薩長連合は急速に実現した。やがてそれは討幕の具体的な戦略協定にまで発展し、残された問題は討幕の〝詔勅《しょうちょく》〟をどうして入手するかという点だけとなった。〝詔勅〟というのは、会社でいえば社長のサインみたいなものであるが、この場合においては、相手は十五歳の幼帝である。このころ朝廷では、老人組の勢力が後退し、代って少壮実力派が進出してきた。それは三条の率いる左派と岩倉のあやつる右派にわかれていたが、すでに両派の提携は成立した、というよりも、かれらの背後にある薩長が手をにぎった以上、これをしりぞけるだけの勢力は、朝廷のどこにも見当らないわけである。

〝大政奉還〟劇

この際、朝幕いずれにも深入りしないで、ずっと〝第三勢力〟的な立場をとってきた土佐は、こんどは〝大政奉還〟という新しい手で進むことになった。この面で藩論をリードしていた後藤象二郎《ごとうしょうじろう》は、これまでの行きがかりから、これについて諸藩に折衝した。

薩藩は長州と挙兵契約を結んだ後なので、真っ向からこれに反対したが、後藤に口説《くど》かれて少しは譲歩し、挙兵の期日は大政奉還問題が片づいた後にするということで妥協した。

そのころ、すなわち慶応三年十月には、将軍慶喜が京都の二条城《にじょうじょう》に滞在していた関係で、各雄藩の藩主ならびに各藩の指導的な分子はほとんどすべて京都にあつまり、その間に公私の往来が激しく、各種の折衝や取引が猛烈に行われていた。西郷隆盛などはこれに疲れ果てて、「戦争が始まるまではもう何事にも手出しはせん」といって、何をいってきてもうけつけなかった。

徳川家という一大コンツェルンの崩壊を前にして、有力な諸藩、ならびにそれを背景とする〝志士〟たちは、早くもこのコンツェルンの所有株の分割割当を考えて狂奔していたのである。問題は、その崩壊に際し、これに致命的な打撃を与えたという功によって、新勢力の間で最大の発言権を要求しうる立場にたつか、それともその打撃をできるだけ緩和する立場にたち、旧勢力のために一応盾《たて》となってこれに恩恵を施し、そこから最大の遺産を獲得するのと、どっちが有利かということである。それによってこれら硬軟両様の戦術の一方が選ばれるわけだ。

そのころ慶喜の側近に、永井尚志《ながいなおゆき》というのがいた。若年寄という役目で、会社でいえば秘書課長というところである。これが後藤に、〝大政奉還〟の建白は、慶喜自身が先に口をきったことにしてくれと頼みこんだ。土佐にいわれてそれに将軍が応じたというのでは、幕府のメンツが立たないからである。

最初将軍が大政奉還の提案をもち出すと、幕府の重役連はこれに猛烈に反対するにちがいない。その際後藤が〝諮問《しもん》〟という形でその席に呼び出され、そこで盛んに自説をはいて反対派をへこませる。——こういった演出上の打合せが、永井と後藤の間で行われた。これが実演されたのは十月十三日で、このときすでに薩藩の兵は長州に到着し、ここで長州兵と合流して待機していた。

後藤に劣らぬ薩藩の策士小松帯刀《こまつたてわき》のこのときの動きも、すこぶる興味がある。この日にかれは、西郷や大久保と挙兵について相談した上、天皇の討幕詔書という重要手形の振り出し方を相棒の公卿たちに依頼した。そして、その足で例の大政奉還劇の舞台に顔を出している。

幕があいてみると、大政奉還の議案は、幕府の重役連が異議をはさむ余地はほとんどなく、かんたんに可決されてしまった。それには新政府において、慶喜が列藩《れっぱん》会議の議長に就任し、〝政務御委任〟という形で政権もなおその手に残るという虫のいい条件が容《い》れられたからでもあるが、何といっても背後にある薩長の武力がものをいったのである。

この後で、小松、後藤の二人は中川宮を訪ねて、これまでの経過を報告した。宮は、幕府が大政奉還を承諾したときいても、笑ってほんとにしなかった。そこで二人は、自分たちのいうことが信用されないなら、御前で腹を切るといったので、宮もびっくりして二人の話に身を入れた。そして慶喜の手に実権が残るという事実を確かめた上でこれを承認した。

これでやっと親幕派の大物が一人陥落したというので、つぎに二人は、摂政二条斉敬《なりゆき》を訪ね、こんどは〝大政奉還〟を天皇に奏請してもらいたいといった。ところが、二条は、

「公卿には武家のように切腹の作法がないから、軽率に事を運んで失敗しても、後で申しわ

けを立てるすべがない」

といって、うけつけない。そこで小松は、

「お請合なければ、われらにも覚悟がごわすぞ」

と大声で喚《わめ》いた。そして「あなたは自分さえ畳の上で安楽に暮していれば、万民は塗炭《とたん》の苦しみをしていてもいいのですか」と面罵《めんば》した。

これをきいて二条は蒼《あお》くなり、明日将軍が参内すれば、勅許になるよう取り計らおうと約束した。

帰り途《みち》で、後藤が小松の肩をたたいて、

「さっきは凄い見幕《けんまく》だったが、いったい貴公にどんな覚悟があったのだ」

と訊ねた。すると小松は、別に何の考えもあったわけではなく、ちょっとおどかしてみただけだといって、呵々大笑《かかたいしょう》したという。歴史上の大きな変革というものは、たいていこういった形で、こういった人間によって行われるものである。

密勅のからくり

これで土藩の計画は一応成功したように見えたが、実はその裏で、薩藩の大久保利通が岩倉などと連絡をとって、ひそかに討幕の密勅入手計画をすすめていたのである。すでに〝錦《きん》旗《き》〟もかれらの手でちゃんと用意されていた。そして〝大政奉還〟の議がまとまった夜、大久保は岩倉の家で、正親町三条実愛から薩藩主父子あての討幕の密勅、長藩主父子あての朝敵赦免、官位復旧の勅書を渡された。

だが、この前後数日間は、維新史上においてもっとも多くの謎をふくんでいる部分である。〝詔勅〟とか〝宸裁《しんさい》〟とかいっても、十五歳の少年天皇に、明確な意志とか、重要な国事に対する判断力とかのある筈《はず》がない。たれが奏請して、どうして手に入れたのか、正確なことはわからない。わかっていることは、これらすべてに岩倉の手が動いていたということだけである。明治もずっと後になって、正親町三条実愛が語ったところによると、「二条にも親王（中川宮）にも少しも洩《も》らさず、極内のこととて、自分ら三人（中山忠能、中御門経之《なかみかどつねゆき》、正親町三条実愛）と岩倉よりほかにたれも知らなかった」のであって、そのころ各種の〝詔勅〟はたいていこういう形でつくられたのであろう。また、密勅の中には明らかに違式の偽書も少なくなかった。

中山、中御門、正親町三条の新帝側近トリオのうちで、中山は天皇の外祖父（明治天皇を産んだ慶子《よしこ》の父）だから万事好都合と見て一枚加えられていたのだが、それは「名ばかりで、すべて岩倉の骨折りである」と、正親町三条もはっきり認めている。そのころの〝詔勅〟は、お手盛でも何でも、つくって、出して、効力を発揮しさえすればよかったのである。後でバレても、そのときにはもう既成事実となり、これに反対する勢力を抑えたり、抹殺するだけの権力をにぎってしまっているから、問題はないという考え方である。

孝明天皇の生存中においても、度々〝密勅〟が出て、その真実性が疑われたものであるが、たとえ本人が自ら筆をとったものでも、その背後に無言の脅迫と強制の手が動いていたとすれば、ほんとはそれも〝偽勅〟だといわねばならぬ。こういうふうに考えてくると、真勅と偽勅の区別がつかないというのは、むしろ普通だといわねばならない。例えば、〝大東亜戦争〟が勃発《ぼっぱつ》したときの詔勅について考えてみるがよい。あれが天皇個人の意志だと考えるものは一人だってあるまい。〝詔勅〟の背後にはいつも、岩倉なり東条なりがいるというのが、むしろ常態なのである。

さて、話は元へもどって、大久保が〝密勅〟をふところにして岩倉の家を出ると、門前に近藤勇《こんどういさみ》以下新撰組《しんせんぐみ》の剣士が六、七人うろついていた。危機一髪というところで、小松が〝密勅〟をリレーして無事に京都を脱出することができた。これをうけとって薩長の大軍は、待ってましたとばかり京都にむけて出発したのである。

ここまでくればもう大丈夫と見てとった岩倉は、大久保と共謀の上、強引に宮廷改革を断行し、王政復古の大号令という大芝居をうつ手筈をきめた。

公武合体派の誤算

大久保がその具体的なプログラムを後藤にもらすと、後藤は驚いて松平慶永に通報し、慶永はさらに慶喜に伝えた。慶喜は大政を奉還しても、よもや朝廷の方で受納するまいと思っていたが、それを受納するばかりか、そのときの条件を無視して、新政府から幕府勢力を一掃するような計画が進んでいるときいて、仰天した。新旧両会社の合併が成立したとたんに、定款《ていかん》を改正して旧幹部を一掃してしまうようなものである。

土佐藩主山内容堂《やまのうちようどう》も、後藤の報告をきくと、たちまち眼をむいて逆上し、「薩州何者ぞ、天子をはさんで四方に号令せんとは奇怪千万」と、吐き出すようにいったが、後藤は、薩長がすでに有力な公卿をすっかりおさえている事情を説明して「今強いて薩長に反対すると、かえってその術中に陥り、朝敵と見なされる恐れがあるから、ここのところはひとつ忍びがたきを忍びたまえ」と宥《なだ》めた。

ここに〝第三勢力〟の早晩陥らねばならぬ運命があった。それが対立する両勢力の間にあってチヤホヤされるのは、対立のそれほど激化しない段階においてのみであって、決定的な瞬間がすぎても、相変らず中間的な立場を守っていたのでは、はげしい勢いで進展する歴史からおき去りを食ってしまう。そこでとっさの間に態度をきめて、どっちかに便乗しなければならない。それは動いている車に飛びのりをするようなもので、下手すると大怪我をする。

十二月八日と天皇

一方公卿たちの間では、こうした非常事態に臨み、家柄とか官位とかいうものをぬきにして、すべて実力で争うという時勢になってくると、博徒に家を貸してテラ銭かせぎまでしてきたという岩倉に敵《かな》うものは一人もいない。それに、かれの背後にある薩摩の武力がものをいう。天皇という玉は、岩倉のかねての望み通り、今や完全にかれの手中にあるのだ。かれの判断はそのまま〝宸断《しんだん》〟であり、かれの命令はただちに〝勅命〟となって、これにはたれも歯が立たなくなる。一介の下級公卿でもこの〝玉〟をにぎれば、千数百年の伝統的権威を横どりして、たちまちオールマイティとなり、天下に号令することができるというところに、天皇制の絶大な利用価値があり、危険な陥穽《かんせい》がある。

この年の十二月八日は朝から雪だった。朝廷では長州藩主父子ならびに岩倉の宥免《ゆうめん》、すなわちパージ解除の会議が夜っぴて行われた後なので、二条斉敬、中川宮などは疲れて退出したが、前から申し合わせていたとみえて、中山、正親町三条、中御門の側近派トリオ、というよりも岩倉のロボット組が居残った。そこへ岩倉がアタフタとかけこんだ。

かれはたった今解除になったばかりで、四角な坊主頭にはまだ毛が生えそろっていなかったのでその上に冠《かんむり》が不安定な形でのっかっていた。あらかじめ通知して呼び出してあった各雄藩代表を前にして、岩倉は〝特別の叡慮《えいりよ》〟をもって、新しい密勅の内容なるものを披露する旨を伝えた。

このとき西郷、大久保の指揮する武装兵が御所を包囲して、すべての門を固めていた。またその内部では、岩倉の選んだ公卿や女官たちによって天皇は〝守護〟された。この重大な時機に、大切な〝玉〟を奪われまいとする用心から発していることはいうまでもない。

そこへ少年天皇は、岩倉からの〝上奏〟をうけて眠い眼をこすりながら姿をあらわし、王政復古の〝大号令〟なるものを宣した。これによって二条摂政をはじめ、中川宮、近衛、鷹司、九条等の右派は、すべて参朝《さんちょう》差止めの上、謹慎という処分をうけた。摂政が自分の補佐している天皇にパージされたのだから、人形が人形使いを追っぱらったようなものである。もちろんこれは人形使いが変ったことを意味する。

それと同時に、これまで徳川家が朝廷にうちこんでいたクサビであり、監視者でもあった議奏、御付武家、伝奏、守護職、所司代等の特高的諸制度は、一つ残らず廃止された。これで天皇は将軍のつくった檻《おり》から解放されたのであるが、そこにはすでに、より立派ではあるがより厳重な新しい檻が用意されていたのである。

かくて〝天皇親政〟なるものが始まった。新政府は摂政、関白などという旧制度をとり除き、その代りに総裁、議定、参与などという、西欧風の両院制を若干とり入れた公議機関をつくった。総裁には有栖川宮熾仁《ありすがわのみやたるひと》親王を、議定には山階宮晃《やましなのみやあきら》親王以下公卿の長老や雄藩の当主をすえた。これは元老院のようなもので、実際政治を担当するのは参与の方である。これには岩倉、西郷、後藤等々、公卿ならびに各藩の少壮実力派を一応公平に網羅し、オール・スター・キャストで構成した。

これはちょうど〝大政翼賛会〟みたいなもので、こういう形をととのえてかかれば、その中の一人もしくは少数実力者が何をやってもいいということになる。〝非常時〟になると必ず出てくる日本的な〝挙国一致〟体制である。それから七十九年後の同じ十二月八日に、天皇裕仁《ひろひと》は東条のサーベルに脅かされないまでも、これに追従して、対米宣戦の〝大号令〟を発したというのも、かつごうと思えばかつげる妙な因縁である。

暴力議会

さて維新政府の第一回本会議、いわば新会社の最初の株主総会とでもいうべきものが翌十二月九日の夜に入って開かれた。雄藩の当主たちにしてみれば、かつての貧乏公卿や各藩の軽輩どもが、自分たちと同席して、得々として意見をのべるのを見て、ひどく癪《しゃく》にさわったにちがいない。

最後まで公武合体の立場をすてなかった山内容堂にとっては、慶喜は何といっても三百年来仕えてきた旧主であり、いわば親会社の社長である。そこでかれは不満の色をはっきりと現わしていった。

「議定の顔ぶれに徳川内府（慶喜）がもれているのはどういうわけだ」

これに対して首席参与の大原重徳《おおはらしげとみ》は答えた。

「徳川公は政権を奉還されたが、それが誠意から出たものかどうかはっきりしないから、いましばらく遠慮していただいた方がいい」

すると容堂は、猛烈に食ってかかった。

「かつて逆賊明智光秀をすら朝廷に推奏した腰ぬけ公卿に何がわかるか。このような暴挙をあえてするのは、恐らく二、三人のものが、幼冲《ようちゅう》の天子を擁して権柄《けんぺい》をほしいままにせんがためではないか」

容堂の隣に座を占めていた松平慶永が、しきりに容堂の袖《そで》を引いて制したけれど、この弾《だん》劾《がい》演説をとめることはできなかった。

この間、凄い形相《ぎょうそう》でジッと容堂をにらんでいた岩倉は、機を見てつぎのような提案をした。

「慶喜は大政を奉還したとはいえ、まだ土地人民もそのままだし、兵力をもにぎって、将軍としての実力を失っていない。そこでかれに土地を返納し、官を辞するよう諭し、その誠意のほどを計ってはどうか」

新会社に合併吸収された以上、旧会社の方で手もちの株式、支配下にある工場、息のかかった従業員など、そっくりそのまま引きわたすまでは〝誠意〟が認められないというのである。将軍にこの条件を呑《の》ませるということになると、それがすぐ各藩にも響いてくることは明らかである。

新会社の大株主である薩藩だけがこれに賛成し、他の諸藩がこぞって反対したのは当然である。後者の立場を代表して後藤が反対演説を試みた。

岩倉派は少し旗色が悪くなったので、ここで休憩を宣した。その間に岩倉は、御所守備隊の指揮者としてこの会議に出なかった西郷のところへ使いをやって、かれの意見を求めた。西郷は会議の模様をきいた上で、使いのものにいった。

「西郷は岩倉に〝匕首《あいくち》をおもちですか〟ときいたとお伝え願いたい」

この報告をきいた岩倉は、急に酒をガブ呑みして、酩酊《めいてい》を装いながら、芸州の浅野《あさの》長勲《ながこと》を招き、短刀を前にして、

「容堂があくまで自説を固守するなら霹靂《へきれき》の一手をもって事を一呼吸の間に決するほかはない」

と、からんだ。まさか岩倉がこれを実行するとは思わぬが、かれの背後には薩長の大軍がひかえている。そこで長勲は辻将曹《つじしょうそう》を通じて後藤に知らせた。後藤はまたも容堂を宥めすか

して、岩倉案を見送ることに同意させた。

このニュースを二条城にいてきいた慶喜は、後藤の裏切りにいたく失望した。幕将たちが切歯扼腕《せっしやくわん》したことはいうまでもない。当時慶喜の手もとには、よく訓練した兵が十八大隊いた。元来慶喜は洋式調練が好きで、その方は薩長兵などよりはずっと進んでいたが、調練と戦闘力とは別物である。ここで慶喜の方から手出しをしては、たちまち〝朝敵〟ということになり、うまうまと薩長側の挑発にのるわけである。そこで慶喜はひとまず大坂城に退いた。落武者にも等しい形でいや全く落武者そのものであった。

しかし、そのために討幕派の方でも当がはずれてガッカリした。その後も西郷などは、何とかして武力行使のきっかけをつくるべく、しつこく挑発をくりかえした。このときまでに〝錦旗《きんき》〟が二本、〝菊花章旗《きっかしょうき》〟が十本つくられていて、半分は京都の薩摩藩邸に匿《かく》してあった。これをつくる布地は、大久保の妾《めかけ》で、祇園の一力亭《いちりき》の娘分になっていたゆうという女が、公卿に贈るという名目で買い溜《だ》めをしておいたものである。十本やそこらの旗で天下をとろうというのだから、今から考えるとまるで兵隊ごっこである。

〝朝敵〟製造者

そのころ、西郷は天璋院守護という名目で、全国からルンペン武士を五百人ばかり狩りあつめ、江戸市内であばれ放題にあばれさせた。天璋院というのは、薩摩藩主島津斉彬《なりあきら》の娘分として十三代将軍家定《いえさだ》に嫁したものである。

これに対して江戸町人は、自警団のようなものをつくり、与力と協力して治安の維持につとめたが、たまたま薩摩の支藩である佐土原《さどわら》藩士の一隊が突如、市内警備役の庄内《しょうない》藩主酒井《さかい》忠篤《ただずみ》の屯所に発砲し、そこの役人を殺傷するにおよんで、俄然《がぜん》形勢は重大化した。酒井側は反撃に出て、薩摩と佐土原の両藩邸を焼きはらい、大衆文芸で有名な薩藩士益満休之助《ますみつきゅうのすけ》以下を捕虜にした。

このニュースが京都に伝わると、煮えきらぬ慶喜を擁して歯ぎしりしていた幕府側の主戦派は、いっせいに色めき立った。かれらは慶喜の制止に耳をかさず、歩、騎、砲の兵をまとめ、翌年一月三日を期して上京する手筈をととのえた。

折も折、岩倉は慶喜に対し、軽騎して上京せよという〝勅命〟を発した。これと時を同じうして江戸では薩兵が「天璋院様御使者」と詐《いつわ》って江戸城に入り、本丸に放火したという情報が入った。

ここにおいて慶喜もついに意を決し〝討薩の表〟をつくって京都にむけ出発した。かくてついに幕府、朝廷の両陣営は武力決戦の段階に突入したのである。

これが鳥羽伏見の戦いで、兵力からいうと、幕府側一万余に対し、薩長側は四千で、三分の一にすぎない。それに幕府側には、当時近代戦術を学んで、完全にこれを身につけていた窪田《くぼた》泉太郎《せんたろう》などがいた。

しかし、西郷にいわせると、これだけの大軍を一道に進めたのは大失敗で、これを諸道に分散して攻めこんで来られたら、防ぎようはなかったのである。しかし、このときの幕府首脳部のねらいは、威嚇が主で、そう綿密な作戦計画を立てていなかったのだ。

一本道をひしめきあって進んでくる幕軍に対し、薩長軍は高所から激しくうちかけた。これで幕軍が動揺しはじめたときに、突然藤堂軍が寝返りをうった。そのときかねて用意の〝錦旗〟が薩長軍の方に揚るにおよんで、一挙に大勢は決した。それよりも薩長にとっての大きな収穫は幕軍が〝錦旗〟に発砲してくれたお陰で、これにはっきりと〝朝敵〟のレッテルをはることができたことである。

ところで、この戦闘開始の報に接して山内容堂はいった。

「これは私闘だ。こういう名分のないたたかいに、土州《どしゅう》兵は一人も参加させてはならん」

これをきいて薩長軍の参謀大久保以下が暗い気持でいると、井上聞多《いのうえもんた》（馨《かおる》）はカラカラと笑って、

「いや、このお陰で朝廷の御領地が、幕府の八百万石の上に、土州の二十四万石がふえると思えばいいじゃないか」

といい放った。もちろんかれは、このとき自分たちの分け前のことも頭に浮べていたにちがいない。しかしそれといっしょに薩長の所領も朝廷のものになる。すなわちこれで封建制度がくつがえされるとは、夢にも考えていなかったろう。

戦闘開始とともに慶喜は大坂城へ引っ返した。やがて幕将たちが敗報をもたらし、この上は全軍の士気を振い立たせるために、将軍自ら出陣してほしいといってきかない。そこで慶喜は、「それじゃ今から出るから、各々部署につけ」と命じ、かれらがそれぞれの陣屋に引きとったのを見とどけて、夜陰に乗じて裏門から出て開陽丸《かいようまる》で江戸へ脱走した。

横行する偽勅使

そこで新政府は、いよいよ本格的な討幕戦に乗り出すことになった。するとこれまで洞ケ《ほらが》峠《とうげ》をきめこんでいた諸藩も、続々と〝官軍〟に投じてきた。井伊直弼を出した彦根藩、〝御三家〟の一つである紀州藩までがこれに加わった。

征討軍は〝錦旗〟を押し立てて、東海、東山、北陸の三道から、いっせいに江戸にむけて進撃した。沿道の諸藩にはまず向背《こうはい》を問い、従うものには〝勤皇証〟を交付した。

こうなってくると、これまで中央の政争の圏外に立っていた地方の群小藩も、態度を明らかにしなければならない。というよりも、今や皇室株は、かつての〝愛国公債〟と同じで、どこでも少しはもっていることが護身上必要だということになる。といって、地方ではそう急に手に入らぬ。その盲点に乗じて、〝偽勅使〟がいたるところ横行した。

かれらは、七、八人で一つのチームをつくり、いかにもおしのびで〝密勅〟を携えているように見せかけ、天下の形勢の急変にとまどっている小藩を訪ね、下にもおかぬもてなしをうけた上、旅費として金銭をまきあげて歩いたのである。トランプに〝ダウト〟という遊びがあるが、それと同じで、うっかりこの一行にダウトして、万一それが本物の勅使であってはたいへんだと、どこでも一応敬意を表したのが、かれらのつけめだった。今でも偽警官や偽税務署員などがよく使う手である。

だが、こういう〝偽勅使〟の横行を生んだ責任は、官軍の方にも少しは、いや相当あったのである。朝廷自身が、ろくすっぽ金の用意もしないで、この大戦争に乗り出したからだ。鳥羽伏見戦が始まったときのことだが、宮中には現金がちっともないというので、新政府の会計係が、御所出入りの鳩山堂へとびこんで、銭箱にあった六十六両をそっくりかっさらって行った。その前に新政府では、大いに〝人材登傭《とうよう》〟を行うというので、新しい役人を百人ばかりあつめ、さしあたり御所に近い相国寺《しょうこくじ》に収容することになったが、かれらにきせる蒲団《ふとん》がない。岩倉の名義で貸物屋から借りて来させてやっと間にあわせたのはいいが、その借り賃はついに払わずじまいだったという。これらは嘘のような話だが、「維新財政談」という書物にちゃんと出ている。これは井上馨や渋沢栄一《しぶさわえいいち》を中心に、そのころの新政府に関係してずっと後まで生き残った人々の座談会記録だから、信用していいだろう。

一役買った町人〝三井〟

こんなふうで、岩倉具定《ともさだ》（具視の三男）を総督兼鎮撫使《ちんぶし》とする東山道軍が五千人の兵を率いて京都を発したのは二月二十一日で、その日のうちに大津《おおつ》についた。しかしそこでもう軍資金がなくなって、三日間も立往生をしたというのだから、ずいぶん無茶な話である。兵站《へいたん》部《ぶ》を仰せつかって従軍していた三井の手代堀江清六が、やむなく京都へ引っ返し、三千両調達してきた。それでようやく大垣《おおがき》までくると、また金がなくなってストップした。

岩倉以下の軍首脳部が鳩首《きゅうしゅ》会談を開いたところ、前に幕府から大垣藩に徴集を託した米穀《べいこく》のうちまだ未納の分がある筈だという話が出た。それそれとばかり、さっそくこれを徴発にかかったが、そう急にはあつまらない。あまり無理をしては人心の動揺を招く恐れがある。結局また三井に頼みこむほかはなかった。

三井の手代がまた京都へかえって、こんどは一万両調達してきたが、そのため官軍は十日間も大垣を動けなかった。これでどうにか賄って、武蔵《むさし》の蕨《わらび》までたどりついたのは三月十三日である。

ここで岩倉は、また三井の手代を呼んで、一足先に江戸へ行って、兵糧《ひょうろう》千俵を用意しておいてくれと頼んだ。衰えたりとはいえ幕府のお膝《ひざ》もとで、五千人分の兵糧を調達するというのは、命がけの仕事である。しかしさすがは三井の手代で、〝命にかけても〟と、一言のもとに引きうけた。というと甚だ立派に聞えるが、沿道に漲《みなぎ》っている空気から、かれは商人のカンを鋭くはたらかせて、時代の推移を洞察し、社運を賭《と》しても新政府の株を買おうという決意を固めたのであろう。

板橋までくると、岩倉軍はまた金がなくなった。それに近く江戸に入ってからの入費も考えて、こんどは大きく十万両調達せよと三井に命じた。

当時江戸市中は官軍がせまってきたというので、上を下への騒ぎである。三井の江戸店でも、為替《かわせ》の取組みなどする見込みがなく、そう急にこれだけの大金をあつめられるものではない。やっと二万五千両つくったが、これが全部一分銀だからたいへんな重量で、その輸送が厄介である。そのころ駒込《こまごめ》から板橋辺にかけては、幕臣がかくれていて、不意に通行人の荷物を調べ、怪しいとみれば否応《いやおう》なしに没収したものだ。

結局、隅田川《すみだがわ》をさかのぼって船でおくることになり、遊山船《ゆさんぶね》のように見せかけて、それに三井の手代が三人のりこみ、酒盛りをしながら進んだ。乗客が少ないのに舟脚《ふなあし》の沈み方のひどいのを見て、どうしたのかと行きかう舟からきかれるごとに、手代たちは肝を冷やした。

運よく途中まで迎えにきた薩藩の兵に出会い、やっと板橋の本陣までとどけることができたのである。

このとき橋本実梁《さねやな》の率いる東海道軍の先鋒《せんぽう》はすでに池上《いけがみ》に達し、本門寺《ほんもんじ》に屯営していた。また高倉永祐《たかくらながさち》の率いる北陸道軍も、千住《せんじゅ》について待機していた。

だが、かんじんの有栖川宮熾仁親王を大総督に戴《いただ》く総司令部は、三月五日に駿府《すんぷ》（静岡）についたままそこにストップしてしまった。これまた軍資金がなくなったのである。

さっそく、徳川家にとっては日光と共に大切な聖城である駿府城にのりこみ、城内をくまなく探したが、現金は千七百両ばかりしかえられなかった。これでどうにか急場は凌《しの》げたが、江戸まではまだ相当の距離である。

そこで京都に残っている新政府の会計事務局に向って矢のように催促したけれど、待ちに待った返事というのが、ついてみるとつぎのようなものだった。

「本局は徒《いたず》らに会計の名あるもその実なく、わずかに借金をもって目下の急を済するのみにして局内日用の経費すらなおその弁捻《べんねん》に難し」

結局、出先で軍票でも発行して応急策を講じてはどうかというのである。しかし関東では新政府に信用がないから、そんなものを出しても相手にされないのはわかりきっていた。

終戦前夜

ちょうどそのころ、官軍の参謀総長にあたる西郷吉之助《きちのすけ》（南洲《なんしゅう》）と勝麟太郎（海舟）の間に、江戸開城に関する外交折衝が開始されたのである。

その前に、岩倉の方でも別の線を通じて、政治的解決の策をめぐらしていた。当時フランスは幕府に、イギリスは朝廷に味方し、条件次第では相当の経済的援助を行い、大きな利権にありつこうとして食指を動かしていることが、岩倉にはよくわかっていた。朝廷側の内政をきりまわしていたかれには、ノドから手が出るほど金がほしかった。その点は幕府だって同じである。もしもこの戦争が長びいてせっぱつまれば、イギリスよりも積極的なフランスに、幕府がすがらないとも限らない。そうなればたとえ一時でも幕軍が勢力をもりかえし、群小藩がこれになびくということも考えられる。しかし、こういった条件のもとで、ひとたび〝外資導入〟が行われたならば、日本はどういうことになるか。それくらいのことは岩倉にもよくわかっていた。そこで岩倉は、松平慶永に、

「もし貴殿の尽力によって、慶喜が恭順の実を示すならば、家康以来の功績と、静寛院宮《せいかんいんのみや》の御縁故にかんがみて、これを寛典《かんてん》に処し、徳川家の家名を存続させるよう努力しよう」

と約束した。これには慶永も喜んで応じ、慶喜にその旨を通じたので、慶喜はひたすら恭順の態度を示した。

ところが、外国公使たちの方では、鳥羽伏見戦のあとで、〝局外中立〟の申し合せをしていたので、岩倉の前提は杞憂《きゆう》に終ったわけである。

幕府側の参謀たちにしてみれば、慶喜があきれるほど恭順の意を表しているのに、征討軍がどしどし攻めよせてくるのをみて、これでは話がちがうというので、主戦論に傾くのは当然である。これをリードしていたのは小栗上野介《おぐりこうずけのすけ》で、近代戦に明るいかれは、ひそかに綿密な邀撃《ようげき》作戦を立てていた。

小栗はまずフランス公使から銀で六百万両と軍艦を借りる約束をした。そして官軍が箱根《はこね》を越えて小田原《おだわら》辺に出てきたところへ、突然猛烈な艦砲射撃を浴びせかける一方、陸戦隊を上陸させてその退路を絶とうというのである。後にこのプランをきいた官軍の智将大村益次郎《おおむらますじろう》は、もしこれが実行されていたら、お互に首がなかったろうと、周囲のものに語ったそうだが、フランスの破約と慶喜の不決断で、ついに実行の運びにいたらなかった。

江戸城の防備や逆襲の方法については、当時幕軍の調練にあたっていたシャノワンというフランス人教官が、いろいろと案を授けた。かれは後にフランスで大臣にまでなった男である。また品川沖には、オランダから帰ったばかりの榎本武揚《えのもとたけあき》が、八隻の軍艦を率いて、江戸のノドもとを扼《やく》しているといった形である。その去就が西郷や大久保にとって最大の関心事だった。

一説によると、勝麟太郎の方でも、最悪の場合には、江戸中を焼きはらって、〝焦土作戦〟に出る計画を立てていたという。そのために、新門辰五郎《しんもんたつごろう》以下勇み肌の仕事師をどしどし雇い入れる一方、わざわざ清水港《しみず》の次郎長《じろちよう》親分のところへ使をやって、たくさんな船を品川沖にあつめてくれるよう頼みこんだ。いざというときに江戸の市民をのせて千葉の方に運び、その後で江戸を焼いてしまおうというのである。江戸の全市民を漁船で運び出すなどということは考えられないが、幕府の要人だけでも救い出すつもりだったのかもしれない。それにしても、勝がどうしてこういうことを考えついたのかというに、ナポレオンがモスクワに攻めこんで〝焦土作戦〟を食ったのは一八一二年（文化《ぶんか》九年）で、このときから五十七年前だが、勝はこのことをよく知っていて、これにヒントをえたものらしい。

勝はまた、この一月前に英公使パークスを訪ね、どうしても戦争が避けられない場合には、慶喜をロンドンに亡命させたいからと頼みこんだともいわれている。

官軍の方でも、江戸で戦うとなれば、徳川方も必死の抵抗をするだろうし、味方の死傷も相当出るにちがいないから、病院を貸してほしいと、やはりパークスにかけあったが、これはアッサリ断わられた。〝局外中立〟の申し合せもあり、それに当時フランス艦隊が横須賀《よこすか》にいて、イギリスの行動を監視していたからである。

無条件降伏

だが、かんじんの慶喜には全然戦意がなかった。すでに西欧の知識を相当身につけて、半ば近代的な知識人になっていたかれには〝家〟とか〝将軍〟とか〝忠義〟とかいうものが、バカらしく感じられたにちがいない。

徳川将軍家最後の御前会議は、〝恭順〟すなわち降伏と決した。慶喜が退席しようとすると、その袖をとらえて小栗上野介《おぐりこうずけのすけ》は、「ぜひとも一戦を」と切願し、哀願したが、慶喜は顔を歪《ゆが》めてその袖をふりはらい、逃げるように出て行ってしまった。

このときの模様は日本の敗戦当時の最後の御前会議を想わせる。勝麟太郎にあたるのは、海軍大将でありながらこの戦争には終始消極的であった米内光政《よないみつまさ》で、小栗上野介流に焦土作戦を固執して、〝死中に活を求める〟といってきかなかったのは、当時の陸軍大臣阿南惟幾《あなみこれちか》である。阿南はその後ですぐ自刃したが、小栗は捕えられて極刑に処せられた。

慶喜の立場や態度は、終戦時における天皇裕仁と一脈相通ずる点がないでもない。見る人によって利巧でもあり、臆病《おくびょう》でもあり、また正しくもある。いずれも創業型、豪傑型でなくて、守成型、三代目型である点が似ている。もっとも、完全に〝家〟をつぶすことを免れたのは、その消極性のお陰だとも見られないこともない。もしこれが明治天皇だったとすれば、日本国家天皇家の運命は全然別なものになっていたろう。

江戸の市民は、このときの慶喜をつぎのように皮肉っている。

江戸の豚京都の狆《ちん》(朕)に追い出され

慶喜が〝豚〟という綽名《あだな》で呼ばれていたことは前にのべた。

久しく営業不振で破産に瀕《ひん》した古い会社が、新興の有力会社に挑戦され、たたかっても十中八、九は勝味がないという場合、古い会社の幹部中には、いちはやく新会社に気脈を通じているもの、新会社に移っても腕に自信のあるもの、引退しても家族や老後の生活に困らないだけの財力を蓄えているものなどはムダなたたかいは避けて、無条件降伏に近いような形においてでも、新会社への吸収合併に同意するものである。

しかし、古い会社に生涯をささげてきて、職場を変えるにはすでに年をとりすぎているもの、これまでたたかいの矢面《やおもて》に立って相手側にマークされているもの、新会社で与えられる地位に不安を感じるもの、合併と同時に或《あるい》はその後で失業を予想されるものは、重役たちが何といっても、あくまでこれに反対するのが普通である。吸収合併の際に、新会社でどういう条件を示したとしても、経営の実権が相手に移ってしまえば、そんなものは一片の反古《ほご》にすぎないことをちゃんと知っているからだ。

そこで、こういった反対派は、新旧両社の重役たちの間で手打ちが行われた後にも、かれらの手にある工場とか支社とかに立て籠《こも》って、〝実力行使〟に出る場合が珍しくない。そうしてこういう場合には、たいてい感激性に富み、行動力をもった〝青年部〟が正面に押し出される。明治維新についていえば、上野の彰義隊《しょうぎ》、会津の白虎隊《びゃっこ》などがその好例である。分別のある連中は、一部融通のきかぬものを除いて、いつのまにかみな要領よく新しいバスに乗りうつっているのだ。

慶喜の場合は、いろいろと理屈もつくが、おとなしく政権を引きわたしさえすれば、特権的な地位と生活は相変らず保証されるというのだから、何を好んで生命の危険を伴う大賭博に乗り出す必要があろう。すでに将軍として日本最高の地位を経験してきているかれには、無理してまで手に入れたいと思うものは、何一つもっていなかったのである。逆に何よりもかれが失うことを恐れていたものは、ただ自分の生命だけであったにちがいない。そう考えるのが〝人間的〟である。それを失わずにすんで、かれは大いに満足し、かつてない幸福を覚えたであろう。

これは終戦時の天皇裕仁についても一脈相通ずるものがあるのではなかろうか。

『実録・天皇記』の実録
――その出発・作業・発展まで――

昭和二十七年五月、私の勤めていた出版社に大宅《おおや》壮一《そういち》氏から一枚の葉書が届いた。

「前略。君に手伝ってもらいたいことがあるから連絡してくれ給え」

太字の万年筆（大宅氏はオノトーを使っていた）で、これしか書いていなかった。思えば、この葉書一枚が『実録・天皇記』の出発点だった。翌日出むくと、すぐ、作業がはじまった。書庫からとにかく天皇家とその周辺に関係した記事のある書物をえらび出し、私の仕事場にあてがわれた二階の広間に運んだ。それがすむと、私は勤め先の出版社に顔を出し、その場で退社届を書いて、大宅門下の〝新入り〟になった。

企画を立てたのは、当時の「鱒《ます》書房」の出版部員だった末永勝介《すえながかつすけ》氏である。大宅氏五十二歳、末永氏二十八歳。めぐりあいとはおもしろいものである。この本を契機に末永氏は大宅門下の番頭格となり私の兄弟子となった。

大宅氏にとって『実録・天皇記』は戦後はじめての〝書きおろし〟となった。当時、氏は東京日日新聞に「蛙の声」を連載して名声を博し、そのほか『週刊朝日』や『文藝春秋』にルポルタージュを連載していた。それは、私たち若輩に眼をみはらせる仕事だった。雑誌論文といえば、ほとんどマルクス主義のファインダーからのぞいた反体制論であったが、大宅氏の仕事は「無思想人宣言」に代表されるように、かりものの思想を排し、たくみな比喩《ひゆ》を使いながら日本人の生きざま、ぬきさしならぬ思考方法に直射光をあてるという意味を持っていた。

当時、いわゆる〝天皇もの〟は左翼系の執筆者の独壇場で、そのほとんどが戦前から続いた「封建制論争」「日本資本主義論争」の一環としてとらえられ、講座派も労農派も〝人民弾圧の総元締め〟という共通の認識に立って、天皇家の構造や実質的な権力の主体であった幕府との関係にまでは分析が及んでいなかった。わずかに戸田慎太郎《とだしんたろう》氏の『天皇制の経済的基礎』、遠山茂樹《とおやましげき》氏の『明治維新』、蜷川新《にながわあらた》氏の一連の著作に実証的な文書や数字が紹介されていたといってよい。マスコミの規模では、佐和慶太郎《さわけいたろう》氏の主宰する雑誌『真相』が歴史学者ねず・まさし氏、それに佐和氏自身の筆になる〝天皇もの〟を掲載していたが、これも天皇家を大衆とは断絶した〝特殊部族〟としてとらえ、日本人自身の内側にある〝血統尊重〟や〝錦旗《きんき》意識〟には触れようとしなかった。占領軍によって作られたとはいえ、民主主義革命の上げ潮期で、〝一億総ザンゲ〟から〝一億総闘士〟の徴候が見え、大宅氏はこれを「昔陸軍、今総評」とからかったが、マスコミ界もイデオロギー過剰のえがらっぽい日々を送り迎えしていたのである。

資料読みと資料漁《あさ》りは同時進行だった。私は、大宅氏に教えられたとおり、「血の網」「財産」「天皇屋紳士録」「女たち」などの項目にしたがって、読んだ資料からぬき書きをしてゆく。高山彦九郎、日柳燕石《くさなぎえんせき》、これは「天皇屋」である。こういうはっきりしたのはいいが、どういう項目に入れていいか、わからないのが出てくる。そのつど、机越しに大宅氏に相談する。

「西郷隆盛が明治天皇がわがままをいうと〝また元の身分に戻しますぞ〟とおどした、とあります。これはどういう項目ですか?」

大宅氏は、いまから考えると、頭脳に瞬間自動切換え装置がついていたのではないかと思われるほど見事に、『婦人公論』にたのまれた「岐阜遊廓《ゆうかく》史」を書きながら顔をあげ、「そうだな、天皇株を先買いした連中、という項目をつくってくれ」と指示し、また遊廓史の方に戻ってゆくのである。どんな仕事をしているときでも、「天皇記」に関する質問なら、一度も「うるさい」と怒らなかった。

「天皇株の先買い」という新しい項目ができると、私の頭の中には項目の札がまたひとつふえるわけである。頭の中に何枚も下った札を追いながら、一冊の本をバラバラに分解してゆく。ぬき書きの用紙には、カードなどというしゃれたものはなくて、新聞社の小型の原稿用紙を使っていた。これは大宅氏が新聞社の仕事に行ったついでに、背広のポケットにつめこんでくるのである。帰宅すると「ホレ、戦利品だ」とわたしてくれる。鉛筆も新聞社のものだった。朝日新聞社の鉛筆は木はよいがシンがやわらかすぎ、毎日新聞のはシンはいいが木がぴしぴし割れるので閉口した。

まさに、師弟は当時のマスコミ状況の中では戦利品を武器に使って戦う〝ゲリラ〟のような存在であった。大宅氏はすでに東京新聞の「放射線」のレギュラーメンバーであり、エコノミストの外交評論の担当者であり、押しも押されもせぬ存在にはなっていたが、評論界の「嫡子」は敗戦後から一貫して学者が占めている。レーニンやらマックス・ウェーバーからやたらに引用する文章がはやり、大宅氏はこれを「トロッコ論文」とひやかして笑っていた。引用文がトロッコで、筆者はひょいとそれに飛び乗ってしまえば、あとはトロッコの勢いで行くところまで行くという意味である。しかし、権威好きの日本人は「天皇」から離れながら、自分自身の間に〝一万田《いちまだ》法皇〟だの〝黒沢《くろさわ》天皇〟だのを作っていった。大宅氏はこれらの存在をことごとくからかい、文筆で法衣《ほうえ》を引き剝《は》ぎ、冠を落としてみせた。近藤日出造《こんどうひでぞう》氏が描いた大宅氏の像に「現代の蜂須賀小六《はちすかころく》」というのがあったが、これは見事な表現であった。大宅氏は蜂須賀小六で、私はその手下で七つ道具を補給したり修理していた恰好《かっこう》である。

まさにマスコミ界の〝ゲリラ〟だった。が、このゲリラは明快な論理を持ちあわせてはいたが、自己陶酔を伴った悲愴《ひそう》感はまったく持っていなかった。

項目づくりの作業が進むと、分類された小型原稿用紙（単なるザラ紙の束）の厚さによって、どの項目が弱いかが一目瞭然《りょうぜん》になる。これが〝資料あつめ〟の目途になった。

資料あつめは、元宮内庁職員や元女官のインタビュー、図書館での調査などを併用したが、古本屋での買いつけがなんといっても主流だった。

「古書即売会」というのがあった。神田《かんだ》と杉並《すぎなみ》のが大きく、ほとんどが古本屋どうしの交換会でもあって、鑑札がないと入れないケースが多かった。大宅氏は下北沢《しもきたざわ》と明大前《めいだいまえ》に顔見知りの古本屋があって、そこの主人が「何日にどこで即売会があるから、うちの店員のような顔をしていらっしゃい」と通報してくれる。

大宅氏は即売会があると、私を伴って必ず出かけた。自分がゆけないと私に三万円か五万円をわたし、「すこしくらい高いと思っても必要なものはおさえるんだよ」と念を押した。

私は、百円札や千円札の札束を手にしてふるえながら、即売会に入っていった。

二人で古書を漁るのはたのしかった。大宅氏は「天皇家の料理」だの「公卿《くぎょう》の告白」だのを見つけると即売会の片隅にどんどん積みあげ、「キミ、家にあるものとダブっていないか点検したまえ」と命じた。私が「この本は二十ページしか使うところがありませんが、天皇家の女官と徳川幕府の奥女中との相似点を探ぐるうえで必要です」と申し出れば、二千円くらいの本でも「いいよ」とすぐ買ってくれた。

師弟とも頭の中に下っている札——それは愛情も憎悪もなく、権力を中心とした人間集団がどのような行動をとるかという〝部族探検〟のための項目だったが、その札にしたがって古書の間を歩き、古書の存在から新しい札をつけ加えるという作業に熱中した。一回の古書漁りに三時間はかけていた。会場を出るとクタクタに疲れ腹がすいた。かえりは必ず、近所の中華料理店で〝五目ソバ〟を奢《おご》ってくれたが、ソバをすすりながら、「外国の皇室を日本のと比較させるために入れるか、どうか」で一時間も二時間も話しあった。話しあったというより、「こんどの本は天皇家自体を書くのが目的ではなく、いわば〝日本人めいめいの中に住んでいる天皇家〟を書くのだから外国の皇室は必要ではない」と、文筆家の視点という か方法論のようなことを叩《たた》きこまれた、といってもよい。

古書会は二日あった。二日目にまた本が運びこまれるので、たいてい私だけが行った。前の日に買った本とその日に入手した本とを自転車の荷台に高々と括《くく》りつけ、神田から八幡山《はちまんやま》まで帰ってくるのはおそろしかった。甲州街道でトラックをよけようとすると、本の重みでハンドルをとられ、何度自転車もろともひっくりかえったか、わからない。当時大宅家にはガレージはあったが、「自動車と別荘と二号は、使用度数のわりに維持費がかかりすぎる」という蜂須賀親分の哲学により、いつもリヤカーと自転車しか入っていなかったのである。維持費うんぬんは言葉の遊びであって、大宅氏は自動車や別荘のようなステイタス・シンボルに反撥《はんぱつ》を示し、それを持っているものを軽蔑《けいべつ》していた。雑草のような大衆評論家の矜持《きょうじ》であったといってもよいだろう。

古書は大宅氏の旅先からも届いた。ほんとうに「馬に食わせる」ほど買ってくるのである。天気の良い日に縁側に出して曝書《ばくしょ》を行い、項目別に配置すると、師弟で争って読み出した。

作業は午前八時から午前零時までの十六時間。月曜日が休みで、昼食が一時間、夕食と入浴に一時間半かけた。もっとも入浴の最中でも、大宅氏の背中を流していると「草柳《くさやなぎ》君、宮中用語とヤクザの用語とは、特殊な言葉を使うことによって同類意識を高めようとするあらわれだな」と、ぱっと電気を灯《つ》けるように新たな「項目」を誕生させるので油断がならなかった。

執筆はじつに確実そのものだった。末永勝介氏がつくった目次をほとんどそのまま承認し、一章が三十枚ずつ、書きはじめると一気に書き終えた。大宅氏が「第一章」を書いているとき私は「第二章」の本を整理し、すこし資料が足りなくて蒼《あお》くなり、書庫の中を走りまわり、古い雑誌に鮮烈な資料を見つけて雀躍《こおどり》したことも何度かあった。

「君も一章書いてみろ。自信のある章をえらんでいいよ」といわれて、ファームティームの打者がはじめてペナントレースに起用されたような感激を味わい、鉛筆で手を真っ黒にして二日がかりで書きあげたが、翌日ゆくと三十枚のうち使われた部分がたった二枚という惨憺たる結果におわり、ショックで涙も出なかったこともある。

最終章ができたのは秋も終りの頃だった。氷雨が降る中を私が「鱒書房」に届けた。大宅氏の袴《はかま》を借りて穿《うが》ち、ついでに二重廻《まわ》しも借り、上から下まで師匠の借衣裳《かりいしょう》で末永氏に最終章をわたした。「なんだ、文章ばかりか、袴や二重まわしまで借りものか」と、この薩摩っぽは豪快に笑った。

「おれはな、出版社だから売れなきゃ困るけれど、それは別としてさ、この本は大宅先生の著作の中でも将来も残る本だと思うんだよ」

この言葉を大宅氏につたえると、「ふん、そうかね。ま、ひさびさの書きおろしだからね」と嬉《うれ》しそうだったが、この人はもう「過去」を語ろうとせず、「つぎの仕事が来ているんだ。天皇記の調子で『実録・赤色太平記』を書けというんだ」と、せき込んだ調子で話し出した。

「山崎今朝弥《やまざきけさや》君や馬島僴《まじまかん》君にあってな、当時のマルクスボーイの女性関係を洗いざらい話してもらってこいよ。オレが電話するからな。それから資料あつめだが、例の調子で続けるように。そうだな、君もマルクスボーイのOBだから、こんどは三か月もあればいいだろう」

私は借りものの袴をぬぎすてると、書庫に入っていった。廊下で昌《まさ》夫人にあった。「終ったのね」と夫人はいった。「はい」と答えると「さびしいでしょう。大戦《おおいくさ》だったものね」と、やさしいねぎらいの響きがあった。

部屋にかえると大宅氏は鉛筆で原稿を書いていた。愛用のオノトーがピースの空罐《あきかん》にささっている。ペン先がぼろぼろだった。

「とうとう実録記で一本潰《つぶ》してしまった」

「筆供養をしないといけませんね」

「そうだな。いつか、チビた鉛筆といっしょにやろう」

『実録・赤色太平記』の資料ぬき書きは、ある程度進み、小型のボストンバッグに項目を書いた紙がぎゅうぎゅう詰めになるくらいだった。いつ発進するのか、心待ちに待っていると、大宅氏は「世界の裏街道」にむけて発進してしまった。永い旅路だった。大宅氏の出発と同時に私はサンケイ新聞に中途採用で入り、新聞記者の多忙な生活をおくるようになった。

筆供養も『実録・赤色太平記』も、ついに果せなかった。それでよいのである。大宅氏は『実録・天皇記』という、歴史そのものをルポルタージュする原型を日本のマスコミに残してくれたのだ。今日、文庫本として残った一冊を撫《な》でながら、私は大宅氏の背中を撫でているような感慨にひたっている。

昭和四十九年二月

草柳大蔵

本書は一九七五年八月に角川文庫で刊行された作品を復刊したものです。復刊にあたり、著作権継承者のご了解を得て、文庫版では割愛されていた単行本（一九五二年十二月鱒書房刊）の「はしがき」を収録いたしました。難読と思われる旧仮名は新仮名に改めました。

本文中には「盲人」「盲目」「狂人」など、今日の人権擁護の見地に照らして不適切と思われる語句や表現がありますが、扱っている題材の歴史的状況およびその状況における著者の記述を正しく理解するため、また著者が故人であることを鑑み、底本のままとしました。

大宅壮一（おおや・そういち）

1900年（明治33年）大阪府生まれ。少年時代、各種少年雑誌に投稿、懸賞メダルを多数獲得。米騒動を煽動するような演説をしたということで、大阪・茨木中学を放校。旧制の専門学校入学者検定試験（専検）に合格し旧制第三高等学校に進学。東京帝国大学文学部社会学科入学、在学中より健筆をふるう。第二次大戦後、時代の風潮をみごとに裁断する社会評論や人物評論で活躍。自ら“無思想人”を宣言し、明快な是々非々論で広く支持され、「一億総白痴化」「駅弁大学」「恐妻」などの流行語も数多く生み出した。1970年（昭和45年）逝去。主な著作に『文学的戦術論』『日本の遺書』『世界の裏街道を行く』『「無思想人」宣言』『昭和怪物伝』『炎は流れる』などがある。

実録《じつろく》・天皇記《てんのうき》

大《おお》宅《や》壮一《そういち》

2019年10月10日　初版発行
2024年11月15日　4版発行

◆◇◇

発行者　山下直久
発　行　株式会社KADOKAWA
〒102-8177　東京都千代田区富士見2-13-3
電話　0570-002-301（ナビダイヤル）

装丁者　緒方修一（ラーフイン・ワークショップ）
ロゴデザイン　good design company
オビデザイン　Zapp!　白金正之
印刷所　株式会社KADOKAWA
製本所　株式会社KADOKAWA

角川新書
© Eiko Edahiro 1952, 2019 Printed in Japan
ISBN978-4-04-082337-9 C0221

※本書の無断複製（コピー、スキャン、デジタル化等）並びに無断複製物の譲渡および配信は、著作権法上での例外を除き禁じられています。また、本書を代行業者等の第三者に依頼して複製する行為は、たとえ個人や家庭内での利用であっても一切認められておりません。
※定価はカバーに表示してあります。

●お問い合わせ
https://www.kadokawa.co.jp/（「お問い合わせ」へお進みください）
※内容によっては、お答えできない場合があります。
※サポートは日本国内のみとさせていただきます。
※Japanese text only

KADOKAWAの新書 好評既刊

ラグビー 知的観戦のすすめ
廣瀬俊朗

「ルールが複雑」というイメージの根強いラグビー。試合観戦の際、勝負のポイントを見極めるにはどうすればよいのか。ポジションの特徴や、競技に通底する道徳や歴史とは？　ラグビーのゲームをとことん楽しむために元日本代表主将が説く、観戦術の決定版！

4行でわかる世界の文明
橋爪大三郎

なぜ米中は衝突するのか？　なぜテロは終わらないのか？　国際情勢の裏側に横たわるキリスト教文明、中国儒教文明など四大文明について、当代随一の社会学者が4行にモデル化。その違いを知るだけで、世界の歴史問題から最新ニュースまでが読み解ける！

環境再興史 よみがえる日本の自然
石　弘之

経済成長が最も優先された戦後の日本。豊かさと引きかえに、水や大気は汚染され、動物たちは絶滅の危機に瀕した。それから30年余りで、目を見張るほどの再生を見せたのはなぜか。日本の環境を見続けてきた著者による唯一無二の書。

織田家臣団の系図
菊地浩之

父・信秀時代、家督相続から本能寺の変まで、激動の戦国を駆け抜けた織田家臣団を出身地域別に徹底分析。羽柴秀吉・柴田勝家・明智光秀・荒木村重……天下統一を目指した組織の実態に迫る！　家系図多数掲載。

「豊臣政権の貴公子」宇喜多秀家
大西泰正

〝表裏第一ノ邪将〟と呼ばれた父・直家の後を継ぎ、秀家は若くして豊臣政権の「大老」にまで上りつめる。しかしその運命は関ヶ原敗北を境にして一変。ついには八丈島に流罪となる。その数奇な生涯と激動の時代を読み解く決定的評伝！